배고프고
아름다운
동 물 들

비건이 된 철학자의 입맛과 생명에 관한 진지하고 유쾌한 사유

배고프고
아름다운
동물들

매튜 C. 할트먼 지음 | 이유림 옮김

Hungry Beautiful Animals

한문화

"우리 안의 인간다움을 다시 일깨우고, 타인을 기쁘게 할 때 우리의 기쁨 또한 어떻게 깊어지는지 보여주는 매력적인 책이다. 우리는 모두 연결되어 있으며, 인간이든 그 너머의 존재이든 누군가가 친절을 경험하는 순간마다 세상은 더 나아진다."

– **진 바우어**Gene Baur, 팜 생추어리 공동설립자·대표

"할트먼은 풀 자라는 이야기조차 생동감 넘치게 만들어낼 만큼 탁월한 글쟁이다. 그런 그가 가족 다음으로 중요하게 여기는 주제를 붙들고 쓴 책이라면 어떨까? 《배고프고 아름다운 동물들》은 말 그대로 놀라운 책이다. 깊이 있으면서도 유머러스하고, 내가 읽어온 책들 가운데 가장 잘 구성된 책에 속한다. 그러니 당신도 읽어보기를. 절대 실망하지 않을 것이다."

– **브루스 프리드리히**Bruce Friedrich, 굿푸드인스티튜트 회장·설립자

"저자는 스토리텔링을 통해 인권부터 개인의 건강에 이르기까지, 비건을 선택해야 하는 다양한 긍정적 이유를 펼쳐보이며, 무엇보다 비건을 선택할 때 활용할 여러 방법도 제시한다. 깊이

있고 개인적인 경험을 담은 이 책은 친근하고 재치 있는 유머로 가득하다. 비건 친화적인 분위기 속에서 고기, 유제품, 달걀을 식단에서 내려놓는 것은 어떨지 유쾌하게 권한다."

– **리사 캐머러**Lisa Kemmerer, 《동물과 세계종교(Animals and World Religions)》 《지구를 소비하다(Eating Earth)》 저자

"굶주리고 아름다운 동물인 우리에게 건네는 할트먼의 따뜻한 비전에 함께하는 모두를 환영한다. 도덕적 부담을 의식의 성장과 풍요로운 삶으로 바꿀 수 있다고 믿는 그와 함께 좋은 시간을 보내길 바란다. 수치심, 죄책감, 자책은 잠시 문밖에 두자. 여기서는 필요하지 않으니까. 대신 그는 유려하고, 재미있고, 생생하며, 기쁨이 넘치는 이 책을 통해 연약하지만, 탐구심 넘치고 서로를 돌보는 존재인 우리에게 연민의 나침반, 그리고 개인과 공동체가 함께 번영하는 길을 제시한다."

– **캐럴 J. 아담스**Carol J. Adams, 《육식의 성정치》 저자

"기쁨으로 비건의 삶을 받아들이라는 이 책의 주장은 매우 강렬하다. 삶이라는 여정을 함께 걷는 존재들의 깊은 고통을 덜어줘야 한다는 사실을 일깨운다. 영원이라는 시간 속에서 아주 잠깐 이 세상을 함께 살아가는 동안에."

- **크리스토프 코흐**Christof Koch, 《그때 나는 곧 세계가 된다(Then I Am Myself the World)》 저자

"놀라운 책이다. 할트먼은 우리를 변화시킬 매혹적인 성찰의 여정으로 초대한다. 이 주제를 이야기할 때 흔히 따라오는 우울하고 의무적인 논의는 제쳐두고, 부드럽고 매력적인 방식으로 '다르게 먹는 기쁨'을 느끼게 한다. 처음 몇 쪽만 읽어보라. 마지막 장을 덮을 때까지 그와의 여정이 즐거울 거라는 확신이 생길 것이다."

- **데이비드 클러프**David Clough, 애버딘대학교 신학 및 응용과학 석좌교수

"뛰어난 통찰력을 지닌 사상가이자 탁월한 이야기꾼인 할트먼은 아름답고 선명하며 생생한 문장을 구사한다. 그의 글은 때로

는 잔혹하고 섬세하며 때로는 유쾌하게 인간 존재에 대한 성찰을 담아내면서도, 페이지마다 문장마다 읽는 즐거움을 선사한다. 그러나 이 모두를 압도하는 것은 그의 정직함이다. 이 책에 담긴 그의 솔직함은 투명하고 열린 태도를 넘어, 그 자체로 눈부실 만큼 순도 높은 취약성을 고스란히 드러낸다. 그는 자신의 가장 인간적인 결함과 실패를 숨김없이, 방어하지 않고, 지나치게 엄격한 윤리적 입장을 강요하지 않으면서 드러낸다. 깊은 영감을 주는 그의 솔직함은 지금 우리에게 매우 필요한 태도다. 《배고프고 아름다운 동물들》은 음식 윤리를 다룬 냉정하고 현실적인 책이면서, 동시에 치밀하고 예측 불가능한 영적 회고록이기도 하며, 자기 삶을 성찰하는 사람이 마주하게 되는 어려운 질문들을 매끄럽게 풀어낸 책이다."

– **보니 나잠**Bonnie Nadzam, 하버드대학교 동물법·정책 프로그램 연구원

"이 책은 노련한 철학자이자 뛰어난 이야기꾼의 작품이다. 깊이 있고 솔직하면서도, 친밀하고 활기 넘친다. 할트먼은 독자에게 무엇도 강요하지 않고, 간접적인 표현과 유머, 이야기를 통해

비건으로 사는 삶이 모두에게 중요하고 즐거운 선택이 될 수 있게 한다. 그 과정에서 비건이 되어야 한다는 생각과 비건이 되고 싶다는 생각 사이의 간극은 사라진다."

– **앤드루 치크넬**Andrew Chignell, 프린스턴 대학교 교수

"비건은 대개 동물 학대, 환경 파괴, 예방할 수 있는 건강 문제, 충분히 피할 수 있었던 공중보건 위험 같은 재앙에 대한 자각에서 비롯된다. 저자는 이러한 비극을 분명히 인식하면서도 그 무게에 짓눌리지 않는다. 오히려 삶의 의미와 행복, 연결, 사랑을 키워가는 고양된 방식으로 응답할 수 있음을 보여준다. 그는 비건으로 살아가는 일이 세계가 직면한 가장 큰 문제들에 적절한 대응일 뿐 아니라, 각자가 '더 나은 나'로 성장하는 길이 될거라고 말한다. 더 나은 세상을 만들고, 스스로 더 나은 인간이 되고자 하는 이들에게 이 책은 많은 영감을 주며, 현명한 길잡이가 되어줄 것이다."

– **네이선 노비스**Nathan Nobis, 모어하우스 칼리지 교수

"나는 이 책을 세 번 끊어서 단 하루에 완독했다. 이 책의 장점은 독자들이 금방 알아차릴 것이다. 넘치는 열정과 공감, 열린 마음과 열린 시선, 우스꽝스럽기도 하고 유익한 수많은 이야기, 식량 시스템의 복잡성을 생생하게 풀어내는 방식. 음식은 많은 사람의 기억에 큰 비중을 차지하고, 동물이 음식의 중심에 있으므로 추수감사절에 비건 음식을 내놓는다고 그 복잡한 향수의 문제를 해결할 수 없다는 통찰. 유년기에 배운 좋은 생각들의 연장선상에서 비건 실천을 제시하는 방식, 부끄러움과 변화, 정체성 보호에 관한 설득력 있는 논지, 그리고 각 장의 첫 문장까지 놀라웠다. 나는 비건의 삶에 관한 통찰력 있고, 유쾌하고, 따뜻하고, 현실적이며 폭넓은 저자의 생각이 담긴 이 아름다운 초대장을 기쁜 마음으로 받았다."

– **타일러 도케트**Tyler Doggett, 버몬트 대학교 철학과 식량시스템 대학원 교수

차 례

배고프고 아름다운 우리들의 이야기

우리 인간은 '배고프고' 아름다운 동물이다. 우리는 생존, 즐거움, 소속감, 번영, 초월성을 갈망한다. 음식을 에너지로 전환해 의미 있는 것, 새로운 것, 더 나은 것을 향한 욕구를 끊임없이 확장한다. 감정과 감각이 있는 생명체로서 우리 인간은 늘 세상에 관심을 가지고, 세상에 몰입하며, 그 안에 있는 것들을 갈망하고 그것을 우리 것으로 만들기 위해 애쓴다. 완벽하게 차려진 타코 한 접시를 생각하는 것만으로도 군침이 돌고, 손가락은 최고의 현지 맛집을 검색하느라 바쁘고, 머릿속에서는 점심시간을 조금이라도 더 오래 즐길 그럴듯한 변명을 찾는다. 우리는 배고픔을 타고난 존재다. 이러한 배고픔을 길들이고 충족하는 여정에서 우리는 최고의 자아를 찾을 수도, 최악의 자아를 길러낼 수도 있다. 그리고 이러한 자아로 세상을 축복할 수도, 저주할 수도 있다.

그리고 우리 인간은 배고프고 '아름다운' 동물이다. 우리가 이 세상에 존재한다는 것 자체가 경이로운 일이며, 확률을 초월한 사건이다. 무수한 가능성이 넘실거리는 바닷속에서 마침내 수면 위로 떠오른 찬란한 실체다. 말 그대로 우리가 지금, 이 모습 그대로 여기 존재한다는 사실은 그야말로 숨이 멎을 만큼 경이로운 일이다. 우리는 큰 두뇌를 가지고 두 발로 서서 걷는 존재이며, 창조하고 협력하며 사랑할 수 있는 신의 축복과도 같은 능력을 부여받은 존재이기 때문이다. 우리 중 과학이나 예술의 창의성 앞에서 한 번쯤 넋을 잃고 감탄하지 않은 사람이 있을까? 역경 속에서 피어나는 연대에 눈시울을 붉히지 않는 사람이 있을까? 소중한 이들 혹은 전혀 모르는 낯선 이로부터 따뜻한 마음을 느껴본 적 없는 사람이 있을까? 우리가 단지 본능적인 생존을 넘어서, 보는 것만으로도 아름다운 집단적 번영을 이룰 수 있다는 믿음은 인류의 가장 오래되고 대담한 희망 중 하나다. 그것은 원시 동굴 벽화부터 신성한 경전, 해밀턴Hamilton(알렉산더 해밀턴, 미국 건국의 아버지 - 옮긴이), 현대의 정의 운동에 이르기까지 모든 것의 바탕이 되어온 믿음이다. 우리는 가슴 저미도록 아름다운 존재다. 특히 불가능한 일을 해내겠다고 결심하고, 끝내 이루지 못했을 때조차도 그렇다.

그런데도 우리 인간은 배고프고 아름다운 '동물'이다. 우리의 욕망과 아름다움은 신체라는 연약한 피조물 안에 자리 잡을 수밖에 없다. 우리는 숨, 피와 뼈, 제한된 시야, 근시안적인 이기심에 묶여 있다. 우리는 뿌리 깊은 본능과 습관, 자신이 속한 무리의 생활 방식에 깊이 의존해 살아가고 있으므로, 그것들에 순종하며 거스르기를 두려워한다. 우리는 아주 잘 살아갈 수 있지만 그것은 우리의 수많은 약점을 품어주고, 깊은 상처나 죽음 같은 취약성이 받아들여지는 환경에서만 가능하다. 그렇기에 살아남고 번영하기 위해 우리는 인간과 인간이 아닌 지구의 생명체들과 조화를 이루며 살아가는 법을 배워야 한다. 인간을 비롯한 모든 생명체의 생물학적 한계를 존중하고 돌보며, 그 한계와 함께 살아가는 세상을 만들어야 한다. 비록 그 세상이 자주 우리 노력에 냉혹할지라도 말이다.

배고프고 아름다운 모든 살아 있는 존재는 연약한 신체를 유지하기 위해 이러한 열악한 환경에 적응해야 한다. 돼지, 코끼리, 범고래, 개, 인간까지 모두 마찬가지다. '배고프고 아름다운 동물'이라는 말은 욕망과 한계 사이에 놓인 우리가 처한 공통된 상황을 시적으로 표현한 것이다. 아름다움은 끊임없이 무언가를 갈망하는 본능과 넘을 수 없는 생물학적 한계 사이에 위태롭게 매달려 있다. 배고픔은 우리를 앞으로 밀어내고, 동물로서의 한계는 우리를 되돌려 세운다.

그러나 인간은 지금까지 존재한 모든 '배고프고 아름다운 동물' 가운데 자신의 굶주림을 채우고 생물학적 한계를 극복하려는 적응 전략이 너무 강력해서, 지구 생태계가 우리를 포함한 연약하고 의존적인 생명들을 계속해서 먹여 살릴 수 있는 능력 자체를 위협하는 유일한 존재다.

'더 많이, 더 편리하고 더 안락하게' 먹고자 하는 욕망은 인류가 하나의 종으로 두드러지기 시작한 초기 단계에서부터 찾아볼 수 있다. 역사학자 유발 하라리^{Yuval Noah Harari}는 《사피엔스》에서 불을 길들이는 것이 인간에게 얼마나 큰 전환점이 되었는지를 설명한다.[1] 불을 이용하기 시작하면서 인간은 더 안전하고, 조리하기 편하며 소화 잘되는 음식의 범위를 획기적으로 확장할 수 있었다. 그 결과 인간은 익힌 음식을 먹는 데 하루 한 시간만 들이면 되었지만, 침팬지는 날음식을 씹느라 최대 다섯 시간이 걸렸다고 한다.

그로부터 30만 년이 지난 지금, 더 빠르고 더 많은 양의 음식을 갈망하는 우리의 끊임없는 배고픔은 과거만큼 해방감을 주지 못하고 있다. 물론 핼러윈 한정판 야광 오레오도 있고,[2] 에어프라이어는 정말 훌륭한 발명품이긴 하다. 하지만 매년 800억 마리가 넘는 가축을 기르고 소비하는 데 따른 결과는 그리 좋지 않다.

기후 과학자들은 기후 변화에 따른 최악의 결과를 피하기 위해 결단을 내릴 시간이 10년도 채 남지 않았다고 경고한다. 한편 다가올 재앙을 완화하는 방안을 다룬 권위 있는 학술연구들은 산업형 축산업을 인류가 배출하는 온실가스의 주요 원인으로 지목하며, 식물성 식단을 섭취하는 것이 "지구 환경에 끼치는 영향을 줄일 가장 강력한 방법"이라고 말한다.[3] 유엔 식량농업기구(FAO)부터 세계적인 학술지 〈사이언스〉와 〈네이처〉, 이트-랜싯 식량·지구·건강 위원회(EAT-Lancet Commission on Food, Planet, and Health)에 이르기까지 다양한 목소리들이 한목소리로 긴급하게 외치고 있다. 지구를 살리고자 한다면 동물성 식단에서 식물성 대안 식단으로 전환해야 할 때는 이미 한참 지났다고 말이다.[4]

과도하게 팽창한 산업형 축산업으로 고통받는 것은 지구만이 아니다. 영양학과 역학 연구는 개인과 집단의 건강도 심각하게 위협받고 있음을 보여준다. 암, 뇌졸중, 당뇨병, 심장병처럼 식단과 관련된 질병의 높은 발병률은 삶의 질을 떨어뜨리고, 사망을 앞당기며, 보건의료 체계에 지나치게 많은 세금을 쏟아붓게 한다.[5] 코로나

바이러스감염증 - 19는 조류독감, 신종플루를 비롯한 인수공통감염병이 불러올 팬데믹 위험을 생생하게 예고한 사례다.[6] 문제는 단순히 동물성 식품이 우리 몸을 병들게 하는 데 그치지 않는다. 집약적 사육 환경에서 항생제를 과도하게 사용한 결과, 병을 치료할 수 있는 능력마저 위협받고 있다. 이는 항생제 내성 증가의 주요 원인으로 지목되고 있다.[7]

설상가상으로 우리가 동물성 식품을 과도하게 소비한 결과로 나타난 이 참혹한 현실은 도덕적 비극 위에 놓여 있다. 동물행동학은 동물들이 지능을 갖추고, 감정을 느끼며, 사회적 유대와 생명에 애착을 지닌 존재임을 분명히 보여준다. 실제로 우리는 반려동물과의 일상을 통해 이러한 사실을 매일 체험한다. 그럼에도 우리의 식습관은 매년 이들과 다를 바 없는 수십억 마리의 동물들에게 비참한 삶과 폭력적인 죽음을 안기고 있다.[8]

이 동물들을 사육하고 도살하는 일은 전 세계적으로 가장 기피하고 열악한 노동 가운데 하나라는 사실도 잊지 말아야 한다. 옥스팜 Oxfam(빈곤 문제를 해결하기 위해 1942년 영국 옥스퍼드에서 설립한 국제구호개발기구 - 편집자)의 최근 보고서에 따르면, 이 일은 어둡고 위험할 뿐 아니라 인종차별이나 성차별로 이미 사회적 약자 위치에 있는 이들에게 불균형적으로 가혹하게 작용하고 있다. 화장실에 갈 시간조차 허락되지 않는 비인간적인 작업 속도 때문에 노동자들이 기저귀를 착용하는 일도 다반사다.[9] 윤리학자들 사이에서는 지금의 산업형 식량 시스템을 도덕적으로 정당화할 수 없다는 데 거의 이견이 없다.[10]

배고프고 아름다운 동물들

이렇듯 인간의 끝없는 욕망은 인류의 아름다움뿐 아니라 수없이 많은 다른 동물들의 배고픔과 아름다움마저 짓밟는 식량 시스템을 만들어냈다. 그 결과로 생긴 균형의 붕괴는 이 지구를 점점 더 살기 어려운 곳으로 만들고 있다. 그러므로 기후 재앙을 피하고, 지구상의 배고프고 아름다운 모든 생명과 더불어 역사의 올바른 편에 서고자 하는 사람이라면, 이제 더 이상 인간의 집단적인 식습관이 초래하는 위태로운 결과를 외면해서는 안 된다.

최소한 지구 생명들의 지속 가능성을 염려하고 윤리적인 삶을 지향하는 사람이라면 산업형 축산업이라는 재앙에 반대의 목소리를 내야 한다. 다양한 선택지 중에서 무엇을 먹을지 자유롭게 선택할 수 있는 사람이라면, 지구에 사는 생명을 보존하고 더 나은 방향으로 이끌고자 하는 자신의 가치와 희망을 표현하고 실천하는 방법으로 식단을 바꿀 이유가 충분하다.

결론은 분명하다. 세상에는 더 많은 비건이 필요하다. 가장 설득력 있는 과학적 근거와 도덕적 논거들은 지구 전역에서 채식 인구가 빠르게 늘어나야 한다고 강력하게 말하고 있다.

그리고 V로 시작하는 바로 그 단어, '비건vegan'이 등상한다. 비건이라는 말은 때때로 사람들의 반응을 멈추게 하고, 분위기를 어색하게 만든다. 매끄럽게 이어지던 대화를 끝내고 싶다면? '비건'이라는 말을 꺼내면 된다. 파티를 망치고 싶다면? 가장 눈에 띄는 사람에게 오늘 식사가 비건이라고 말하면 된다. 또는 흥미롭게 책을 들여다보고 있는 누군가를 방해하고 싶다면…굳이 더 말하지 않아도 될 것이다.

만약 25년 전에 누군가 내게 "새천년이 되면 내가 기후 위기와 도덕적 붕괴 속에서 생명을 지키겠다며 비건을 옹호하고 있을 것"이라 말했다면, 나는 아마도 옆에 있는 소고기 덩어리를 집어 들어 그 사람을 약 올리려고 일부러 위아래로 핥아댔을 것이다.

그 당시 나는 비건이 실제로 무엇을 '지향'하는지에 대해서는 거의 아무것도 모르면서, 비건들이 '반대'하는 것에 대해서는 지나치게 많이 알고 있었다. 내가 좋아하는 음식들, 반려견인 순종 잉글리시 불도그, 즐겨 찾던 동물원과 수족관 같은 것들 말이다. 여기에 더해 동물들의 고통과 죽음 같은 저녁 식사를 망칠 만한 이야기들, 선택지가 줄어든 옷차림, 가족이나 친구들과 어색해질 수도 있는 불편한 상황들까지 모두가 내가 떠올리는 '비건'의 이미지였다.

비록 내가 세상에서 비건이 될 가능성이 가장 적은 사람은 아니었을지 모르지만, 다른 생명체를 대하는 내 태도와 행동을 바꾸겠다는 결정은 우주적 차원에서 봐도 결코 쉬운 일이 아니었다. 나는 축산업자의 피를 물려받은 사람이다. 친할아버지는 양계장을 운영했고, 외할아버지는 제초제를 만드는 화학자였으며, 어머니의 사촌은 미국 최대 돼지고기 생산업체의 임원으로 일했다. 농장에서 자란 것은 아니지만 나는 어린 시절에 트랙터를 타거나, 옥수수 껍질을 벗기거나, 닭장을 구경하거나, 증조할아버지의 도축장 뒤에서 사촌들과 술래잡기하며 놀곤 했다. 나의 자아, 영혼, 도덕적 열망, 내 인생에서 가장 소중하게 간직하고 있는 수많은 추억은 축산업에 종사해 온 내 가족들에게서 온 것이다.[11]

미국 중서부에서 유년기를 보낸 나는 동물성 식품을 정말로 사

배고프고 아름다운 동물들

랑했다. 고등학교에서 미식축구 선수로 활동하며 늘 스테이크가 고팠다. 동료 선수들과 거대한 포터하우스 스테이크를 잔뜩 먹거나 뷔페라도 가는 날이면 새우튀김을 끝도 없이 흡입했다. 결혼식 날에는 소갈비를 입이 터질 듯 문 채로 사진을 찍는 그런 얼간이가 바로 나였다. 그리고 마스카포네 치즈 2파운드와 달걀 열두 개에 브랜디를 콸콸콸 부어서 만든, 세상에서 가장 진하고 호화로운 티라미수를 친구들과 가족에게 선물하며 뿌듯해하던 아마추어 디저트 셰프이기도 했다.

나는 또한 회의적인 성향이 강한 직업 철학자다. 충분히 설득력 있는 증거 없이는 어떤 주장도 쉽게 받아들이지 않으며, 마음에 들지 않는 생각을 밀어내는 데 잘 단련된 무기들도 갖추고 있다. 내 운명을 바꾼 어느 학회에서 동료 철학자가 내가 먹는 프렌치 딥 샌드위치가 인간과 동물, 환경에 대한 내 소중한 철학적 신념(게다가 그럴듯하게 정립해 놓았다고 믿고 있었던)과 도덕적으로 양립할 수 없다고 주장했을 때, 나는 그가 틀렸음을 증명하려고 매우 적극적으로 노력했다. 결정적이고 반박 불가능한 이유 열 가지를 찾아내서 그의 입을 다물게 힐 생각으로 음식 윤리에 관한 상의를 기획하기까지 했다.

그런데 충격적이게도 내가 마주한 것은 설득력 있는 실증적 증거와 감정적·도덕적·영적 논증이 어우러져 내가 필사적으로 피하려 했던 결론을 강력하게 뒷받침하고 있다는 사실이었다. 나 자신과 가족을 위해 비건이 되어야 할 모든 이유가 충분할 뿐만 아니라, 우리가 고수해 온 자멸적인 삶의 방식이 초래하는 윤리적·환경적 비용을 생각하면 다른 사람들 또한 이 여정에 함께하도록 영감을 줘야 할 절박한 이유까지 있었다. 이러한 깨달음과 더불어 비건이 되겠다고 결정한 이후, 나는 지난 20년간 다른 사람들에게 많이 배우고, 글을 쓰고, 강의하고, 공개 강연과 워크숍을 열며 내가 배운 것들을 공유했고, 심지어 비건 축제를 함께 만들기도 했다.

그러니까 이제 내가 당신에게 비건으로서 기후라는 총구를 겨누고, 윤리라는 칼로 위협하며, 식물 좀 먹으라고 강요하는 것처럼 보일 수도 있겠다. 뼈아픈 사실과 논리를 끊임없이 들이밀면, 당신은 익숙한 안락함에서 한 걸음 물러나 마지못해 의무를 떠올릴지도 모르겠다.(물론 그것도 어디까지나 잠시뿐일 것이다. '비건'이라는 단어가 처음 언급된 순간부터 당신 머릿속을 맴돌던 그 음식이 유혹하는 냄새, 죄책감을 안고 몰래 상상해 온 그 음식이 다시 어딘가에서 스멀스멀 냄새를 풍기기 전까지만.) 하지만 절대로 그럴 일은 없다. 이미 수없이 실패해 온 이러한 방법은 절대 쓰지 않을 것이다.

지난 20년 동안 내가 배운 가장 큰 교훈은 수치심과 비난은 좀처럼 변화로 이어지지 않는다는 사실이다.[12] 내가 바라는 것은 그 반대에 가깝다. 누구든 마음이 끌리고 참여할 수 있는 거대한 비건 세계의 비전으로 당신을 설득하고, 매료시키고, 감동을 주는 것이다. 획일적인 규칙과 자격 기준으로 사람을 가르는 딱딱한 '~주의(ism)로는 그 비전을 결코 담아낼 수 없다.

나는 수치심과 비난은 옆으로 치워두고, 풍요로운 삶의 길을 열고 싶다. 그 삶은 욕망과 결핍을 지닌 아름다운 존재인 우리 인간이 기쁨을 누리며 살 수 있게 완벽하게 조율된 삶이다. 그리고 그 삶은

배고프고 아름다운 동물들

우리의 가장 깊은 욕망을 채워주고, 우리가 넘어서는 안 될 경계는 존중하며, 다른 배고프고 아름다운 생명들 역시 함께 번영할 공간을 마련해 준다. 나는 이 아름다운 여정이 급진적인 몇몇 소수나 생태 의식이 높거나 사회 정의에 헌신적인 이들만의 것이 아님을, 욕망과 결핍으로 가득한 연약한 육체를 이끌고 가능한 한 가장 충만한 삶을 향해 나아가고자 하는 모든 사람을 위한 기회임을 말하고 싶다. 나는 비건의 삶이 지닌 아름다운 비전을 선명하게 전하고 싶다. 그 비전이 당신의 상상력을 사로잡고, 수치심으로 위협하는 것이 아니라 사랑하는 것에 더 가까이 가고 싶은 내면의 가장 강렬한 열망으로 당신이 참여하게 만들고 싶다.

당신이 정말 좋아하는 누군가 혹은 당신이 아름답다고 느끼는 무언가를 떠올려 보자. 또는 가족들이 모두 잠든 새벽 두 시, 몰래 부엌으로 내려가 슬그머니 꺼내 먹는 당신이 가장 좋아하는 디저트를 생각해 보자. 단짝 친구와 한 잔 더 하기 위해, 게임을 한 판 더 하기 위해 논리적 이유가 필요한가? 해 질 무렵, 식어가는 텅 빈 해변 모래사장에 더 앉아 있는 것에 이유가 필요한가? 티라미수를 한 조각 더 먹기 위해 자신을 설득하는 데 적극적인 홍보 문구라도 필요한가?

그렇지 않을 것이다. 적어도 나처럼 느낀다면 이런 상황을 마주할 때 논리나 이유, 설득 따위는 마음속에서 가장 멀리 밀려나 있다. 그 자리에 있는 것은 욕망이다. 욕망의 대상이 스스로 동기를 만들어내기에 환영하지 않는 일을 강요하느라 억박지를 필요가 없다.

어떠한 정당화도 필요 없이, 그 자체의 아름다움만으로 멋진 비건 생활의 매력을 보여주면서 내게 가장 큰 가르침을 준 사람은 그 누구도 흉내 낼 수 없는 나의 스승, 브라이언트 테리Bryant Terry다.[13] 유명 셰프이자 요리책 작가, 식품 정의 운동가로 샌프란시스코의 팝업 식당에서 요리하든, 예일대 강단에서 강연하든 그는 늘 이렇게 말한다. "몸으로 느끼고, 머리로 생각하며, 행동으로 옮기자." 그 말인즉슨, "좋은 음악을 틀어놓고, 석류와 복숭아가 들어간 바비큐 소스 향기로 집안을 가득 채우고, 맛있는 음식을 나눠 먹은 뒤에 세상 문제를 진지하게 고민해 보자."라고 말하는 것 같다.

나는 그의 요리책《아프로 비건Afro-Vegan》집필 과정에 자문으로 참여했지만, 실은 나 자신이 훨씬 더 많은 것을 얻었다. 감사와 풍요로 가득한 '아름다움이 먼저'인 비건 철학이 담긴 그의 음식들은 내게 강렬한 인상을 남겼다. 브라이언트는 세상을 더 나은 곳으로 만들고 싶다면 먼저 사람들이 사랑할 만한 경험으로 그들을 초대하라고 가르쳐 주었다. 그래야만 그들이 간절히 원하는 것들과 우리가 함께 만들어가야 할 더 나은 세상 사이의 연결 고리가 아름다움 속에서 선명하게 드러날 수 있다고 했다.

지금 당장은 터무니없게 들리겠지만, 비건 세상에 대한 비전이 무거운 의무감이 아니라 깊은 열망에 따른 행동이라고 잠시 상상해 보자. 비건으로 사는 일이 집 청소처럼 시간을 쪼개 억지로 해야 하는 일이 아니라 티라미수를 한 입 더 먹으러 가는 일처럼 느껴진다면? 그런 비전은 어떤 모습일까? 그 비전을 경험하고, 그 아름다움에 매료된다는 것은 어떤 기분일까? 그 비전이 당신의 일상과 삶의 항로를 어떻게 바꿔놓을 수 있을까?

나는 이 책이 그런 질문들에 대한 답을 구하는 데 영감을 건네기를 바란다. 솔직히 말해서 지금 세상은 '새로운 비건의 기준(new vegan normal)'에 공감하거나 이를 기대하는 분위기와는 거리가 멀다. 정말 슬픈 현실은 대부분이 비건이 되느니 차라리 낙하산 없이 스카이다이빙하는 편을 선택한다는 것이다. 〈뉴욕타임스〉에 "이제 비건을 조롱하지 말라"고 강력하게 호소한 칼럼니스트 파하드 만주Farhad Manjoo는 "비건이 오만하고, 자기 만족적이고, 성가신 사람이라는 고정관념이 우리 문화 깊이 자리 잡고 있다"라고 지적했다. 실제로 한 연구에 따르면, "비건이 무신론자보다 더 부정적으로 인식되며, 심지어 약물 중독자보다 겨우 더 나은 정도로 간신히 용인되는 수준"이라고 한다.[14]

사람들이 비건을 심각한 유행병 정도로 인식하는 이유를 이해하기는 어렵지 않다. 모두가 그 단점을 너무 잘 알고 있기 때문이다. 무엇보다 물질적인 성공과 문화적 우위를 보여주는 가장 확실한 지표 대다수가 금지 항목이 된다. 랍스터, 안심 스테이크, 가죽 소파, 이국적인 반려동물, 모피 코트, 스웨이드 구두, 사냥과 낚시로 받은 트로피들은 영영 안녕이다.

이러한 사치품은 제쳐두더라도 비건은 추수감사절 칠면조, 크리스마스 햄, 이드(이슬람교의 축제 - 옮긴이)에 먹는 양고기 케밥, 안식일에 먹는 구운 양지머리처럼 가장 일상적인 문화나 종교적 정체성을 상징하는 음식들조차 금지당하는 현실과 마주하게 된다. 비건이 아닌 사람들 눈에는 자기 절제와 타인의 비판 속에서 쓸쓸하고 우울한 삶을 살아가는 인생으로 비칠 수밖에 없다. 전설의 웃는 너구리 밈의 말을 빌리자면, "누군가와 더는 친구로 지내고 싶지 않을 때, 난 '나 비건인데 말이야'라는 말로 대화를 시작해."와 같은 상황이 되는 것이다.

설상가상으로 비건들 자신조차도 종종 생명을 부정하는 이 관점을 암묵적으로 내면화한 채, 비건이 된다는 의미를 마치 '나쁜 것들을 삼가는 것'에 그 본질이 있는 것처럼 말한다. '저 끔찍한 공장식 농장을 봐요! 잘못된 거예요. 그만둬야 해요! 사악한 동물 실험은 또 어떻고요? 너무 잔인하잖아요! 그런 약은 그만 사요! 저기 생기 없이 축 늘어진 원숭이들을 봐요! 부끄러운 줄 알아야죠. 동물원은 없어져야 해요!' 물론 동물 학대가 계속되는 여러 기관이나 시설에 도덕적 관심을 집중해야 한다는 건 논쟁의 여지가 없는 긴급한 과제다.[15] 하지만 끊임없이 들려오는 부정적인 소식들이 때로는 거만하거나 심지어 경멸적인 태도로 전달될 때, 정작 중요한 사실을 가려버린다. 사람들을 비건으로 이끄는 수많은 긍정적인 이유들, 그리고 그 삶의 방식이 사람과 동물, 지구 모두에게 안겨주는 이점들 말이다.

게다가 비건에 부정적인 인식에서 비롯되는 비판은 비건이 아닌 사람들에게만 향하는 것이 아니다. 비건들 자신에게 더 엄격하게 향하는 경우도 많다. 모든 것을 완전히 끊어내지 못한 자신의 실패에 깊은 수치심을 느끼며 조용히 감내하며 살아가는 경우가 적지 않다. 핼러윈의 저렴한 초콜릿, 식료품점 시식 코너, 직장에서 먹는 공짜 피자, 좋아하는 신발까지. 심지어 옷장에서 가죽 벨트를 전부

치웠다고 해도, 진정한 비건은 아닐지 모른다는 불완전함이 여전히 위협한다. 예를 들면, 독감 예방주사(달걀 제품으로 배양!), 설탕 한 스푼(동물 뼈 숯으로 정제!), 포도주 한잔(물고기 부레로 정제!)까지 판단의 잣대에서 벗어날 수 없다.

비건들조차 수치심과 비난의 프레임에 쉽게 빠지는 상황이라면, 세상 사람들이 '충만한 비건의 삶'을 상상하지 못하는 것도 당연하다. 그리고 상상력의 부재로 비건으로 살아가는 삶이 진정으로 아름답고, 선하며, 살아갈 가치가 있다는 가능성 자체를 떠올리지 못하는 일은 삶의 가장 깊은 곳까지 스며들어 우리를 흔든다. 비건 친구나 비건 동료가 회사 휴게실에 들어오는 모습을 보는 것만으로 우리의 신체적·사회적·정서적·지적·도덕적 자아 전체를 뒤흔드는 수많은 방어적인 질문들이 소환될 수 있다. '내가 평생 치즈 없이 살아갈 수 있을까? 사냥을 그만둔다면 가족들이 인연을 끊자고 하지 않을까? 그래도 인간이 다른 동물보다 더 중요한 존재가 아닌가! 동물은 신이 인간에게 준 위로와 즐거움의 선물이 아닌가! 밥이랑 삶은 브로콜리만 먹고도 마라톤을 완주할 수 있을까? 이제는 돼지갈비를 먹는 친구들을 비난해야 하니?'

이런 질문들은 대부분 더 깊은 탐색을 주저하게 만든다. 그럴 만도 하다. 이런 질문들이 불러일으키는 비건 전환에 대한 저항감은 절대 만만치 않다. 쾌락이 주는 즐거움, 가족에 대한 의리, 인간으로서의 동료 의식, 신에 대한 감사, 건강에 대한 염려, 우정이 주는 편안함, 거부당할지도 모른다는 두려움. 이 모두는 우리 내면을 형성하는 가장 강력한 동인動因들이다. 이런 기본값을 재설정하는 용기를 내는 일은 결코 작은 도전이 아니다. 이를 부정하는 것은 식습관과 동물을 대하는 우리의 태도가 얼마나 문화 깊은 곳까지 뿌리내리고 있는지를 과소평가하는 것이다.

비건으로 사는 흥미로운 삶을 떠올릴 만큼 상상력을 확장할 용기를 낸다 해도, 또 다른 난관이 기다리고 있다. 바로 우리의 연약한 의지다. 훈제 소고기 샌드위치냐 비건 샌드위치냐, 비단뱀 가죽으로 만든 고급 구두냐 캔버스 운동화냐, 그 두 가지 선택지가 나란히 놓여 있다고 하자. 아무런 제약 없이 고를 수 있는 상황이라면 상상하기 쉬울 수 있다. 하지만 실제로 그런 선택을 해야 할 때 더 많은 준비 시간, 더 큰 비용, 낮은 만족도, 친구들의 야유, 가족들의 회의적인 시선이 따른다면 그건 완전히 다른 문제다.

비건으로서 행복하고 충만한 삶을 '상상하는 것'과 그런 삶을 가능하게 만드는 태도와 행동을 매일 '실천하는 것'은 전혀 다른 차원으로 느껴질 수 있다. 이런 능력은 대다수 사람에게 저절로 생기지 않을 뿐 아니라 우리에게 익숙하고 즐거운 수많은 일상적 경험들과도 정면으로 충돌한다. 예를 들어, 앞으로는 달걀을 곁들인 생일 브런치를 즐길 수 없고, 양모 스웨터를 다시는 입지 않을 자신이 있는지를 상상하는 것만으로도 쉽지 않다. 게다가 식비는 올라가고, 멋지고 품질 좋은 옷은 구하기 어렵고, 단골 식당에서 입맛에 맞는 비건 메뉴를 찾기 힘들다면…그건 정말 버텨 내기 힘들다고 느낄 수 있다.

우리의 처지는 이토록 복잡하다. 비건이 되는 것이 새로운 사회적 표준이 된다면, 개인적으로나 공동체적으로 훨씬 더 나아질 수 있다. 비건 생활은 개인적, 전 지구적 차원에서 많은 혜택을 가져다 주며, 기후 변화, 식습관과 관련된 질병, 전 세계적 유행병, 항생제 내성, 노동자 인권 침해, 동물 학대 등 매우 심각한 환경·윤리 문제를 해결하는 데 핵심 열쇠이기도 하다.

그러나 비건으로 살아가는 것은 인기가 없고, 심지어 악명이 높다. 사람들은 비건의 장점보다 단점을 훨씬 더 잘 알고 있다. 비건이 종종 부정적이거나 비난조의 프레임으로 소비되고, 비건에 회의적인 세상이 작은 모순에도 '도덕적으로 잘난 척하는 허튼소리'라는 낙인을 찍을 준비가 되어 있기 때문이다.

이러한 배경 속에서 사람들은 대부분 애초에 무엇이 한 사람을 비건으로 만들었는지, 더 구체적으로는 행복하고 건강한 삶에 필수라고 여기는 자기 정체성의 일부를 훼손하지 않으면서 어떻게 비건이 될 수 있는지를 떠올리기란 쉽지 않다. 설령 비건을 지향할 만큼의 상상력을 갖췄다 해도, 그것을 실행할 재정적·사회적·물리적 비용이 감당할 수 없을 만큼 크게 느껴질 수 있기 때문이다.

비건이 일상이 되는 새로운 기준을 정착시키려면 깨우침, 상상, 동기 부여라 부르는 세 가지 핵심 과제를 해결해야 한다.

'깨우침'이라는 과제는 비건이 된다는 것에 대한 부정적인 평판과 잘못된 정보를 바로잡는 일이다. 이를 위해서는 사람들 대부분이 이미 받아들인 주류 과학과 윤리적 관점을 토대로 비건 실천의 실질적·도덕적 긴급성에 대해 명확하고 설득력 있는 근거를 제시해야 한다. 이렇게 길을 환히 밝히는 일이 비건으로 가는 데 중요한 장애물을 제거하고, 그것이 주류의 신념과도 잘 맞아떨어진다는 점을 보여줄 수 있지만, 사람들이 실제로 그 여정을 떠나고 싶게 만드는 데는 충분치 않은 경우가 많다. 어떤 것이 우리에게 이롭다는 사실을 아는 것과 그것을 원하는 마음은 전혀 다른 문제이기 때문이다.

그러므로 이상적인 세계를 새롭게 구상하고, 그 안에서 얻을 수 있는 모든 것을 기꺼이 받아들이며 에너지를 얻는 것이 두 번째 단계다. 상상의 과제는 진실하고 아름다우며 선한 비건 세상의 비전을 제시하는 일이다. 그 비전은 비건이 되어야 한다는 의무감이 아니라 비건이 됨으로써 나 자신과 이웃, 다른 동물들, 그리고 지구가 얻게 될 수많은 '위대한 선善'을 실현하고자 하는 열망을 불러일으켜야 한다.

에너지를 열정적으로 받아들이는 과제를 달성할 의지를 갖는 것이 두 번째 단계다. 따라서 상상의 문제를 해결하려면 우리의 상상력을 사로잡고 비건을 실천하고자 하는 열망을 불러일으킬 만큼 참되고, 아름답고, 즐거운 비건 세계의 비전을 제시해야 한다. 의무감이 아니라 비건을 실천하는 삶을 통해 우리 자신, 이웃, 다른 동물들, 지구에 큰 이익이 된다는 사실을 깨닫고 이러한 삶을 진심으로 바라게 되어야 한다.

하지만 비건 세계를 새롭게 구상하는 것이 그 세계를 향해 아무리 강한 열망을 불러일으킨다 해도, 현실의 장벽은 우리의 치밀한 계획과 간절한 바람마저 좌절시킨다. 마지막 과제인 동기 부여는 비록 불완전한 세상에서 열망하던 비건의 삶을 온전히 실현할 수는 없더라도, 비건으로 살고자 하고 또 그 삶을 지속하려는 의지를 다지기 위해 매력적이고, 접근이 쉬우며, 영감을 주는 전략을 마련하는 것이다.

이 책의 목표는 세 가지 과제를 영감이 가득하게 풀어냄으로써, 독자들이 비건이 되어야 할 실질적이고 도덕적인 시급함을 깨닫고, 비건 세계의 비전에서 에너지를 얻으며, 각자의 재능과 처지가 허락하는 만큼 그 열망을 향해 구체적인 발걸음을 내딛도록 용기를 내게 하는 데 있다.

힌두교, 신플라톤주의, 기독교에 이르기까지 철학의 전통에서 다양하게 논의된 '초월적 가치(진리, 아름다움, 선)'는 인류의 가장 깊은 욕망을 드러낸다고 여겨졌다. 그것은 거짓된 환상에 속지 않고 우리의 처지를 있는 그대로 비추는 적나라한 진실을 마주함으로써 깨우침을 얻고자 하는 욕구, 우울한 환경이나 불쾌한 사람들 속에서 타락하기보다 매혹적인 생명과 경이로운 장소가 주는 아름다움에 고양되고자 하는 욕구, 그리고 한계를 존중하고 그 안에서 번영을 누리고 싶어 하는 욕구, 이렇게 세 가지다.

나는 부끄러움이 아니라 열망으로 움직이는 비건 라이프의 비전으로 당신을 초대하고자 한다. 마음 깊이 진정으로 원하는 것에 대한 매력을, 매력 없는 의무보다 훨씬 강력한 동력으로 삼는 것이다. 그리고 이러한 목표를 이루는 가장 좋은 방법은 인간이 본능적으로 갈망하는 세 가지(진리, 아름다움, 선)를 충족하는 구조로 이 비전을 설계하는 것이다. 이 책의 세 부분인 진리, 아름다움, 선함을 무엇보다 갈망하는 우리 '배고프고 아름다운 동물'을 위해 비건 라이프를 막는 세 가지 도전(깨우침, 상상, 동기 부여)을 정면으로 해결하는 맞춤 전략을 제시한다.

1부에서는 '깨우침'이라는 과제를 해결한다. 새로운 비건 일상을 정착시키는 것이 왜 실용적·도덕적으로 시급한지를 밝히고, 이 시급함이 왜 우리에게 불편하게 들리는지를 설명한다. 그리고 많은 사람이 거부감을 느낌에도 불구하고 비건 라이프가 지닌 거대한 가능성을 이미 많은 사람이 공유하는 가치와 도덕적 신념의 틀 속에서 설득력 있게 제시한다. 겉보기와는 다르게 비건 세상은 사실 우리가 이미 마음 깊이 갈망하고 있는 것임을, 다만 아직 의식적으로 꺼내 보지 않았을 뿐임을 보여준다.

2부에서는 '상상'의 과제를 해결한다. 욕망의 원천을 끌어와 비건이 지향하는 아름답고 총체적인 비전을 그려내고, 새로운 비건 라이프가 정착될 때 인류와 다른 생명, 그리고 지구가 더 진실하고 아름답고 아름다우며 더 나은 상태로 나아갈 수 있는 여러 연결 경로를 분명히 한다.

3부에서는 '동기 부여'의 과제를 해결한다. 비건과 관련된 포괄적인 열망을 각자의 상황에 맞는 현실적인 목표로 구체화하고, 이 목표를 향해 꾸준히 나아가도록 이끄는 유연하면서도 규율이 존재하는 일상 속 실천 체계를 설계한다. 그리고 여전히 부족한 점이나 아직 완성되지 않은 점에 얽매이기보다 변화 과정에서 드러나는 작은 진전을 발견하고 기뻐할 전략을 세워보고자 한다.

그러나 이 책에서 중요한 것은 목표 자체보다 목표를 이끌어가는 '정신'이다. 그 정신이 독자를 이 여정 속으로 이끌고, 걸음걸음마다 함께하며, 부분의 합을 넘어서는 더 큰 목적과 연대감을 불어

배고프고 아름다운 동물들

넣기를 바란다.

　스포츠팀이나 팬덤, 종교 공동체나 정치 운동, 직장 내 프로젝트 팀, 혹은 시련을 함께 견디는 절친한 친구들과 함께해 본 사람이라면 그 속에 영혼이 있다는 것이 얼마나 중요한지 알 것이다. 개개인의 약점과 허물을 넘어서는 연대의 정신이 함께하는 것이다. 이 정신은 도전이 커지고 열기가 고조될수록 모두의 최고 역량을 끌어내 한마음으로 움직이게 한다.[16] 영혼이 무엇이며, 어디서 오는 것인지에 관해서는 다양하게 생각할 수 있겠지만, 여기서는 어떤 목표를 향해 자발적으로 뜻을 함께하는 사람들을 하나로 묶어 높은 곳으로 이끄는 결속력과 고양감의 화학적 결합 정도로 생각하면 좋겠다.

　이 책에 담긴 영혼, 즉 마음을 고양하는 화학 작용의 핵심은 우리 각자가 다음 질문에 스스로 설득력 있는 답을 찾고자 하는 열망이다. 이 질문은 단순하지만 함께라면 우리가 멈추지 않고 나아가게 만들 수 있다. '세상이 비건이 반대하는 거짓되고 추하고 나쁜 것만큼이나 그들이 지향하는 참되고 아름답고 선한 것에 대해서도 잘 안다면 어떨까? 그리고 그러한 문화적 각성을 촉발하기 위해 우리의 고유한 재능과 자질을 충분히 활용할 수 있다면, 세상은 어떤 모습일까?' 우리가 비건이라는 삶의 방식을 거짓되고 추악하며 나쁜 일을 '하지 않는 것'으로 설명하는 데서 벗어나, 참되고 아름다우며 더 선한 세상을 향해 '나아가는 것'으로 설명한다면 비건에 대한 대중의 인식이 어떻게 바뀔지 상상해 보자!

　미국의 사회학자인 키앙가-야마타 테일러Keeanga-Yamahtta Taylor는 "어떤 사회운동도 '가능한 것이 무엇인가'라는 질문에서 시작하지 않는다. 대개는 '무엇이 가능할까'를 상상하는 데서 동력을 얻는다."라고 강력하게 말한다.[17] 가장 설득력 있는 형태에서 비건을 지향한다는 것은 지금의 삶을 부정하는 것이 아니라, 삶이 어떻게 달라질 수 있는지를 상상하며 기꺼이 끌어안는 것이다. 그것은 풍요롭고 건강한 식단을 누리고, 혁신적인 스타일을 즐기며, 타인의 삶에 대한 의식을 확장하고, 지능과 감정을 지닌 사회적 존재들과 진정한 종^種 간의 유대를 맺고, 사회 정의와 기후 안정에 대한 희망을 키우기 위해 더 이상 다른 존재를 착취하거나 학대하거나 억압하지 않아도 되는 세상을 그려보는 것이다.

나는 비건 세계의 긍정적인 비전을 최우선에 두고 채식주의자를 비판적인 힙스터나 비현실적인 금욕주의자, 자기를 부정하며 유행을 좇는 다이어터로 그리는 대중적 고정관념을 걷어내고 싶다. 대신 이 삶의 방식을 합리적이고 자비로우며 실용적이고 포용적인, 궁극적으로는 영감을 주는 여정으로 제시하려 한다. 이 여정은 전례 없는 도덕적·환경적 위기의 시대에 '잘 존재하며 잘 살아가는 법'을 향한 길이다.

비건이 된다는 의미를 새롭게 정의하는 일은 지난 10년간 이어 온 나의 꿈이었다. 수년간 비건 생활을 부정적으로 규정해 온 프레임은 강의, 글쓰기, 지지 활동을 하는데 끊임없이 사기를 떨어뜨리는 요인이었다. 건강하고, 정보가 풍부하고, 공정하며, 자비롭고, 도움이 필요한 이들을 돕고자 하는 주류 도덕 가치에 뿌리를 둔 세계관이 '비건'이라는 이름 아래 전달되고 받아들여질 때, 심지어 이 비전을 실천하려 애쓰는 사람들조차(나도 예외는 아니다!) 급진적이고, 비판적이며, 배타적인 태도로 삶을 부정하는 것으로 오해받는 현실이 몹시 답답했다.

삶을 거짓되고 추악하며 나쁜 일을 하지 않는 것이 아니라, 진실하고 아름다우며 선한 것을 지향하는 비건의 관점에서 새롭게 상상했을 때 일어난 근본적인 관점의 전환은 나에게 깊은 영감과 해방감을 안겨주었다. 이 비전은 개인적인 삶에서 내가 완벽하게 해낼 수 없는 일들에 집착하며 느꼈던 완고함, 불안, 심지어 절망에서 벗어나 내가 이루고자 하는 일을 향한 자유와 자신감, 그리고 기쁨으로 나아가게 했다.

내 강의와 강연에서 이러한 관점은 청중들로부터 훨씬 더 많은 호기심·열정·능동적인 실행력을 불러일으켰고, 동시에 방어적 태도나 낙담, 위축된 부끄러움은 훨씬 줄었다. 이 책에서 여러분과 나누려는 비건 삶의 이 풍요로운 비전은 말 그대로 내 꿈이 이루어진 순간이며, 앞서 던졌던 질문 '내 고유한 재능과 역량을 어떻게 이 문화적 각성의 촉매로 전환할 수 있을까'에 대한 나의 답이기도 하다. 앞으로 9장에 걸쳐 당신이 이 질문에 자신만의 답을 찾는 데 필요한 모든 도구를 함께 개발해 갈 것이다. 그렇게 해서 당신의 고유한 기여가 더해진 변화의 선물이 탄생하고, 그것을 당신과 세상이 함께 누리기를 바란다.

이 여정의 목적지는 누구에게나 열려 있고, 주체적이며, 서로를 포용하는 비건적 삶을 이해하는 것이다. 단번에 완벽한 비건 정체성을 확립하려는 비현실적인 목표를 내려놓고, 각자의 한계 안에서 불완전한 존재로서 기꺼이 할 수 있는 일을 실천하는 것이다. 더 진실하고, 더 아름답고, 더 나은 비건 세계를 향해 나아가려는 영감을 품되 현실적인 실천으로 모든 생명이 함께 번영할 수 있는 지구를 향해 나아가는 것이다. 비건으로 살아가려는 개인의 노력을 '완벽하게 잔혹함이 없는 상태'라는 획일적이고 비현실적인 틀에 가두는 대신, 비건으로 살아간다는 것을 하나의 '여정'으로 바라볼 것이다. 그 여정은 각자의 삶의 조건과 공동체적 맥락 속에서, 자신이 느끼고 영감을 얻은 만큼 그리고 자신이 감당할 수 있는 방식으로 저마다 다른 모습으로 펼쳐질 것이다.

그래서 이 책에서 내가 그리고자 하는 세계관과 그에 수반하는 실천들을 설명할 때 '비건주의(veganism)'라는 용어를 의도적으로 사용하지 않으려 한다. 경험상 '~주의'라는 말은 매력적으로 들리지 않을 때가 많기 때문이다. 설령 포용적이라고 해도 '주의'가 붙으면 타협을 모르는 고집스럽고 특정 정체성에만 초점을 맞추는 것으로 인식되는 경우가 많다. 비건들이 아무리 다정하고 친절하다고 해도(내가 만난 비건들은 거의 그랬다!) '비건주의'라는 말은 엄격한 기대와 가치 판단에서 벗어날 여지가 거의 없는 것으로 비치며, 이는 비건 지향으로 움직이려는 사람들조차도 소외감을 느끼게 한다.

반면 비건을 실천하는 것은 개방적이고, 지향점을 향해 끝없이 나아가는 활동이다. 이는 끊임없이 진화하는 일련의 실천들을 실행하며 구체화된다.[18] 우리는 비건을 향한 여정에서 각기 다른 지점에서 있을 수 있다. 막 시작했을 수도, 거의 끝에 다다랐을 수도, 중간에 슬럼프를 겪을 수도, 멋진 새 요리책이나 친구 덕분에 다시 불붙었을 수도 있다. 그러나 비건을 실천하는 여정은 평생 이어지는 모

배고프고 아름다운 동물들

험이며, 이는 '정체성'이 아니라 '행동'이다. 비건을 통달했다거나 이상향을 완전하게 구현했다는 의미에서 '나는 비건이다'라고 말할 수는 없다. 얼마나 오래 이 길을 걸었든, 우리는 언제나 여전히 비건이 '되어가는 중'이다.

나는 '비건을 받아들인다'라는 표현보다 '비건을 지향한다'라는 표현을 의도적으로 사용해서, 완벽주의나 정체성 대신 점진적이고 행동이 중심이 되는 비건을 지향하는 삶의 관점을 제시하고자 한다. 나는 비건의 비전에 조금이라도 마음이 움직인 사람이라면 일상의 실천이 이상과 크게 다르더라도 '가는 길 위에 있다'라고 느낄 수 있는 여지를 만들고 싶다. 그것이 동물성을 일절 거부하는 고단수 비건이든, 일주일에 한 번 새로운 비건 요리를 시도하겠다고 결심한 입문자든 중요한 것은 '비건을 지향하는 것'이다. 현재 상황이 허락하는 범위에서 구체적인 실천을 통해 그 아름다운 비전에 한 걸음씩 다가가는 것이 핵심이다.

하지만 당신이 어디 지점에 있는지 모르는 상태에서 나는 어떻게 이 책을 통해 당신에게 유익함을 줄 수 있을까? 나는 겸손하고 환대하는 마음으로 생동감 있게 글을 써서 누구나 이 책에서 도움을 얻을 수 있기를 바란다.

당신이 비건에 관심이 있지만 여전히 비건으로 살아가는 것을 너무 급진적이고, 특권 의식이 있으며, 비현실적인 채식 유토피아쯤으로 여긴다면, 이 책이 비건을 향한 포부가 합리적이고, 감정 지능이 높으며, 도덕적 중심과 선의를 갖춘 사람들이 자기 이상과 행동을 일치시키는 가장 훌륭한 선택지 가운데 하나임을 설득해 주기를 바란다. 만약 당신이 여전히 갈등하는 육식가로서 인지 부조화를 줄이고 조금 더 채식 위주로 나아갈 방법을 찾고 있다면, 이 책이 부끄러움과 죄책감을 훌훌 털어버리고, 불안을 줄이고 기쁨을 키우는 삶으로 대담하게 나아가도록 돕기를 바란다.

만약 당신이 자녀가 갑자기 좋아하던 음식을 거부하고 식당 앞에서 시위를 벌이는 이유를 알고 싶어 하는 걱정 많은 부모라면, 이 책이 그들의 새로운 선택을 잘 풀어서 설명하고, 당신이 자녀에게 심어준 가치와 깊이 맞닿아 있음을 밝혀주기를 바란다.

만약 새로운 비건의 기준이 당신이 평생을 바쳐온 사회운동이나 사업에 어떤 긍정적인 힘을 보태거나 혹은 새로운 과제를 안겨줄지 궁금한 활동가나 기업가라면, 나는 이 책이 이전에는 상상하지 못했던 도발적이고 설득력 있는 방식으로 당신의 노력을 한층 끌어올리는 데 도움이 되기를 바란다.

만약 당신이 자부심 넘치는 축산업자, 낚시꾼, 사냥꾼으로서 비건 세계의 비전이 터무니없거나 위협적이라고 느껴진다면 이 책이 우리 사이의 간극을 조금이라도 좁히는 데 도움이 되기를 바란다. 바람직하게는 큰 차이가 있더라도 공통된 기반을 마련해 최소한 서로를 더 잘 이해하고 존중할 수 있도록 돕는 방식으로 말이다.

그리고 이미 비건을 지향하고 있지만, 나처럼 도저히 충족할 수 없을 것 같은 기대의 무게에 눌려 고통받고 있다면, 이 책이 비건을 향한 당신의 열망을 더 깊이 이해하고, 그 열망을 더욱 즐겁고 지속 가능하게 이어가며, 나아가 다른 이들에게도 함께하자고 권할 만큼의 자신감과 설득력 있는 전략을 갖추는 데 도움이 되기를 바란다.

이 책이 이미 같은 생각을 공유하는 합창단 앞에서 설교하는 것에 초점을 맞추고 있는 것은 아니지만, 나는 이 합창단이 더 많은 청중을 사로잡고 기쁨을 줄 수 있는 아름다운 새 노래를 배우도록 돕고 싶다.

어쩌면 당신은 앞에서 설명한 예시의 여러 부분에 해당하는 사람일 수 있다. 나 역시 그렇다. 자부심 넘치는 낚시꾼은 내게 해당하는 말이었다. 당신이 어떤 사람이든, 비건을 향한 여정의 어느 지점에 있든, 이 책은 포용적인 태도를 지향하며 풍성한 식탁에 당신만을 위한 자리를 마련하고자 하는 진심 어린 바람에서 비롯되었다는 것을 알아주었으면 한다.

책을 읽으며 알게 되겠지만, 오늘날의 세계는 그 식탁에 모두가 함께해야 할 만큼 긴급한 상태다. 이 비전은 누구나 자신의 특별한 자리를 찾을 수 있을 만큼 크고 넉넉하며, 그 목표에 이르기 위한 전략 또한 모든 사람의 상황을 포용할 만큼 유연하다. 이 책이 제안하는 '새로운 비건의 기준'은 개인이 특정한 비건 정체성에 도달하는 데 있지 않다. 그것은 우리가 저마다 걷고 있는 서로 다른 길 위에서 연대하고, 인류 전체에 바람직한 영향을 미치면서, 모든 배고프고 아름다운 동물들과 우리를 지탱하는 지구에 분명히 더 나은 비건 세계를 향해 함께 나아가는 데 있다.

1부

깨우침

새로운 비건의 기준이 필요하다

HUNGRY

BEAUTIFUL

ANIMALS

1장

비건이 아니면 안 돼!

위기에 빠진 세계

거스는 브리티시 불도그였다. 녀석은 사료보다 뿌리채소를 더 좋아했고, 일주일에 6파운드나 되는 당근을 먹어 치웠다. 아내 수전과 내가 녀석을 두고 휴가를 떠나는 것을 매우 싫어했다. 여행 가방이 눈에 보이기만 해도 식사 자리 한가운데에 볼일을 보며 분명하게 항의했다. 수년 동안 거스의 병원비는 우리 예산에서 주택담보대출 다음으로 높은 지출 항목이었다. 막힌 기도를 뚫기 위해 코와 입천장을 수술했고, 두툼한 뱃살이 관절에 무리를 주지 않도록 지방 흡입을 했으며, 낡은 하키 퍽을 삼키는 바람에 응급 개복 수술까지 했다. 거스의 매력이 워낙 압도적이라 산책을 나가면 늘 시간이 지체되어 곤란하기도 했다. 무뚝뚝하기 그지없는 행인조차도 거스를 보면 얼굴이 금세 환한 미소로 녹아내렸기 때문이다.

근육질의 덩치 큰 이 녀석은 거의 열두 해 동안 침대에서 우리와 함께 잠을 잤고, 코 고는 소리도 워낙 다양해서 내 숙면에 맞춤한 자장가 같았다. 그래서 거스가 무지개다리를 건넌 뒤, 음악을 하는 친구가 여기저기 녹음해 둔 코골이 소리를 모아 '거스 코골이 자장가'를 만들어주었고, 그제야 나는 다시 잠들 수 있었다.[1]

　나는 거스 덕분에 동물에 기반한 식량 시스템을 지구 생명에 대한 실존적 위협으로 인식하게 되었다. 어쩌면 거스는 이 불편한 진실을 이해하게 했다기보다 온몸으로 느끼게 했다고 말하는 편이 더 정확할 것이다. 수없이 많은 종말론적 기사를 읽고, 충격적인 다큐멘터리를 보며 마지못해 '알게 되는' 것만으로는 우리의 식량 시스템이 가진 비극성을 피부에 와 닿게 할 수 없었다. 그것만으로는 불편하지만 견딜 만한 인지 부조화 상태에서, 본능적으로 솟구치는 혐오감으로까지 나를 움직이지 못했다. 이 혐오감이야말로 저절로 사람을 역겨운 것에서 멀어지게 하는 힘이다. 물론 내 각성을 끌어낸 촉매제가 더 객관적이고 이성적이었다면, 내 다리에 늘 달라붙어 있던 납작한 얼굴의 불도그가 내 삶에 얽히게 된 것처럼 우연한 계기가 아니었으면 하는 자기 의심이 들기도 한다. 하지만 그렇다고 거짓말을 할 수는 없으니까.

　거스를 그토록 사랑하게 되자, 나는 녀석과 비슷한 다른 존재들의 삶(닭, 돼지, 소, 칠면조, 무릇 내 무릎 위에서 코를 골며 자던 거스만큼이나 영리하고 감정이 풍부한 존재들)에 더 깊은 관심을 두게 되었다. 그리고 그들을 지금처럼 다루는 방식이 동물들뿐만 아니라 우리와 더 나아가 세상 전체에 어떤 결과를 낳는지에 주목하게 되었다. 수많은 동물이 식품 체계 안에서 끔찍한 일을 겪고 있다는 사실

배고프고 아름다운 동물들

을 추상적으로 아는 것, 그들을 그렇게 대하는 것이 노동자들에게
고통을 주고 여러 기후·건강 문제를 초래하는 것을 아는 것과 수
백억 마리의 거스와 다를 바 없는 생명들이 철저히 고통에 짓눌린
삶을 강요당하고 있다는 데서 뼛속 깊은 혐오나 반감을 느끼는 것
은 전혀 다른 차원의 문제다. 그 고통의 참상은 기후 변화에 따른
산불·홍수·허리케인으로, 심장질환·암·팬데믹 같은 건강 재앙으
로, 이미 소외된 계층의 노동자들이 반복적으로 동물을 해치고 죽
이고 토막 내야 하는 심리적·육체적 황폐함으로 세상에 퍼져나가
고 있다.

거스를 향한 나의 감정은 뉴스 화면 하단의 속보 자막처럼 무심
코 스쳐 지나가던 식품 체계의 참혹한 재앙들을 도저히 감내할 수
없는 비통함으로 바꾸어 놓았다. 그 비통함은 때로는 나를 울렸고,
분노로 몸을 떨게 했으며, 나 자신과 인류를 저주하게 했고, 하늘을
원망하게 했다. 그리고 마침내 내가 바라는 변화를 우리의 식습관
속에서 이루고자 내 삶을 글쓰기와 가르침에 헌신하게 했다.

이쯤 되면 '이게 뭐야?'라고 생각할지도 모르겠다. '낚인 거야?
가상 진실하고, 아름답고, 선한 열망과 깊이 공명하면서 나 자신을
설득하는 방법을 알려준다더니? 비건이라는 말만 나오면 어김없이
쏟아지는 그 흔한 수치심과 세상을 비난하는 말들만 늘어놓고 있잖
아?'

물론 그 걱정을 이해한다. 내가 이런 끔찍한 소식을 공유하려는
이유는 배려심을 키우고, 공감을 일으키며, 현재의 식량 시스템이
진실·아름다움·선함에 어떤 기회비용을 요구하는지 깨닫게 하려

는 것이지, 수치심을 자극하거나 비난에 빠지게 하려는 것이 아니다. 그렇다 하더라도 '아름다움을 향한 여정의 첫걸음을 왜 이토록 고통스럽게 시작해야 하지?'라고 묻고 싶을 수 있다.

그러함에도 나는 이렇게 시작하는 것이 맞다고 생각한다. 잔치 전에 단식이 있고, 정상에 오르기 전에는 오르막이 있으며, 가장 달콤한 승리가 가장 강력한 상대를 뛰어넘었을 때 찾아오는 데는 이유가 있다. 고통스러운 진실을 먼저 마주하지 않고 아름다움을 보려 한다면, 자기만의 환상에 갇히기 쉽고 어렵게 쟁취한 결과가 주는 생생한 감격을 스스로 빼앗게 된다. 비건 세계의 총체적 아름다움을 온전히 누리려면 현재 우리의 관행이 낳는 추악함과 파괴, 그리고 그것이 불러온 참담한 결과들을 고통스럽더라도 명확히 인지해야 한다.

이렇게 불편한 진실을 마주하며 첫발을 떼는 이유가 새로운 비건의 기준이 약속하는 아름다움의 가치를 더 깊이 음미하기 위해서만은 아니다. 우리 인류에게는 관성의 힘이 강력하게 작용한다. 굳어진 지금의 틀을 바꾸기 위한 과정에는 불만과 고통이 반드시 따른다. '고장 나지 않았다면 고칠 이유가 없다'라는 말처럼, 우리는 고통이 없으면 움직이지 않는다. 그것이 단지 게으름 때문만은 아니다(물론 가끔은 맞다). 근본적으로는 진화의 역사 속에서 귀하게 아껴야 할 에너지를 보존하기 위해 습관에 의존하고, '오래된 뇌'(old brain, 가장 먼저 진화하여 기본적 생존 기능을 조절하는 뇌간 부위)의 자동 조종에 삶을 맡기도록 설계되어 있기 때문이다.

중독 분야의 저명한 정신과 의사이자 신경과학자인 저드슨 브

배고프고 아름다운 동물들

루어^{Judson Brewer}는 저서 《불안이라는 중독》에서 나쁜 습관을 버리려면 부정적인 행동이 주는 자기 파괴적인 가짜 위안에 혐오감을 느껴야 한다고 설명한다. 그래야 우리의 오래된 뇌가 이러한 기존의 틀을 버리고 더욱 지속 가능하고 배려심 있는 편안함과 안정감을 위해 '더 포용적이고 더 나은 방법'을 찾을 수 있다고 말한다. 나쁜 습관에 혐오감을 느끼려면 먼저 부정적인 습관의 고리에 세심한 주의를 기울여야 한다. 그래야 우리 삶에 미치는 악영향을 볼 수 있고, 더 중요하게는 그 악영향을 느낄 수 있으며, 오래된 뇌에 이러한 행동이 우리에게 해롭다는 것을 각인할 수 있다.[2] 브루어는 담배를 끊은 환자들의 사례를 예로 든다. 그들은 지독한 냄새, 사회적 낙인처럼 무의식적인 습관이 가려버리는 나쁜 경험에 주의를 기울임으로써 자신을 사회에서 소외시키는 현실을 떠올리며, 뇌가 불안에 대해 더욱 생산적으로 반응(명상이나 호흡 등)하는 습관을 찾도록 자극받는다고 설명한다.

이 장에서는 이득보다 고통을 먼저 생각하는 데 전념하며, 우리의 식량 공급 체계와 그것을 지탱하는 식습관이 초래하는 파괴를 의식적으로 인식하고 더 나아가 혐오감을 느끼도록 돕고자 한다. 하지만 고통 자체가 중요한 목적은 아니며, 우리는 그 고통에서 허우적대지 않을 것이다. 이 장(더 넓게는 1부)에서 고통의 역할이 무엇인지 생각할 때, 고인이 된 위대한 혁신 전문가 캐시 대너밀러^{Kathie Dannemiller}가 널리 알린 유명한 '변화 공식', $C = D \times V \times F \rangle R$을 떠올려 보자. 대너밀러는 현재 상태에 대한 불만족(Dissatisfaction), 미래에 대한 비전(Vision), 그리고 그 비전을 향해 나아가는 구체적인 첫걸음(First step)이 결합한 영향력이 변화에 대한 저항 (Resistance)보다 클 때 변화가 일어난다고 주장했다.[3]

만약 변화의 동기를 위해 고통을 마주하는 것이 중요하다는 설명을 할 때, 신경과학이나 기업 컨설팅 용어보다 영적인 언어를 선호한다면, 프란치스코 교황이 기후 문제를 다룬 회칙 '찬미 받으소서(Laudato Si')'에서 그 뜻을 아름답게 표현하고 있다. "우리의 목표는 정보를 모으거나 호기심을 채우는 데 있는 것이 아니라 현실의 고통을 인식하고, 세상에서 일어나는 일을 개인적인 고통으로 받아들이며, 각자가 이를 위해 무엇을 할 수 있는지를 깨닫는 것입니다."[4] 우리에게 고통스러운 자각이 필요한 이유는 수치심과 비난에 휩싸이기 위함이 아니다. 그 핵심은 진정한 화해의 산물로서 배려하는 마음을 증진하기 위해 삶의 에너지를 모으는 데 있다.

이런 통찰을 염두에 두고, 이번 장을 외과 수술처럼 정밀하게 고통을 자각하는 훈련이라 생각하면 된다. 목표는 2부에서 제시할 '새로운 비건의 일상'이라는 아름다운 비전, 그리고 3부에서 살펴볼 그 비전을 향해 나아가는 구체적인 전략을 촉발하는 데 꼭 필요한 요소를 제공하는 데 있다. 우리는 값싼 동물성 식품을 향한 갈망이 초래하는 진짜 대가를 먼저 마주하게 되겠지만, 이는 우리의 욕망과 한계를 더 조화롭게 아울러서 우리가 더욱 아름다운 존재로 거듭나게 하는 과정일 뿐이다.

당신이 이미 레벨 50쯤 되는 비건 고수라면, 식량 시스템에 초점을 맞추는 내 방식이 매우 마음에 들지 않을 수 있다. 어쩌면 '비건이 되는 건 무엇보다 동물 정의에 관한 문제잖아. 비건 생활을 식습관에 한정하는 건 기만이고 불완전한 거라고. 반려동물, 의류, 오락, 동물실험 산업의 토대를 이루는 동물을 재산으로 취급하는 부당함 자체를 정조준해 무너뜨려야지! 그런 변화는 고기 없는 월요일 씨가 식물성 소시지 얘기나 하면서 사람들을 들뜨게 하는 정도로는 절대 일어나지 않는다고.'라고 생각할지도 모르겠다.

물론 더 없이 맞는 말이다. 나 역시 동물 정의에 관한 우려에 깊이 공감하며, 비건이 된다는 것이 단순히 식물을 먹는 것만을 의미하지 않는다는 데 동의한다. 이 책 전반에서 내가 품은 바람은 비건 생활의 비전을 제시하는 것이다. 식품을 단순한 개인의 문제가 아니라, 우리와 더불어 우리가 종종 외면하는 비인간 동물들까지 진리와 아름다움, 선을 경험할 수 있도록 하는 중요하고도 전체적인 길로 바라보게 하는 것이다.[5]

5장과 6장에서는 지난 50년 동안 현대 비건 운동을 이끌어온 고귀한 목표가 내가 이 책에서 제시하는 전체적 비건 비전과 어떻게 맞물리는지 더 자세히 살펴볼 것이다. 지금은 왜 동물 기반 식량 시스템을 중요한 주제로 삼았는지 그 이유를 책 전반에 걸쳐 풀어내고자 한다.

이유는 단순하다. 비건으로 가는 데 있어 식단의 변화는 사람들 대부분에게 가장 시급한 과제이자, 집단 전체에 가장 크게 영향을 미치는 행동이다. 파티에 간 비건이 손전등 불빛에 흩어지는 바퀴벌레처럼 친구와 가족들을 놀라 도망가게 만드는 경우, 문제는 보통 인조 가죽 신발 때문이 아니라 파티용 미니 소시지를 거부하는 데 있다. 게다가 산업형 축산업이 토양에서 바다나 대기에 이르기까지 모든 생명체의 삶과 서식지에 막대한 영향을 미치고, 사회·상업·정치 제도 전반에 걸쳐 압도적인 힘을 행사하고 있다는 점을 고려하면, 이 체계와 그것을 떠받치는 서구(점점 전 세계적으로 확산하는)의 표준 식단에 주목하는 것이 비건 세계의 시급한 필요성과 비건 실천이 내보이는 놀라운 가능성을 가장 분명하고 설득력 있게 드러내는 길이다.

우리의 식품 체계가 지닌 방대함과 그 영향력을 이해하기란 쉽지 않다. 그 이해가 보통은 집중 사육 시설(CAFO, 흔히 공장식 농장)과 도축장에 국한해 있기 때문이다. 이곳들이 끔찍한 공간이라는 점에는 의심의 여지가 없다. 이 시설들에 쏟아지는 대중의 비판은 정당하며, 나 역시 그 비판을 되풀이하고 더욱 강화할 것이다. 그러나 공장식 축사와 도축장은 서로 얽히고 의존하는 산업, 제도, 관행들이 거대한 네트워크를 이루는 식량 체계의 일부에 불과하다. 그러므로 시스템 자체를 바꾸려면 공장식 축사에서 일하는 농장주나 도축장 노동자에게만 덮어씌우는 좁은 시야를 넘어, 이러한 시스템이 상호 연결된 부분들의 총합이라는 사실을 받아들여야 한다.[6]

산업형 축산업을 이해한다는 것은 곧 우리가 이미 이 드라마의 배우라는 사실을 뼈저리게 자각하는 것이다. 누군가는 주연이고 누군가는 단역에 불과하겠지만 돼지를 베이컨으로, 닭을 윙으로 바꾸는 일에는 수많은 손길이 필요하다. 그중 대부분은 공장식 축사에서 새끼 돼지를 거세하거나 도축장에서 닭 목을 치는 사람이 아니다. 손을 더럽힐 수밖에 없는 사람들에게 혐오와 비난을 돌린다 해서 우리가 그 시스템의 일부라는 사실이나 변화를 만들어낼 잠재력

배고프고 아름다운 동물들

을 지니고 있다는 사실을 바꾸지는 못한다.

평범한 서양식 저녁 식탁에서 포크를 들기 전까지 얼마나 많은 손이 움직여야 하는지 생각해 보자.

- 목재와 제지 산업은 숲을 개간해 동물들을 방목해 키우고 곡물을 재배할 토지를 만든다.
- 석유회사는 화학회사가 제초제, 살충제, 비료를 만들도록 석유를 공급한다.
- 사료회사는 동물 사육을 위한 곡물을 재배하는 데 막대한 물, 토지, 석유를 사용한다.
- 동물 품종개량 과학자와 생명공학자는 곡물을 최대한 빠르고 이윤이 높은 제품으로 바꾸는 경제적으로 유리한 품종을 설계한다.
- 제약 회사는 좁은 공간에 가둬 키우는 동물들이 질병과 죽음에 무방비로 노출되지 않도록 항균제를 만든다.
- 공장식 축사와 비육 시설은 동물이 시장에 판매할 무게에 도달힐 때까지 사육한다.
- 운송 회사는 공장식 축사와 비육장에서 도축장으로 동물을 옮긴다.
- 도축장과 가공 공장은 동물을 죽이고 절단해 유통할 수 있게 만든다.
- 유통업체는 호텔, 대학, 소매점에 제품을 공급한다.
- 식료품점과 음식점에서는 소비자에게 판매하기 위해 식품을

구매한다.

- 은행과 투자자는 이 모든 산업에 필요한 자본을 제공하고, 법률 회사와 마케팅 회사는 지원 서비스를 제공하며, 로비 단체는 유리한 입법 조건을 확보한다.
- 국회의원은 자국의 식품산업의 이익을 대변한다.
- 마지막으로 소비자는 그 식품을 구매해서 먹는다.

산업형 축산업의 진짜 대가를 마주한다는 것은 곧 우리의 일상적인 소비가 지구상의 모든 존재와 사물에 미치는 영향을 직시하는 일이다. 우리는 흔히 산업형 축산업의 참상이 최악의 공장식 사육장이나 도축장의 가장 어두운 구석에만 국한되어 있다고 멀찍이서 상상하고 싶어 하지만, 냉혹한 현실은 이 거대한 시스템의 여파가 소고기의 마블링처럼 우리 삶과 지구 구석구석에 스며들어 있다는 것이다. 모든 끼니는 우리의 일상적인 선택이 전 세계에 미치는 파급 효과를 되짚어보게 한다.

전통적인 아침 식사인 달걀과 베이컨 역시, 음식이 된 닭과 돼지의 삶이 어떠했는지를 묻는다. 점심으로 즐기는 '가성비 세트 메뉴'는 이러한 자원 집약적인 패스트푸드를 '저렴하고 편리하게' 공급하기 위해 숨겨둔 노동 · 환경 · 기후 비용을 궁금하게 만든다. 브런치로 먹는 스테이크와 새우 요리는 소들이 엄청난 양의 곡물을 소비하게 만드는 비육장에서 수로를 통해 배설물이 수계로 유출되어 수중 생태계를 파괴하기까지 이어지는 숨겨진 경로를 드러낸다. 한밤중 야식으로 먹는 피자는 혈압 상승과 불어나는 의료비 사이의

50

상관관계를 곱씹게 한다. 경제적으로 취약한 지역에서 신선하고 영양이 풍부한 식품은 비싸고 귀한데 패스트푸드는 값싸고 넘쳐나는 현실은, 로비스트와 입법자들이 식품 정의의 저울추를 강하게 누르고 있음을 보여주며, 이러한 상황을 묘사하는 말로는 '식품 사막(food desert)'보다 '식품 아파르트헤이트[food apartheid](분리 차별 정책 – 옮긴이)'라는 표현이 더 적확하다.[7] 우리의 식습관이 만들어내는 파급 효과를 뼈아프게 자각하는 일은 씁쓸하지만, 동시에 현행 식량 시스템이 낳은 파괴적인 결과와 그것을 개혁할 때 펼쳐질 변혁의 가능성을 매일 비추어준다는 점에서, 분명히 깨달음을 주는 출발점이다.[8]

우리의 식습관을 다시 살펴보는 것 역시 매우 중요한 출발점이다. 이는 많은 사람이 상당한 통제권을 가질 수 있는 활동이기 때문이다. 하루아침에 전업 활동가, 생태학자, 친환경 기업가, 생명 농업을 실천하는 농부, 심지어는 전기차 소유자가 되겠다고 결심하는 사람은 거의 없다. 그러나 우리 중 대다수는 자신의 식습관을 바꾸어 우리의 삶과 더 나아가 세상 전체를 변화시킬 힘을 지니고 있다. 게다가 식사는 누군가와 함께하는 경우가 많은 공동체적 활동이므로, 소수의 확고한 신념이 많은 사람에게 영감을 줄 수 있다. 친구와 가족, 교사와 학생, 기업과 근로자, 종교 지도자와 그 공동체가 식량 시스템을 더 의식하며 식사하는 것이 자신들에게도 영감을 주는 일임을 깨닫기 시작할 때, 그것은 단순한 의미 차원을 넘어 더 맛있고, 영양가 있으며, 경제적인 선택임을 알게 된다.[9]

우리의 식량 시스템에 초점을 맞추기로 한 이 선택은 다른 동물들의 삶으로 관심을 자연스럽게 넓혀가는 기회를 제공한다. 물론 동물을 먹으면서 동시에 동물 정의를 추구하는 것의 의미를 제대로 아는 것이 어려울 거라는 사실을 안다. 그러나 건강이나 환경, 혹은 배고프거나 억압받는 타인을 위한 정의와 같은 이유로 식물성 식단에 호기심을 갖게 되면, 동물의 생명 역시 중요하다는 생각에 저항감을 덜 느끼게 되고, 동물의 삶을 개선할 다른 방법들을 모색할 가능성도 커진다.

현재의 동물 기반 식량 시스템이 인간·동물·환경 전반에 걸쳐 전 세계적으로 엄청난 고통을 만들어낸다는 사실, 그 개혁의 비전이 실로 광범위하고 아름답게 뻗어 있다는 점, 그리고 그 변화를 추구하는 첫걸음이 많은 이들에게 열려 있을 뿐 아니라 동물 해방이라는 개념 자체를 더 친숙하게 이해하게 만든다는 점. 이 모든 요소가 결합해 이 시스템에 초점을 맞추는 것이 비건의 필요성과 가능성을 살펴보는 데 매우 이상적인 전략이다. 물론 반려동물, 의류, 오락, 동물실험 산업 역시 변화가 필요한 분야지만, 그 지점에서 출발한다고 해도 식량 시스템만큼 전략적으로 강력한 효과를 내지는 못한다.

따라서 깨우침의 문제를 해결하는 첫걸음은 고통스럽겠지만 산업형 축산업의 끔찍한 여파에 관한 추악한 진실들을 직시하는 것이다. 그러나 우리 대부분이 이미 어느 정도 알고 있는 우울한 사실들을 다시 살펴본다고 해서 현실을 뼈저리게 인식할 수 있는 것은 아니다. 고통스러운 현실을 인식하는 것은 호기심을 일깨우고, 공감의 대상을 확장하며, 행동을 끌어내는 방식으로 다른 생명체의 경험을 내면화하고 가까이 느낄 수 있도록 하는 정서 교육과 같다. 먼저 산업형 축산업이 미치는 재앙과도 같은 영향에 정서적으로 공감하는 것을 방해하는 세 가지 요인을 짚어보고자 한다.

첫째, 이 장에서 다루는 내용은 〈뉴욕타임스〉, 〈애틀랜틱〉, 〈아메리칸 컨서버티브〉, 〈내셔널 리뷰〉, 〈사이언스〉, 〈네이처〉 같은 저명한 매체에 수없이 실린 것들로, 새롭다고 할 만한 정보는 없다. 여기서 전하는 불길한 소식은 이미 뉴스부터 대중잡지, 학술지, NGO 보고서, 전문가 논픽션에 이르기까지 이 분야에 관심을 기울여 온 모든 곳에 매우 훌륭하게 정리되어 있다. 이쯤 되면, 우리의 식량 시스템과 이를 바꾸어야 할 긴급함을 다루는 종말론적인 이야기들을 마주하지 않기가 더 힘들 정도다.

둘째, 산업형 축산업에 관한 종말론적인 소식이 이렇게 흔하다 보니 우리 중 많은 이들이 완전히 지쳐버렸다. 정치인들이 '지금 당장 15달러를 기부하는 것만이 무정부 상태를 막는 마지막 방어선'이라고 떠들어대는 짜증 나는 이메일처럼 질려버린 것이다.

셋째, 산업형 축산업에 관해 사실대로 폭로할 수 있는 끔찍한 이야기들이 너무도 많아서 그 모든 것을 전부 다루려 하면 대다수가 감당할 수 있는 '나쁜 정보 수용 한계치'를 훌쩍 넘어버리게 된다.

이러한 상황은 글을 쓰는 사람에게 그다지 달가운 상황이 아니다. 내가 바라는 것은 이미 모두가 '알고 있다'라고 여기는 식량 체계의 붕괴에 관한 사실을 넘어, 이 상황이 참을 수 없는 것임을 몸으로 느끼게 하는 것이다. 그러나 나는 새로운 사실을 말해 줄 수 없고, 당신은 이미 이 주제에 지쳐있을 가능성이 크며, 당신이 고통을 즐기는 피학적 성향이 아니라면 내 주장을 펼칠 시간은 매우 제한적이다. 결국 세상에서 가장 설득력 있는 '효과적인 구성 전략'만이 이 난국을 타개할 수 있을 것이다.

세상을 보는 내 틀을 바꿔준 존재는 반려견 거스였다. 그래서 지금 이 곤란한 상황에서 우리를 구할 조력자로 '거스 교수님'을 소환한다. 거스는 이 문제에 관한 나의 정서 교육 전부를 책임진 동반자이자 스승이었다. 거스를 사랑한 경험은 세상 전체를 향한 더 깊고 총체적인 사랑으로 이어졌다. 그 사랑은 결국 동물 기반 식품의 현재 상태를 역겹고 더 이상 용납할 수 없는 것으로 느끼게 했다. 이처럼 유일하고, 대체 불가능하며, 완전히 헌신적인 내 동물 친구와 함께 다른 세상을 배우며 나는 눈을 뜨게 되었고, 수없이 많은 불쾌한 진실이 깊은 감동과 더불어 삶을 변화시키는 이야기로 바뀔 수 있었다.

이 책에 그 이야기를 다시 풀어냄으로써 나는 인간과 동물, 그리고 지구에 가해지는 동물성 식품 체계의 가장 파괴적이고 혐오스러운 영향을 추적하는 한편, 그 모든 참상을 거스와 함께한 사랑스러운 기억으로 완화하고자 한다. 그의 탄생, 일상, 죽음에 관한 이야기를 식용으로 소비되는 동물들이 겪는 유사한 경험과 대조함으로써 산업형 축산업이 초래하는 공포는 더욱 선명하고도 애절하게 드러난다. 그렇게 드러난 이야기는 동물 친구를 향한 나의 사랑이 동물 착취 그 자체를 혐오하게 했을 뿐만 아니라, 모든 면에서 역겨운 결과를 낳는 식량 시스템에서 단호히 등을 돌리게 했다는 사실이다.

나는 책에서 '깊이 후회하다', '부도덕하다', '유해하다' 대신 '혐오하다', '역겹다'라는 단어를 선택했다. 그것이 내 경험을 더 솔직하게 보여주기 때문이다. 내가 더 나은 철학자였다면 이야기는 달라졌을지도 모른다. 나는 냉철하게 식량 시스템의 유해함을 간파하고, 그것이 내 도덕적 자아에 어떤 영향을 미치는지 따져본 뒤, 육식의 편리함과 맛을 당당하게 끊어내며 채식의 좁은 길을 걷겠다 나섰을 것이다. 그러나 실제로는 그렇지 않았다. 식습관을 바꾸기 위해 알아야 할 모든 것들을 이미 알고 있었지만, 실행할 힘이 없었다. 그러다 사랑하는 거스가 내 마음을 무너뜨렸고, 그 상처에서 흘러나온 감정은 잊고 있던 수십억 존재들에게로 흘러갔다. 그들은 결국 나 같은 사람들의 입술에서 질겅질겅 씹히는 고깃덩어리가 될 운명이면서, 동시에 발치에서 따뜻하게 코를 고는 개 없이는 잠들지 못하는 사람들에게 바쳐지는 희생물이었다.

이러한 식량 시스템을 도덕적으로 옹호할 수 없다고 주장할 이유는 충분하다. 실제로 나를 포함한 많은 사람이 단호하게 그렇게 말해왔다. 그러나 처음부터 비건이라는 주제를 도덕적 프레임으로 엮는다면 방어적인 감정을 불러일으킬 수 있어서 정작 정서 교육의 초기 단계에서는 도움이 되지 않는다. 당신이 나와 비슷하다면, 도덕적으로 변명할 수 없는 어떤 일의 공범이라는 사실을 인정하라고 압박받는 것이 현재 식량 시스템의 역겨움을 느껴보라고 요청받는 것보다 감정적으로 훨씬 더 부담스러울 것이다. 부정, 수치심, 분노, 심지어 증오 같은 복잡하면서도 반사적인 감정을 불러일으키기 쉽기 때문이다.

내 경우 도덕적 분노는 대개 타인을 판단할 때 폭발하고, 그 반동으로 나 역시 부족한 점이 많다는 수치심이 되돌아온다. 반면 혐오는 훨씬 단순하다. 마치 오래된 배달 음식 상자를 열었을 때, 안에 있던 음식이 썩어 곰팡이와 점액 덩어리로 변한 모습을 보며 진저리를 치는 것과 같다. 이런 감정에는 분석해야 할 미묘한 부분 따위는 없다. 나는 이 경험의 주체가 아니다. 운전대를 잡는 건 내 '오래된 뇌'다. 쓴물이 역류해 목을 타고 넘어오고, 나는 비틀거리며 뒤로 물러서고 만다. 역겨움이 온몸을 덮쳐 나를 저 끔찍한 오염원에서 본능적으로 멀리 밀어내는 것이다.

그래서 내 전략은 산업형 축산업이 남긴 참혹한 결과를 뼈저리게 자각하도록 돕기 위해 거스와 역겨움이라는 두 원초적 힘을 이야기 속에서 나란히 불러내는 것이다. 이 두 힘이 만들어내는 긴장이, 우리가 '파괴적인 시스템'임을 알면서도 무기력하게 순응해 온 이 식품 체계에서 벗어나게 할 만큼의 고통스러운 자각을 불러일으키기를 바라는 마음 때문이다. 그리고 나는 거스의 이름이 언급될 때마다 독자 각자의 삶 속에서 소중하고 유일한 동물 친구의 기억이 함께 떠오르기를 바란다. 그 존재가 마음을 따뜻하게 하고, 상상을 더 선명하게 밝혀주기를 바란다.

원래 나는 강아지를 좋아하는 사람이 아니었다. 반려견을 들이기로 한 것은 아내와의 약속 때문이었다. 언젠가 반려동물을 키울 수 있는 우리 집을 마련하게 되면 그때는 반려견을 키우자는 약속이었다. 수전에게는 어떤 개든 상관없었다. 그래서 반려견에 회의적이던 내가 품종을 골랐다. 그렇게 나는 커다랗고 불룩한 머리, 찌

배고프고 아름다운 동물들

그러진 얼굴, 넓고 낮은 어깨, 다부진 체격이 사랑스러운 불도그와
가족이 되었다. 불도그는 산책을 많이 안 시켜도 되고, 알레르기를
잘 일으키지 않는다고 어디선가 읽은 적이 있었다. 나처럼 산책에
큰 흥미가 없고, 스스로 심각한 알레르기가 체질이라고 여기던 사
람에게(많은 반려견 회의론자가 그렇듯) 꼭 필요한 조건이었다.

까다로운 우리 수의사를 처음 찾아갔을 때, 나는 불도그가 이른
바 '프랑켄도그'라는 사실을 처음 알게 되었다. 사람들에게 귀엽게
보이는 특정 외형을 위해 인위적으로 교배된 결과, 불도그의 삶은
값비싸고, 힘들고, 짧아질 수밖에 없다는 것이었다. 내가 좋아했던
넓고 낮은 어깨는 어떨까? 불도그는 바로 그 어깨 때문에 짝짓기하
지 못해 자연 번식은 할 수 없고, 결국 인공 수정을 해야 한다. 커
다랗고 불룩한 머리는? 산도를 통과하기에 너무 커서 새끼는 제왕
절개로만 낳을 수 있다. 귀엽게 찌그러진 얼굴은? 숨쉬기도 어렵고
피부와 눈에 각종 염증이 생기기 쉽다. 작고 다부진 체구는? 관절
통증을 자주 느끼고, 걷기가 어려워지며, 비만이 되기 쉽다. 본래부
터 숨쉬기가 힘든 코가 납작한 단두종 강아지에게는 잔인한 조건
이다! 수의사는 안경 너머로 나를 바라보며, 마치 훈련받는 선수를
다그치듯 단호하게 말했다. "이 친구가 제대로 된 삶을 살려면 엄
청난 비용이 들 겁니다. 각오 단단히 하셔야겠어요."[10]

거스와 함께 살면서 이런 특성들이 불러오는 일상의 불편함을
견디고, 그것을 조금이나마 완화하기 위해 값비싼 수술과 약을 감
당하면서 선택적 교배가 얼마나 잔인한 일인지 절실히 깨달았다.
내가 거스를 사랑하는 마음이 다른 동물들의 삶에 대한 호기심으로

번져갈 즈음, 나를 가장 괴롭힌 생각은 이것이었다. 우리가 이토록 사랑하는 동물에게조차 이런 고통을 의도적으로 안기려 한다면, 먹을거리로 소비되는 수십억 동물들에게는 얼마나 잔혹한 고통이 가해지고 있을까?

내가 곧장 그 답을 찾아 나섰다고 말할 수 있으면 좋겠지만, 실제로는 그렇지 않았다. 거스가 내 침대에 자리를 차지하고 눌러앉은 지 1년이 넘어서야 나는 첫 동물 윤리에 관한 강의를 하게 되었고, 그 과정에서 충격적이었지만 따지고 보면 새삼스럽지도 않은 사실을 알게 되었다. 동물들이 겪는 끔찍한 일은 결국 그들이 어떤 음식이 되도록 길러지느냐에 따라 달라진다는 것이다.

만약 당신이 닭이라면, 선택적 교배로 인해 자기 체중을 감당하지 못해 다리가 부러질 수도 있다. 달걀을 얻기 위해 키워지는 닭의 경우, 단기간에 최대한 알을 많이 낳도록 사육되어 칼슘 부족으로 뼈가 쉽게 부러진다. 육계의 경우는 가슴살을 가능한 한 빠르고 크게 키우도록 개량된 탓에, 지나치게 비대해진 가슴살 무게를 지탱하지 못해 다리가 쉽게 부러진다.

선택적 교배로 겪게 되는 치욕은 종마다 다르지만, 그 결과는 한결같다. 태어나기도 전에 우리는 그들이 생명체로서 번성할 가능성을 빼앗고, 지각과 감정을 지닌 존재들을 맛있는 샌드위치나 통구이, 오믈렛에 맞춰 설계된 몸에 가둔다. 이름조차 불리지 못하는 수십억의 동물들도 거스처럼 인간의 행복을 위해 결국 자기 자신에게 해로운 몸으로 길러진다. 그러나 거스와 달리, 그들은 대부분 자신을 위해 진정으로 애써주는 수의사를 만나지 못한다.

배고프고 아름다운 동물들

어떤 존재를 사랑하게 되면 매일 가장 좋은 것을 해주고 싶어진다. 그래서 거스의 유전적 한계를 보완해 주는 일은 단지 시작일 뿐이었다. 평일에는 일 때문에 거스를 집에 혼자 두려 했던 초기 계획이 얼마나 불친절한 일이었는지를 깨달았다. 그 뒤로 우리 집에는 거스를 돌봐줄 학생들이 끊임없이 찾아왔고, 그들도 금세 큰 소리로 코를 골아대는 거대한 머리를 무릎에 얹고 책을 읽는 즐거움을 맛보았다. 물론 멀쩡히 산책하다 갑자기 멈춰서 더는 움직이지 않겠다며 바닥에 드러누운 거스를 들어서 옮겨야 하는 좌절감도 알게 되었다.

거스 덕분에 우리는 개들이 엉뚱하고 불편한 시간에도 관심과 애정을 갈구한다는 사실을 알게 되었다. 그런 욕구가 충족되지 않으면 그 불안과 슬픔이 카펫, 베개, 엉망이 된 주방 쓰레기로 드러나곤 했다. 값싼 개 사료에는 피부와 위장을 자극하는 성분이 가득하다는 것도 알게 되었고, 개들이 다른 개와 어울려 놀기를 좋아하며 대가족, 공원, 미용실, 동물 병원, 동네에서 형성되는 복잡한 서열 속에서 자기 자리를 다투는 존재라는 것도 배웠다. 무엇보다도 반려견이 일주일에 당근을 6파운드씩 먹어 치우고 나면 뒷마당은 마치 거대한 호박이 폭발한 듯한 난장판이 된다. 그럴 때 곧장 배변 봉투를 들고 달려가지 않으면 감당할 수 없다는 것도 알게 되었다. 하지만 그런 순간에 나는 대처의 달인과는 거리가 멀었다. 비록 우리의 노력이 언제나 영웅적이었던 것은 아니었지만, 거스가 가장 행복한 개로 살 수 있도록 돕기 위해 들인 정성과 노고, 비용은 진심에서 우러나온 것이었다. 그런데 왜 내가 먹는 동물들이 자기 본성을 펼칠 기회를 대부분 얻지 못한다는 사실은 나를 크게 괴롭히지 않았던 걸까?

그들이 어떤 상황에 놓여 있는지 몰라서가 아니었다. 예를 들어, 좁은 우리에 갇힌 암탉들이 살아가는 처지는 그 어떤 생명보다도 참혹하다는 것을 알고 있었다. 무엇보다 어미 닭은 새끼를 거둘 기회조차 없다. 부화장에서 병아리는 성별로 분류되고, 암컷은 알을 낳도록 팔려가지만 수컷은 가치가 없다는 이유로 해마다 2억 5천만 마리나 산 채로 분쇄되거나 쓰레기봉투에 담겨 질식사한다. 나는 소비자를 위해 알을 낳는 암탉들이 작은 철창에 갇혀서 날개를 펼 공간도, 서열을 세울 여유도 없다는 사실도 알고 있었다. 스트레스에 시달리며 서로를 공격하지 못하게 하려고 부리 끝을 지지는 일까지 겪는다. 비록 이런 직접적인 신체적 고통을 당하지 않는다 해도, 갇힌 닭들은 바깥 공기를 마시며 햇볕을 쬐고, 자연스럽게 짝짓기하거나 깃털을 손질하고, 나무에 올라앉으며 무리 안에서 질서를 세우는 본능적 능력을 빼앗긴 채 무자비하게 훼손된다. 그런 삶은 동남아시아 정글에서 살아가던 조상들이 누리던 호사일 뿐이다.

나는 산업형 축산업에서 길러지는 소, 돼지, 닭, 칠면조도 이처럼 끔찍한 환경에서 살고 있다는 사실을 알고 있었다. 하지만 이름도, 얼굴도 없는 수십억 마리의 동물에게는 아무런 감정도 일어나지 않았다. 먼 지역의 토네이도 경보처럼, 그 사실은 막연한 걱정만 불러일으킬 뿐 가슴을 움직이지는 못했다. 그런 정서적 거리감 때문에 동물들이 일상적으로 겪는 구체적인 공포(절단된 몸, 잔혹한 감금, 생명체로서의 즐거움 박탈, 시장에 팔 수 있는 무게를 넘는 순간 결정되는 죽

배고프고 아름다운 동물들

음)는 '산업형 축산'이라는 추상적 공포 속에 흐려져 버렸다.

결국 내 눈을 뜨게 해준 것은 뒷마당에 쌓인 당근으로 가득한 배설물이었다. 당시 내게 그 많은 배설물을 치우는 것보다 두려운 일은 없었다. 첫 번째는 배설물을 집어 들어야 한다는 혐오감에서 오는 공포였다. 그보다 몇 배로 무서운 것은 두 번째였다. 배설물을 치울 때면 그냥 헛구역질 한두 번이 아니라 목 근육이 반복적으로, 너무 세게 수축하는 바람에 배가 등에 닿을 듯 고통스럽고 통제할 수 없는 구역질이 났다.

미시간에 폭우가 내린 어느 날, 거스를 돌봐주던 도우미가 아프다는 전화를 받은 나는 거스의 배변을 위해 수업 사이에 급히 집으로 달려갔다. 평소보다 두 시간이나 늦게 밖으로 나온 거스는 지루함에 지쳐 짜증 난 표정이었지만, 방치된 마당을 둘러본 순간 의기소침해졌다. 온 마당이 당근 똥으로 가득 차, 똥 없는 땅을 찾을 수 없었기 때문이다. 거스와 눈이 마주쳤을 때, 나는 복잡하고 묘한 감정을 느꼈다. 거스를 향한 연민, 개는 왜 배설해야만 하는가에 대한 분노, 내 예민한 구역질 반사에 대한 부끄러움, 그리고 외로운 개가 자기 볼일조차 볼 수 없을 만큼 똥으로 뒤덮인 마당이라는 상황 자체에 대한 혐오감 말이다.

나는 주방에서 비닐봉지 두 개를 챙겨서 하나는 장갑, 하나는 쓰레기통으로 쓰자고 생각하며 다시 마당으로 나왔다. 결연한 마음으로 똥을 치우기 시작해 세 다발쯤 되는 당근 잔해를 처리했을 때쯤 눈물이 차오르고 구역질이 시작되었다. 그다음에 벌어진 일을 나는 '계시'라 부른다. 왜냐하면 그 경험을 제대로 담아낼 단어가 없기 때문이다. 우주적 차원이 개별적 순간 속으로 밀려들어 삶 자체가 가슴 저린 한 편의 시로 변하고, 직관적으로는 완전하게 이해되지만, 말로는 도저히 표현할 수 없는 통찰만이 남는 경험이었다. 그 순간, 삶은 한편으로는 가볍게 들리면서도 또 한편으로는 무겁게 짊어져야 할 무언가로 다가왔다.

눈물이 차오르던 순간, 원치 않은 근육 경련에 몸을 내맡기며 우주의 뜻을 받아들일 수밖에 없었을 때, 나는 모든 것을 느꼈다. 내 호의에 기대어 어리둥절 서 있던 거스는 음식이 되기 위해 길러진 모든 비참한 생명들이었다. 똥으로 뒤덮인 마당은 편안함과 편리를 좇다 스스로 자신을 무너뜨리는 무게에 짓눌려 간신히 생명을 붙들고 있는 지구였다. 그리고 무관심의 잔해에 갇혀 꼼짝 못 하는 나는, 제 몸 하나 돌보지 못해 자업자득의 대가를 고스란히 치르고 있는 인간의 축소판이었다.

가장 강력한 진리는 배우는 것이 아니라 스스로 눈뜰 때 다가오는 것이다. 그 신비로운 깨달음의 순간, 고통 속에서만 알 수 있는 빛나는 확신 속에서 발악에 가까운 구역질이 막혀 있던 무언가를 터뜨려 버렸다. 무심한 마음에 가로막혀 있던 수많은 종말론적 기사와 비참한 영상들이 밀려 들어와 내 마음을 압도했다.[11] 산업형 축산업이 동물과 지구에 끼치는 결과는 더 이상 추상적 '사실'이 아니었다. 그것은 거스의 존재, 곧 나 자신의 존재를 정면으로 침해하는 뚜렷한 '현실'이 되어버렸다.

그런 각성을 불러일으키기에 치워야 하는 똥을 마주하며 겪는 본능적 혐오만큼 어울리는 계기가 또 있을까? 똥은 생명체에게 생

배고프고 아름다운 동물들

명을 불어넣는 투입물에서 영양분을 흡수한 후, 유독한 잔여물을 배설할 때 생긴다. 영양을 흡수한 후 독소가 남은 잔여물을 제대로 배출하지 않는다면 그것은 역겨울 뿐만 아니라 치명적일 수 있기에 더 끔찍하다. 우리는 자는 곳에 똥 누지 않는다. 원초적인 뇌가 똥에 가까이 있으면 병들거나 죽을 수 있다는 사실을 알고 있기 때문이다. 돼지도 마찬가지다. 자연 상태에서는 자신의 거처를 절대 더럽히지 않는다. 그러나 우리는 그들의 고기, 즉 암을 유발하는 사체를 얻기 위해 수십억 마리 돼지를 억지로 좁은 우리에 몰아넣고, 스스로는 상상조차 하지 않을 자기 배설물 속에서 뒹굴게 만든다.

아이러니하게도, 우리는 동물 기반 식량 시스템 속에서 동물성 식품을 섭취하며 토양에서 성층권에 이르기까지 온갖 독성으로 환경을 오염시키면서 집단으로 우리의 보금자리에 배설하고 있다. 우리의 식량 시스템만큼 유독한 배설물을 만들어내는 사례가 또 있을까? 나는 알지 못한다.

우리는 한때 비옥했던 농지에서 경이로운 양의 단일 작물, 옥수수와 콩을 쥐어짜다시피 길러내고, 그 대가로 불모의 먼지를 배설하며 22세기까지 영양가 있는 식량을 생산할 가능성마저 위험하고 있다.[12] 왜일까? 매년 식물성 단백질 9칼로리를 들여 동물성 단백질 1칼로리를 뽑아내기 위해서다. 그러고는 강과 바다를 오염시키는 수십억 톤의 분뇨와 기후를 파괴하는 가스를 배출하며 치명적 유행병의 위험까지 높인다. 대체 왜일까? 지구 남반구가 굶주리고 불타는 동안, 부유한 서구인들이 1인당 수백 파운드의 고기를 소비한 결과 심장병·암·뇌졸중·당뇨 같은 전염병 수준의 질병에 시달리는데도 말이다.

하지만 나는 또다시 익숙함 속에 무감각해진 사실 속으로 빠져든다. 가장 끔찍한 공포는 이 '사실'이라는 말에 가려져 뒤로 밀려난다. 바로 이 모든 배설물은 거스만큼이나 영리하고, 감정이 풍부하며, 아름다운 동물 수천억 마리가 한정된 식량 자원을 먹고 살찌다가 병들어, 폭력적이고 이른 죽음을 맞도록 내몰리는 잔인한 식량 시스템에서 비롯된다는 사실이다. 이 동물들은 바로 옆에 있는 동료들의 비명과 악취로 가득한 공간에서 자비를 구하는 절규를 끊임없이 외면해야만 하는 사람들의 손에 죽어간다. 그 사람들 또한 생계를 위해 어쩔 수 없이 그 일을 반복하며 자기 몸과 마음이 파괴되는 고통을 겪는다. 역겹고 혐오스러운 시스템일 수밖에 없다.

거스의 죽음은 내 인생에서 가장 가슴 아프고도 아름다운 경험이었다. 거스의 열두 번째 생일을 앞두고 녀석이 암에 걸렸다는 사실을 알게 되었다. 항암 치료를 시도했지만, 치료로 면역 체계가 무너졌다. 거스는 먹지도, 마시지도, 걷지도 못했다. 밤새 잠을 이루지 못했다. 거스를 고통 없이 보내주기로 했다는 결심을 알리자, 거스를 사랑했던 가족과 친구들은 사진과 추억을 나누며 그를 추모했다. 터그 놀이를 사랑하고, 송로버섯만큼이나 강렬한 방귀를 뿜어내며, 여러 권의 책을 쓰게 했고, 무려 1,600킬로그램에 달하는 당근을 먹어 치운 개의 삶을 기리는 마음이었다.[13] 거스는 네 명의 인간과 찰리라는 성질 더러운 강아지의 사랑에 둘러싸여 눈을 감았다. 거스의 팔에 바늘을 꽂아준 수의사는 이미 두 번이나 녀석의 목숨을 구한(페인트 독극물 중독과 하키 퍽을 삼켜 기도가 막힌 사고에서)

적이 있다. 이번에는 세 번째이자 마지막으로 사랑을 담아 거스를 떠나보내고 있었다. 우리는 거스의 몸에 손을 얹은 채 그가 떠나가는 것을 느꼈고, 마침내 떠났음을 알았다. 우리는 그의 다부진 어깨와 그 위에 찍힌 갈색 얼룩에 얼굴을 묻은 채 흐느꼈다.

하지만 거스의 가장 친한 친구였던 찰리도 불과 몇 달 만에 거스를 따라 같은 방, 똑같은 이들의 곁에서 세상을 떠났다. 찰리가 숨을 거둔 직후, 이렇게 짧은 시간에 두 존재를 떠나보낸 슬픔에 남은 네 사람 중 셋은 말을 잃었다. 그러나 세 살배기 딸은 뭔가를 깨달았다는 듯 외쳤다. "거스랑 찰리가 죽었어요! 이제 집에 강아지가 없어요! 그럼, 닭을 데려와요! 꼬꼬댁!" 마침내 세상을 꿰뚫어 보는 이가 나타난 것이다. 우리가 어린아이와 같이 변하지 않는다면 결코 천국에 들어가지 못하리라.

자원을 낭비하고, 파괴적이며, 유독하고, 착취적이고, 잔인하며, 극단적으로 자기 파괴적인 이러한 동물 기반 식량 시스템은 명백히 역겹고 끔찍한 것이다. 감정을 솔직히 나눌 수 있는 자리에서 그 참혹한 상황들을 마주하면, 대부분은 본능적이고 즉각적으로 몸을 뒤로 빼며 이 시스템이 우리에게 좋을 리 없음을 직감한다. 하지만 이러한 혐오가 식량 시스템이 초래하는 환경적·도덕적 재앙을 정직하게 직면할 기회를 열어주더라도, 혐오에서 비롯된 반발심만으로는 기존 질서에서 벗어나기에 턱없이 부족하다. 그리고 이 사실은 난해한 질문으로 이어진다.

왜 이렇게까지 끔찍하면서 우리의 이익에 정면으로 배치되는 시스템을 외면하는 일이 이렇게 어려운 것일까? 왜 대다수는 비건으로 살아야 한다는 실질적이고 도덕적인 시급함을 그토록 끔찍한 소식처럼 받아들이는 것일까?

이 질문의 답을 찾으려면 우리가 자주 놓치는 인간의 경험 방식을 들여다봐야 한다. 우리는 일상에서 스스로 생각하는 것만큼 고도의 이성으로 살아가는 존재가 아니다. 오히려 문화적·사회적 영향력 속에서 살아가며, 그 과정에서 우리의 신념과 관행 대부분을 물려받는다. 그러면서도 우리는 자신의 자아가 어떻게 형성되는지, 심지어 이와 같은 영향을 받고 있다는 사실조차 눈치채지 못하는 경우가 많다.[14]

우리는 이러한 외부적 영향이 아니라 주로 감정적 불편함을 통해서 자각한다. 우리의 고유한 정체성을 붙들고 있는 신념, 선호도, 관행의 틀에 누군가 의문을 던지거나 이를 위협할 때다. 제임스 볼드윈James Baldwin은 《악마는 일을 찾는다(The Devil Finds Work)》에서 이렇게 썼다. "정체성은 위협받을 때만 의심된다. 권력자가 무너질 때, 비참한 자들이 일어설 때, 낯선 이가 성문 안으로 들어와 더 이상 낯선 이가 아닐 때 그렇다. 낯선 이의 존재는 오히려 당신을 낯선 이로 만든다. 그 낯섦은 그 사람보다 당신 자신에게서 더 크게 느껴진다."

스스로 나라고 믿어왔던 사람이 실제의 자신과 다르다는 깨달음만큼 소외감을 불러일으키고, 회피와 부정 같은 방어적 태도를 자극하는 일은 없다. 그것은 내면에 들어온 낯선 나와 평화롭게 지내기 어렵다는 사실을 마주하는 경험이다. 우리 대부분은 자기 사람들과 함께 있으면 느껴지는 소속감과 안정감, 인정, 통제를 갈망한다. 그리고 우리가 먹는 음식은 그 갈망을 충족시키는 관문인 경우가 많다.

그러므로 혐오감은 우리의 음식문화(음식을 생산하고 소비하는 방식을 규정해 온 문화적·사회적·경제적 관행)가 지닌 자기 파괴적 측면으로부터 비판적 거리를 만들어주는 강력한 정서적 안내자다. 그러나 많은 사람이 식습관을 더 나은 방향으로 바꾸는 일을 극복하기 힘든 과제로 느끼는 데는 '오래된 뇌'의 원초적 힘이 작용한다. 바로 지금의 나를 만들어온 공동체로부터 소외될지도 모른다는 두려움이다.[15]

HUNGRY
BEAUTIFUL
ANIMALS

2장

⁓⁓⁓

비건만 아니면 돼!

⁓⁓⁓⁓⁓⁓

비건을 부정하는 세계

90년대 초반, 작업복을 입은 한 남자가 교회 주차장에 합판과 우유 상자로 만든 임시 무대 위에서 노래를 부른다. 나는 회전구이 틀에 걸린 돼지의 껍데기를 벗겨내며, 메노나이트(유아 세례를 부정하고, 신약 성경에 기초를 둔 기독교 공동체 – 옮긴이) 신도들이 춤을 추는 모습을 바라본다. 바삭하게 구운 껍데기를 베어 물자 기름이 터져 나와 콘서트 기념품으로 산 내 티셔츠에 열쇠 모양의 얼룩을 남긴다. 20년 뒤, 어린 시절에 사용하던 방을 정리하다 그 티셔츠를 꺼내 들었을 때 나는 얼룩을 보며 눈시울을 적신다. 친구들이 주차장 건너편에서 손짓한다. 어느새 디저트 테이블이 차려진 것이다. 우리는 허겁지겁 달려가 브라우니와 블론디, 캐러멜과 초콜릿이 들어간 버터 바를 쟁여 온다. 대개는 축제에 참석한 다른 사람들이 맛볼 수 있도록 작게 자르지만, 나를 포함한 몇몇 뻔뻔한 십 대들의 접시 위에는 마치 젠가처럼 디저트가 쌓인다. 이곳이 내가 가장 좋아하는 장소, 돼지고기 통구이를 먹을 수 있는 롬바드 메노나이트 교회의 가을 축제다.

비건으로서의 자존심 때문에 말하기 꺼려지긴 하지만, 이 풍경은 동물성 식품을 먹는 행위가 우리의 정체성을 형성하는 가장 근본적인 힘들을 어떻게 하나로 묶어주는지 분명하게 보여준다. 이러한 힘의 작용으로 비건을 상상하는 것조차 어렵고, 그 길을 실제로 살아내는 일은 더욱 버겁게 느껴진다. 우리가 따르는 음식문화가 대개는 과학적 성찰이 아니라 사회적·정서적으로 길러진 관습과 습관의 산물임을 깨닫는 것은 당혹스럽고 때로는 충격적인 경험일 수 있다. 그것은 우리가 스스로에 대해 품어온 장밋빛 인식과 다른 불편한 진실을 드러내기 때문이다.

그러니 친애하는 독자 여러분은 수많은 음식과 관련된 나의 좌충우돌한 경험을 통해 이러한 당혹감과 충격을 간접적으로 경험하기를 바란다. 이 장에서는 '새로운 비건의 기준'이 필요하다는 사실이 어떻게 우리 안의 모든 경보 버튼을 한꺼번에 작동시키고, 우리가 깊이 갈망하는 안전과 편안함, 인정의 욕구를 위협하며, 그래서 결국에는 비건으로 전환하는 일이 우리 문화 전반에서는 거의 넘기 힘든 장벽처럼 느껴지게 만드는지를 보여주고자 한다.

다시 돼지 통구이로 돌아가 보자. 그 빛나던 시절, 나는 목이 보이지 않을 정도로 근육을 키우던 열일곱 살 남학생이었다. 하루에 5천 칼로리를 먹어 치우고, 새벽 다섯 시에 일어나 수업 시간 전까지 90분은 반드시 근력 운동을 했다. 위튼 노스 고교 축구팀인 팔

배고프고 아름다운 동물들

콘스의 주전 레프트가드라는 사실이 더없이 자랑스러웠다. 당시에도 중서부 사람들에게 축구는 여전히 신 같은 존재였다. 지루한 화학 시간에 몰래 상상하던 로맨틱한 장면에는 늘 저니^{Journey}의 발라드가 배경으로 깔려 있었다. 하지만 시대는 달라지고 있었다. 너바나^{Nirvana}의 '네버마인드^{Nevermind}'는 80년대 낙관주의의 막을 내리게 했고, 잘나간다는 아이들은 점점 더 냉소적으로 변해갔으며, 신입생 환영회 무대의 주인공들은 바짝 자른 짧은 머리가 아니라 턱까지 내려온 단발머리를 하고 등장했다. 그리고 깔끔한 파스텔색 옷이든, 헤비메탈 스타일의 청바지든, 촌스러운 체크무늬 셔츠든, 힙합풍의 운동복이든 무엇을 입었든 점심시간이면 모두 고기 샌드위치를 먹었다.

그 당시 나는 대학가에서 유행하던 음악의 우울한 감수성과 예술가이자 의상 디자이너였던 여자 친구의 영향을 크게 받고 있었다. 처음으로 사귄 진짜 여자 친구였던 그녀에게는 지적이면서도 어딘가 음울한 분위기가 흘렀고, 그 매력에 사로잡힌 나는 뮤지컬을 질색하는 운동부 바보(나 말이다!)인 주제에 뮤지컬 '웨스트 사이드 스토리' 오디션까지 보게 되었다. 그녀는 채식주의자였고, 우리 둘 다 록밴드 '더 스미스$^{The Smiths}$'를 좋아했지만, 보컬인 모리세이가 'Meat Is Murder(고기는 살육이다)'를 노래할 때마다 나는 웃음을 터뜨리며 칠면조 다리를 뜯어먹는 시늉을 했고, 그녀는 미간을 찌푸린 채 자신의 검은색 구두만 내려다보았다. 그녀는 내가 좋아하는 돼지 바비큐 파티에 가는 것을 정중히 거절했다. 그때는 몰랐지만, 그 순간은 우리의 관계와 갈등 없는 나의 육식 생활이 서서히 끝나가는 시작점이었다.

우리 가족은 시카고 서부 교외에 살았다. 한때 이곳은 미국에서 인구 대비 교회가 가장 많았던 곳이다. 나는 제도화된 종교, 특히 복음주의 기독교에 대해서는 마음이 반반이었지만, 현대 기독교가 20세기에 물려준 세계관(인간이 창조의 정점이고, 지구상의 모든 다른 존재는 인간의 즐거움과 편리함을 위해 존재한다는 사고방식)에는 크게 영향을 받았다. 신의 존재를 믿든 믿지 않든, 하나님이 우리의 양식으로 동물을 만든 것이라 믿었다.

나는 교회에서 만난 단짝 친구, 다른 고등학교 레슬링 선수인 근육질 친구와 '최상위 포식자'로서의 지위를 만끽했다. 우리는 예배당 뒤편에 나란히 앉아 부모님들이 우리를 확인할 때까지 기다렸다가, 첫 찬송가가 울려 퍼지면 슬쩍 빠져나와 고기 뷔페로 향했다. 고기를 잘라주는 종업원을 귀찮게 해 구운 소고기 두 조각을 두껍게 잘라줄 때까지 기다린 다음, 그 사이에 새우를 넣어 샌드위치처럼 먹었다. 그런 날 밤은 새벽 한 시에 타코벨에 갈 필요가 없었다. 이미 돼지고기 샌드위치 네 개와 브라우니 열한 개를 해치웠으니까.

복음주의 기독교를 회의적으로 바라보긴 하지만, 가장 반항적인 십 대 시절에도 메노나이트 기독교의 유산과 강하게 연결되어 있었다. 나는 메노나이트 신자들이 종교에 관한 이야기보다는 다른 사람들을 배려하고 세상을 더 평화롭고 정의로운 곳으로 만들기 위해 노력하는 점이 좋았다. 나의 조상 대부분은 사람들에게 음식을 제공하는 데 헌신하는 삶으로 이를 따랐다. 증조부는 돼지를 도살했고, 조부는 양계장을 운영했다. 가족 모임에 참석한 먼 사촌들의 멋진 신발을 보면 그 부모들이 지역의 낙농업이나 포장 공장을 성공적으로 운영하고 있음을 알 수 있었다. 어릴 적, 나는 처음 보는 남자가 우리 할아버지가 낸 제초제 특허 덕분에 동물 사료가 저렴해져서 전 세계 굶주린 사람들을 살리고 있다며 자랑스럽게 말하는 것을 두 번이나 들은 적이 있다. 그때 느낀 자부심이 너무 강렬해서, 훗날 열 살 무렵 처음 도살장을 찾았을 때의 공포와 굴욕을 조금은 덜 수 있었다(물론 나는 엉엉 울고 말았지만). 하지만 그때 흘렸던 눈물은 내 손에 가죽이 벗겨지던 돼지를 위한 것이 아니었다.

여느 십 대처럼 불안한 사춘기를 보내며 가족 간의 갈등이 쌓이기도 했지만, 그래도 나는 부모님이 진심을 담아 자신의 가치관을 삶에 녹이며 살아가는 모습을 존경했다. 아버지는 베트남 전쟁 당시 양심적 병역 거부자였고, 90년대 초반에도 여전히 도덕적 신념을 굽히지 않았다. 당시 시장과 국가를 금송아지처럼 떠받드는 명문 기독교대학에서 경제학 교수로 일하면서도 자본주의와 군국주의를 비판하던 사람이었다. 어머니는 영성 지도자이자 공정 무역 활동가로, 진심으로 믿음에 마음을 열게 하기 위해서는 구체적인 이웃 사랑을 실천해야 한다는 사실을 잘 아는 분이었다. 집에서 가장 손때 묻은 책은 식사를 정의를 실천하는 행위로 선언하는 유명한 메노나이트 요리책 《적은 재료, 넉넉한 밥상(More-with-Less)》이었다.[1] 하지만 여동생과 나는 매주 화요일마다 베이컨, 소시지, 햄이 잔뜩 올라간 피자 두 판을 주문했다. 물론 한 조각도 남지 않았다.

나는 메노나이트로서 농업 전통과 사회 정의에 헌신하는 가족을 자랑스럽게 여기는 한편, 나보다 훨씬 부유한 가정에서 자라는 친구들을 보며 과할 정도로 자기 비판적인 고등학생이기도 했다. 그래서 나는 우리 집안이 절대 근사한 집안이 아니라는 사실을 잘 알고 있었다. 우리에게는 신탁 기금도, 별장도, 이름난 가문의 역사도 없었다. 명문 학교에 다닌 사람도 없었고, 스키나 스쿼시를 즐기는 사람도 없었다. 칠리소스에는 간 소고기, 카레에는 닭고기를 넣었지만, 스테이크와 랍스터는 식탁에 오르지 않았고, 푸아그라는 들어본 사람도 없었다. 축하할 일이 생긴다면? 우리 집안에 호사스러운 잔치라 해봐야 오늘 같은 돼지 바비큐가 전부다. 심지어 우리는 촌스러운 스퀘어 댄스(네 쌍이 원을 이루어 추는 미국 전통 민속춤 - 옮긴이)를 춘다.

그래서 나는 사치스러운 음식을 아무렇지 않게 즐기는 사람들과 어울릴 때면 조금은 부끄럽고, 조금은 질투 나고, 한편으로는 크게 매혹되곤 했다. 하버드에 다녔던 이웃이 여름 아르바이트를 소개해주었는데(정장을 꼭 입어야 하는 일이었다), 어느 날 민트 젤리를 곁들인 양고기가 나오는 클럽 오찬에 나를 데려가 당시 국방부 장관을 보기도 했다. 아름다운 시골집에서 흠잡을 데 없이 완벽히 길들인 주물 냄비를 쓰던 가까운 지인 가족의 주방에서는 카다멈 향이 풍겼고, 나는 거기서 처음으로 값비싼 블루 치즈와 회향으로 맛을 낸 돼지고기 안심 요리를 맛보았다. 방사선과 의사였던 연인의 아버지는 취미로 골동품을 수집했고, 마치 수제 이탈리아 종이처럼 고운 결을 지닌 소고기에 아보카도 기름과 달걀, 신선한 레몬, 검은 소금으로 만든 마요네즈를 곁들인 요리를 만들었다. 그러나 지금 이렇게 내 이와 손가락으로 고기 살점을 게걸스럽게 발라내면서도, 마음 깊은 곳 어딘가에서는 내가 이 맛을 이토록 좋아한다는 사실을 못마땅해하면서 동시에 굴 포크를 자연스럽게 다루는 세련된 능숙함 같은 것을 막연히 갈망하고 있었다.

시간과 존재가 기적처럼 놀라운 이유는, 이러한 기억들이 과거로 사라지는 게 아니라 늘 지금이라는 순간 속에 뒤엉켜 보이지 않는 힘으로 작용한다는 사실이다. 그 기억은 맛의 즐거움을 더 크게 만드는 동시에 은근히 수치심과 불안감을 불러일으켜, 기쁨과 굴욕감 사이에서 끊임없이 흔들리는 미묘한 긴장을 만들어낸다. 그렇게 많은 에너지를 쏟아내고 있지만, 나는 그 자리에서 한 발도 움직이지 못한 채 꼼짝없이 붙들려 있다. 나는 입술에 묻은 돼지기름을 핥아내고, 냅킨 모서리를 적셔 셔츠에 묻은 얼룩을 문지르며, (우스갯소리 아닌 진심으로) "내 여자 친구가 이 즐거움을 놓치고 있다는 걸 알기나 할까…."라고 생각한다.

열일곱이라는 어린 나이에 내 삶의 음식이 어떠했는지를 돌아보면, 다양한 힘들이 내 정체성을 형성해 왔다는 사실을 알 수 있다. 신체가 건강했고 운동을 잘했기 때문에 나는 신체적 건강과 체력에 대해 특정한 관념을 갖게 되었고, 이를 유지하기 위한 생활 방식과 의식을 따르게 되었다. 성별과 성적 지향은 나에게 일정한 성향과 행동, 역할을 부여했고, 우정과 인간관계는 나의 기질과 습관을 빚어냈다. 나의 종교적 전통은 세상의 질서가 어떠한지, 모든 것이 어떻게 서로 연결되어 있는지를 일정한 틀 안에서 이해하도록 이끌었다. 나의 인종적 정체성과 민족적 유산은 어떤 일에는 강점을 보이지만 다른 일에는 서툴 수밖에 없는 특정 집단의 풍습 속에 나를 뿌리내리게 했다. 본가의 가족은 그러한 유산을 부모와 형제자매가 지닌 고유한 색채와 기대, 그리고 맹점과 함께 내게 전해주었다. 나의 사회적 계층은 역량과 한계를 동시에 부여하며, 충성심과 갈망을 낳는 복잡한 긴장 관계를 형성했다.

이제 동물성 식품을 먹는 관행이 우리의 정체성을 형성하는 여러 힘들 속에 얼마나 깊이 뿌리내리고 있는지 살펴보자. 만약 동물성 식품을 먹는 것이 정체성을 이루는 여러 요소 가운데 하나에 불과했다면, 문제는 훨씬 단순했을지도 모른다. 마치 건강 문제 때문에 의사를 찾거나, 가족 문제로 상담사를 만나거나, 신앙의 위기 속에서 영적 지도자를 찾듯 특정 문제만 겨냥해 해결할 방법을 찾을 수 있었을 것이다. 하지만 '고기 중심의 식습관'은 따로 떼어 다루기가 매우 어렵다. 대부분의 사람에게 육식 문화는 정체성 형성 전반에 깊이 관여하는 강력한 요인이기 때문이다. 십 대 시절의 나를 돌아보면, 내 정체성을 이루는 거의 모든 측면이 동물성 식품을 먹는 행위와 맞물려 있다.

나는 운동선수처럼 단백질 셰이크에 날달걀을 깨 넣었다. 몸을 정교하게 조율된 기계처럼 단련해 폭발적인 힘을 내고 싶었기 때문이다. 동물성 단백질을 포기하는 것은 경기력을 떨어뜨리고 건강을 희생하는 일이라 여겼다.

나는 이성애 성향의 백인 남자가 으레 그렇듯, 아주 분명하고도 탐욕스럽게, 마치 세상을 향해 "이건 내 몫이야!", "너도 이걸 원하잖아!", "최강자에게 덤볐다가는 너도 끝장이야!"라고 외치는 듯한

배고프고 아름다운 동물들

태도로 엄청난 양의 스테이크를 먹어 치웠다. 스테이크를 거부한다는 것은 지배력을 과시할 기회를 스스로 내려놓는 일이었고, 동시에 나의 지위와 남성성, 성적 지향에 대해 불편한 의문을 불러일으키는 선택이었다.

나는 기독교 신자답게 부활절 햄을 먹었다. 신이 내게 준 특권, 즉 다른 피조물 위에 군림하는 영적 우월성에 감사하며, 그 힘이 내 삶의 자신감을 북돋운다는 믿음 속에서 먹었다. 햄을 거부하는 것은 곧 신의 선물을 거부하는 것이고, 창조 질서의 올바른 구도를 흔드는 일이었다.

나는 가나식 닭고기 땅콩 스튜를 메노나이트 교인처럼 먹었다. 이웃 사랑과 공장식 농장이 서아프리카의 식량 생산에 미치는 영향에 대한 설교를 들은 뒤, 교회 공동식탁에 모여 가족과 이웃과 함께 나누어 먹었다. 이 스튜를 먹지 않는 것은 문화 간 배움의 기회를 외면하고, 환대를 무례하게 거절하며, 지역사회 구성원과의 친교에 장벽을 세우는 일이었다.

나는 할트먼 가족답게 고기가 잔뜩 들어간 피자를 먹으며 매주 가족이 함께 누리는 이 작은 호사를 기대하고, 음미하며, 거기서 위안과 즐거움을 얻었다. 여동생이 비건이 된 뒤로는 베이컨 농담으로 그녀를 놀릴 수 있어서 더욱 즐거웠다. 이런 '피자 먹는 날'을 망친다는 것은, 우리 가족을 하나로 묶어주는 근본적인 힘을 건드리는 일이었다.

나는 민트 젤리를 곁들인 양갈비를 잘나 보이고 싶은 중산층 백인 아이처럼 먹었다. 실수할까 봐 잔뜩 긴장했지만, 이 기회를 절대

날리진 않겠다는 결심으로 포크를 들었다. 양갈비를 거부한다는 것은 곧 내 혈통에 의심을 불러일으키고, 도시의 클럽 무리에 낄 자격 없는 풋내기 촌놈임을 스스로 드러내는 일이었다.

물론 내가 달걀 셰이크, 스테이크, 햄, 닭고기 수프, 고기가 잔뜩 들어간 피자, 양갈비를 먹으며 그 행위에 대해 곱씹거나 성찰하지는 않았다. 그저 평범한 고등학생이었던 나는 내가 속한 공동체 사람들(그리고 내가 인정받고 싶어 하던 사람들)이 하는 대로 따라 했을 뿐이며, 그것은 전적으로 무의식적인 일이었다. 누군가의 비판을 받았을 때 그 선택을 설명할 뚜렷한 이유는 없었지만, 그 음식을 먹겠다는 내 무언의 정서적 결속만은 절대적이었다. 나는 이러한 소비 행위를 통해 안정감, 인정, 통제 같은 내면 가장 깊은 곳에 존재하는 정서적 욕구를 충족했고, 그것을 맛있게 즐기는 모습을 통해 나를 입증했다. 운동선수 지망생, 중산층, 이성애자, 백인, 메노나이트 신자, 열일곱 살 남학생, 그리고 이름 하여 매트 할트먼이라는 정체성 말이다. 이렇듯 동물성 식품을 먹는 행위가 바로 내가 가진 이 모든 정체성을 정당화하는 행위였다.

그리고 나는 이런 소속감을 도덕적·영적 기반 위에서 경험하기 때문에(나는 이 공동체들과 연대하고, 그들의 사명에 헌신하라는 부름을 받았다고 믿으니까!), 내가 생리적으로도 이 공동의 식습관에 의존하고 있다는 사실은 쉽게 잊어버린다. 나는 말문이 트이기도 전부터 성과와 보상이 만들어내는 반응에 길들었고, 그 덕분에 지금도 그 힘에 떠밀리듯 동물성 식품을 갈망하고 먹는다.

내가 태어난 지 9개월쯤 되었을 때, "팝팝(할아버지를 부르는 애

배고프고 아름다운 동물들

칭 - 편집자)!" 하고 외치는 나를 황홀한 표정으로 바라보던 할아버지는 나를 끌어안으며 초콜릿 밀크셰이크를 떠먹여 주었다. 그 순간 내 작은 뇌는 행복한 화학물질로 흠뻑 젖었다. 나는 옥시토신·도파민·엔도르핀이 뭔지 잘 몰랐지만, 크리스마스이브에 엄마 품에서 쿠키를 먹을 때, 동네 파티에서 이웃이 4단 패티를 겹겹이 쌓은 버거를 입에 밀어 넣는 나를 보며 '저 애한테는 단백질이 더 필요하니까'라며 감싸줄 때, 한밤 운동을 마치고 팀원들과 팔뚝만 한 이탈리안 샌드위치(소시지가 엄청나게 많이 들어간)를 만끽할 때마다 나는 차례로 그 화학물질들을 충전하고 있었다.

동물성 식품을 먹는 일은 내가 행복하고, 자랑스럽고, 건강하다고 느꼈던 가장 좋은 기억 속에 녹아 있기에 슬플 때, 부끄러움을 느낄 때, 건강이 좋지 않을 때도 나는 위안과 확신을 얻기 위해 자연스럽게 그 음식들을 찾았다. 본능적으로 이런 음식이 뇌에서 여러 호르몬을 분비해 내 영혼을 달래준다는 사실을 이미 학습해 온 것이다. 외로울 때 사워도우에 햄과 달걀을 넣은 샌드위치를 먹으면, 식당에 모여 친구들과 새벽녘까지 웃고 떠드는 듯한 유쾌한 기분이 들었다. 실패로 힘들 때는 돼지고기 바비큐 샌드위치가 메노나이트 축제에서의 따뜻한 포옹처럼 나를 감싸줬다. 병이 나고 기진맥진해서 침대에서 일어나기도 힘들 때는, 닭고기 수프가 어머니의 손길처럼 나를 어루만지며 기운을 차리게 했다.

채식주의자인 여자 친구가 내가 주최한 돼지 바비큐 파티 초대를 거절했을 때, 그녀는 내게 아무것도 따지지 않았다. 대립이나 논쟁도 없었고, 그녀의 거절에는 나를 평가하거나 판단하는 기색도 없었다. 그냥 "내 취향이 아니야"라는 정도로 끝났고, 우리는 거기서 더 깊이 들어가지 않았다. 그때는 알지 못했지만, 그 거절은 내 삶에 흔적을 남겼다. 어떤 깊은 의미에서 그 일은 분명 나 자신에 관한 일이었고, 내 안에서 작동하던 수많은 힘에 관한 일이었다. 그 힘은 보이지 않는 방식으로 내 취향과 판단의 기준을 만들고, 내 선택을 좌우하며, 내가 느끼는 안락함과 위안을 떠받치고 있었다. 만약 여자 친구가 바비큐 파티를 두고 싸움을 걸었다면, 이를테면 아마 돼지의 지능이 얼마나 높은지 알려주거나, 동물 학대 영상을 보여주거나, 환경 파괴와 노동자 착취에 관한 통계를 들이밀었다면 내 반응은 뻔했을 것이다. 하지만 단백질이 필요하잖아! 역도 훈련은 어떻게 해! 이건 하나님의 뜻이야! 손님 접대가 중요하잖아! 가족과 보내는 시간은 소중하잖아! 사회적 성공이 걸려 있잖아!

어떤 반박이든 그 순간에는 위협을 막아내기에 충분해 보일 수 있지만 사실 이 모든 것들은 긴밀히 얽혀 서로를 지탱하고 있다. 그래서 하나의 요인이 도전받으면, 다른 요인들이 곧바로 나서서 방어한다. 마치 직조된 천의 한 올이 걸리면 주변 실들이 곧바로 조여 오는 것과 같다. 동물성 식품이 건강에 좋다고 말할 때, 우리는 단순히 영양만을 이야기하는 것이 아니다. 그 말속에는 가족을 대하는 방식과 남성성·여성성에 대한 관념, 손님을 대접해야 한다는 사회적 규범이 함께 담겨 있다. 그리고 이러한 생각들은 대부분 사회적으로 주입된 것이며, 여기에 종교적 의미까지 덧붙여져 있다.

이 설명이 너무 추상적으로 느껴진다면, 성인이 된 후에도 굳건히 지켜온 내 식습관의 '최종 방어 논리'에 당신의 이야기를 대입

배고프고 아름다운 동물들

해 보면 조금 더 구체적으로 이해할 수 있을 것이다. "저는 하나님께서 우리에게 동물을 내려주신 이유가 그것을 먹고 추위를 견디며 살아갈 힘을 얻어, 굶주린 자들을 먹이고 헐벗은 자들을 입히며 각자 받은 재능과 은혜로 세상에 봉사하며 기쁨을 나누기 위함이라고 믿는 가정에서 자랐습니다. 그래서 운동선수이자 팀의 리더이자 교사의 부름을 받은 저는 단백질이 꼭 필요합니다! 그것도 아주 많이 필요하다고요!"

내 기분이나 나에게 도전하는 대화 상대에 따라 이 논리를 차분하고 자신 있게 말하기도 하고, 화를 섞어 내뱉기도 하고, 때로는 갈등을 피하려고 겉으로만 고개를 끄덕이기도 했다. 표현 방식이야 어떻든 나는 언제나 똑같이 고백하고 있었던 셈이다. 동물성 식품을 먹는 일은 내 정체성의 본질이었고, 그것을 먹지 않고는 나라는 존재의 안정도, 통제도, 행복도 상상할 수 없다는 고백 말이다.

아마도 나와는 다른 당신만의 이야기가 있을 것이다. 덤벨이 가득한 방에서 단백질 쉐이크를 먹는 것보다 모닥불에 야생에서 잡은 고기와 생선을 굽는 게 신체의 강인함을 유지하는 당신만의 방법일 수 있다. 종교 기념일에 당신의 식탁에서 은총과 소속감을 느끼게 하는 음식은 부활절 햄이 아니라 샤밧 브리스킷(유대인 안식일 음식 – 옮긴이)이나 이드 무톤 코르마(이슬람 명절 음식 – 옮긴이), 혹은 돼지고기와 콩 요리일 수도 있다. 회의론자 집안이라면 삼촌이 만든 스테이크를 둘러싼 친교의 순간이, 알 수 없는 힘이 스며드는 방식일 수도 있다. 당신은 쿠키 따위에는 관심이 없을지 모르지만, 어떤 날은 할머니가 만든 푸푸사(옥수수가루나 쌀가루로 만든 스페인의 납작한 빵 – 옮긴이)나 베이컨 그린, 할아버지가 만든 크니쉬(감자나 쇠고기 등에 밀가루를 입혀 튀기거나 구운 유대 요리 – 옮긴이)를 한 입 맛보기 위해 황금을 내놓을 수도 있을 것이다. 우리 모두에겐 저마다 소중한 음식 문화가 있고, 그것들은 서로 매우 다르다.

하지만 우리의 음식 문화를 떠받치는 요인들은 비록 그것이 우리의 정체성이나 앞으로의 가능성을 각기 다르게 빚어낸다 해도, 근본은 크게 다르지 않을 것이다. 우리가 자각하든 그렇지 않든, 좋아하든 싫어하든 동물성 식품을 소비하는 일은 정체성을 드러내는 데 깊이 뿌리내리고 있어서 마치 숨을 쉬거나 모국어를 말하는 것과 다르지 않다. 너무 자연스럽고, 당연하며, 사회적·정서적 안녕에 꼭 필요한 요소이기에 동물성 식품을 먹지 않는다는 것은 도저히 상상조차 할 수 없는 일이다.

그래서 소셜미디어 게시물이나 잡지 기사, 토크쇼의 한 장면, 혹은 실제로 만난 비건 한 사람이 우리가 쉽게 상상하기 힘든 문제를 마주하게 할 때, 우리는 그 경험을 반기기보다는 쉽게 외면하곤 한다. 이처럼 개인적 맥락이 빠진 자리에서 제시되는 비건 옹호 주장에 대해, 우리는 마치 괴상한 종교 집단이 뿌리는 전단을 대하듯 단번에 밀쳐낸다. 그 주장이 우리가 소중하게 여기는 모든 가치와 반대되는 것처럼 보이므로 비건이라는 개념 속에 내 이야기가 담겨 있다고는 상상조차 하지 못하는 것이다.

사람들에게 '비건이 될 수도 있다'라는 가능성은 믿을 만한 누군가가 느닷없이 비건으로 돌아서기 전까지는 대부분 철옹성처럼 막혀 있다. 그러다 불현듯 단짝 친구가 치맥을 끊고, 콩고기 버거 타

배고프고 아름다운 동물들

령만 한다. 형제자매가 식물성 건강식에 열광하며, 시카고 피자를 퍼먹을 때마다 당신에게 보험은 들어놨냐고 은근히 걱정한다. 가장 좋아하는 교수는 수업 때마다 공장식 축산의 참상을 낱낱이 소개한다. 다니는 교회의 교육 담당자는 '음식 정의'를 다루는 워크숍을 열어 참가자들에게 일주일간 채식을 권한다. 당신이 기저귀를 갈아주던 아이가 어느새 자라 밥상에 앉을 때마다 비건의 지혜를 설교한다. 그리고 비건인 여자 친구가 "너 때문이 아니라, 나 때문이야!"라는 말을 남기고, 돼지 바비큐 파티 같은 데는 슬쩍 건너뛴다. 이를테면 말이다.

　누가 되었든, 누군가의 전향이 우리를 무심함에서 깨어나 비건에 관심을 기울이게 하면, 그 불안은 순식간에 번져 처음의 단순한 계기를 넘어 우리의 정체성 전반에 파고든다. 우리는 자신을 형성해 온 모든 힘이 한데 뭉쳐 뱃속을 옥죄고, 소중히 붙들어 온 자아를 단단히 둘러싸는 것을 느낀다. 만약 우리가 낯설고 새로운 비건의 세계에서 살아가는 모습을 그려본다면, 그곳에서 기다리는 것은 우리가 사랑해 온 것들을 하나씩 내려놓아야 한다는 요구처럼 보일 것이다. 비건이 되면 못하게 되는 것들이다.

- 동물성 단백질 없이는 건강하고 강해질 수 없어.
- 고기를 못 먹으면 나의 활력도, 성공도, 공동체를 향한 헌신을 보여줄 수 없어.
- 고기를 못 먹으니 이 맛있는 음식을 주신 신께 감사드릴 수도 없어.

- 가축을 키워왔던 가족의 유산을 자랑스러워할 수 없어. 지금은 부끄러운 짐처럼 느껴져.
- 학교 식당에서는 맨 파스타나 흰쌀밥 말고는 먹을 게 없어.
- 좋아하는 식당에 가도 메뉴 하나하나를 따져 묻지 않고는 주문할 수가 없어.
- 할아버지, 할머니가 매년 내 생일마다 사주시는 스테이크를 먹을 수가 없어.
- 명절 때마다 즐기던 잔치 음식도 다 포기해야 해.
- 맛있고 영양가 있는 비건 식단을 꾸리는 데 필요한 재료를 살 형편이 안 돼.
- 매 끼니를 직접 요리하고, 제일 좋아하던 요리법을 다시 배울 시간이 없어.
- 가족한테 풀만 먹일 수 없으니, 식사 준비가 너무 힘들어.
- 친구들에게 정성껏 차린 집밥을 대접하며 내 솜씨를 발휘할 수도 없어.
- 초대받은 식사 자리에 고기가 나오면, 그 호의에 응할 수가 없어.
- 애들을 데리고 동물원이나 수족관에도 못 가고, 체험학습도 못 보내.
- 내가 아끼는 가죽 부츠나 캐시미어 스웨터도 이제 못 신고, 못 입어.

이런 짜증 나는 '할 수 없는 일' 중 하나만 해당해도 많은 사람에게는 큰 걸림돌이 된다. 그런데 그것들이 한꺼번에 몰려오면, 웬만한 사람들에게는 비건 전환을 단념하게 만드는 치명적인 이유가 된다. 우리가 소중히 여기는 공동체 안에서 늘 누려온 안정감·인정·통제력을 잃을지도 모른다는 두려움이 이렇게 몰려들면, 대부분은 결국 예일대 법학 교수 댄 카한Dan Kahan이 '정체성 보호 인지(identity protective cognition)'라고 부른 태도로 물러선다. 카한에 따르면, "사람들은 자신을 규정하는 가치관을 위협하는 사실에 직면하면, 소중한 집단에서 소외되거나 불화를 겪지 않으려고 무의식적으로 저항한다." 저널리스트 에즈라 클라인Ezra Klein은 이런 연구 결과가 보여주는 사회적 의미를 짚으며, 우리가 부정이라는 안전한 피난처에 기대는 것은 어찌 보면 당연하다고 말한다. 왜냐하면 "사람들 대부분이 하루를 살아가며 가장 우선해서 지키려는 것은 '나는 누구인가'라는 자기 정체성과 믿고 사랑하는 이들과의 관계이기 때문"이다.[2] 결국 새로운 비건의 세계로 들어가는 모습을 상상하는 일은 위협적으로 느끼지만, 우리의 뇌는 본능적으로 그 상황에서 빠져나올 쉬운 길을 찾아낸다.

하지만 혹시라도 당신이 이 엄청난 박탈감 앞에서도 여전히 안전하고, 인정받고, 힘이 있다고 자신을 그려볼 수 있는 소수의 특별한 부류라면 어떨까. 그렇다면 친애하는 영웅이여, 당신을 기다리는 것은 엄청난 의지의 시험이다. 이제는 '할 수 없는 일' 하나하나가 '해야만 하는 일'로 바뀌어, 전혀 다른 목록을 짊어지게 될 테니 말이다. 비건으로 살아가려면 반드시 해야 하는 것들이다.

- 낯선 음식들로 건강하게 영양을 채워야 한다.
- 자신감과 소속감을 드러낼 다른 방법을 찾아야 한다.
- 내 선택을 회의적으로 바라보는 종교 공동체에 내 실천의 정당성을 설명해야 한다.
- 가족 역사에서 멀어지는 데서 오는 상실감을 극복해야 한다.
- 학교나 직장에서 음식을 먹을 대체 방법을 찾아야 한다.
- 좋아하는 식당에서 대안을 요구하거나 새로운 식당을 시도해야 한다.
- 가족과 친구들에게 내 결정을 설명하면서도 그들을 서운하게 하거나 멀어지지 않도록 해야 한다.
- 배타적이거나 위협적으로 보이지 않으면서 새로운 명절 전통을 만들어가야 한다.
- 맛있고 건강한 비건 음식을 살 수 있도록 예산을 잘 관리해야 한다.
- 여가를 활용해서 비건 요리를 개발해야 한다.
- 식구들을 위해 한 끼에 여러 음식을 따로 준비해야 한다.
- 친구들이 실망하지 않도록 손님 접대 방식을 새로 고민해야 한다.
- 모임에서 특정 음식을 거절할 때 생길 어색함이나 불편한 상황을 감수해야 한다.
- 아이들 생일 파티를 위해 대체할 음식과 놀거리를 찾아야 한다.
- 아예 옷을 새로 장만하거나, 비건 방식으로 만들지 않은 옷차림에 대한 평가를 각오해야 한다.

이렇게 '할 수 없는 일'과 '해야만 하는 일'이 동시에 몰려오는 이중 고는 상상과 동기 부여와 관련된 과제다.[3] 첫 번째 단계에서는 부정적 사고로 인한 상상력의 부족 때문에 비건으로 전환하는 일이 여전히 공동체 속에서 행복하고 건강한 구성원이 되는 것과 공존할 수 있음을 그려내지 못한다. 그리고 설령 우리가 수많은 '할 수 없는 것'들 속에서도 살아볼 만한 비건 생활을 상상하는 데 성공한다 해도, 이제는 쏟아지는 '해야 할 일'들 속에서 의지를 꺾는 위험이 눈앞에 드리워진다.

그러므로 '새로운 비건의 기준(new vegan normal)'을 세워야 한다는 실질적이고 도덕적인 절박함을 받아들이는 일은 고통스럽다. 비건이 되는 것이 곧 나 자신으로 살아가는 것과 양립할 수 없다고 여기기 쉽기 때문이다. 혹여 그 가능성을 가치 있는 것으로 상상하는 데 성공한다 해도, 일상의 압박 속에서 실제로 그 길을 따라가도록 자신을 움직이는 것이 불가능해 보이기 때문이다. 게다가 비건들은 바로 이 상상과 동기의 보편적 난관을 실제로 넘어선 살아 있는 증거이기에 우리에게는 또 다른 고통스러운 존재로 다가온다.

비건들은 굳이 잘못을 저지르지 않아도 분노의 대상이 된다. 옆에서 마라톤을 거뜬히 완주하는 초인 같은 동료나 우리는 낙제만 면하려 애쓰는데 어려운 수학 문제를 단숨에 풀어내는 반 친구처럼, 비건이라는 존재 자체가 우리의 한계를 비추는 거울이 되고, 때로는 우리 존재를 정면으로 비난하는 것처럼 느껴지기 때문이다. 그러니 비건이 요구하는 불편한 변화를 받아들이는 고생보다는 차라리 비건을 무시하거나 깎아내리는 편이 훨씬 쉽다.

결국 우리 문화가 비건의 삶을 늘 비건이 '할 수 없는 것들'과 그 래서 대신 '해야 하는 것들'로만 규정하는 한, 비건은 우리가 소중히 여기는 활동이나 공동체, 제도에 온전히 어울리지 못하는 삶처럼 보인다. 비건이 되는 일을 개인적·문화적 정체성을 위협한다고 여기는 동안은 새로운 비건 생활의 기준이 필요하다는 사실을 계속 외면할 것이고, 세상을 바꾸려는 이들에게는 적대와 비난이 쏟아질 수밖에 없다.

그렇다면 어떻게 해야 할까? 와튼스쿨 조직 심리학자 애덤 그랜트Adam Grant는 이렇게 말한다. "사람들이 변화를 거부할 때는, 무엇이 변하지 않는지를 짚어주는 것이 효과적이다. 변화의 비전은 연속성을 함께 보여줄 때 더 설득력을 얻는다. 전략은 달라질 수 있지만, 우리의 정체성은 계속된다."⁴ 처음에는 엉뚱하게 들릴 수도 있지만, 우리가 만들어가야 할 새로운 비건 일상은 사실 단절이 아닌 연속성에 깊이 뿌리내리고 있다.

놀랍게도 우리는 자신이 생각하는 것보다 훨씬 더 비건의 세계관과 가까이에 있다. 상상과 동기 부여의 문제는 우리의 가치가 마치 비건들의 황당한 공상과는 전혀 맞지 않는 듯한 착각을 불러일으키지만, 사실 우리 대부분은 비건 지향의 세계를 꿈꾸는 데 필요한 모든 조건을 이미 갖추고 있다. 그래서 우리는 단순히 그 세계를 꿈꾸는 데 그치지 않고, 각자의 고유한 방식으로 그 실현에 동참하는 일이 오히려 커다란 기쁨이 될 수 있음을 깨닫게 될 것이다.

HUNGRY

BEAUTIFUL

ANIMALS

3장

비건에 관한 상상

도덕적 시야를 넓히는 길

우리는 하와이 빅아일랜드 남단이 태평양으로 흘러드는 지점에서 몇 마일을 걸어 들어가야 닿는 외딴 모래 해변에서 하루를 보냈다. 해변에서 돌아온 나는 해안가 식당의 야외석에 앉아 식사하고 있었다. 아내와 친구들과 내일 있을 새해 전야제에 관해 이야기하며 오늘 하루의 눈부신 기억을 만끽해야 했지만, 머릿속은 다른 생각으로 가득했다. 내 포크 끝에 걸린 황새치 살점은 불과 얼마 전까지 이 바다에서 자유롭게 살아가던 생명이었을 것이다. 배는 고팠지만, 바다와 바다 생명이 이 순간 내 즐거움을 위한 수단으로 전락했다는 자각 때문에 도무지 이 상황을 즐길 수 없었다. 이것이 내 생애 마지막 황새치 한 점이 될지 모른다는 자각은 낯설고도 묘했다. 다시는 예전으로 돌아갈 수 없으리라는 사실이 두렵기도 했지만, 동시에 짜릿한 전율을 안겨주었다.

인생을 바꾸는 경험이라는 게 늘 그렇듯, 지금 내게 찾아온 기회도 결국 다른 사람들 덕분이다. 아내와 친구, 반려견, 학생들 모두 "새로운 시도를 해보자!"라며 강한 의지로 나를 설득해서 동물을 대하는 윤리에 관한 강의를 열게 된 것이다. 그렇게 1월 3주 동안 매일 세 시간씩 집중 세미나를 열어 동물들이 어떤 존재인지, 그들의 삶을 지배하는 문화적 태도와 상업적 착취의 양상은 어떠한지, 또 철학과 지지 활동, 식량 시스템 개혁이 동물들의 비참한 처지를 얼마나 바꿔낼 수 있을지를 함께 탐구하기로 했다.

아내 수전은 내가 강의를 진행하는 동안만이라도 비건으로 지내자고 권했다. 학생들에게 모범을 보이고, 나 역시 처음 다루는 주제인 만큼 신중히 하는 편이 낫다는 것이다. "지금은 조금 지나치게 조심하는 것 같아도, 나중에 진짜 바꿔야 한다는 걸 알게 되고 후회하는 것보단 낫지 않겠어? 그리고 난 원래 새로운 요리에 도전하는 걸 좋아하잖아. 재밌을 거야!" 하지만 나는 전혀 재미있을 것 같지 않았다. "수업은 하와이 다녀와서 시작이잖아." 나는 애원하듯 말했다. "그래 좋아. 그럼 그때부터 시작하지 뭐."

하지만 지금 이렇게 강의실에서 4천 마일이나 떨어진 태평양 한 가운데 있으면서도, 내 마음과 머릿속에서는 이미 시작되고 있었다. 황새치의 죽음이 남긴 뒤늦은 심판에서 벗어나려 태평양의 아름다움에 온 마음을 기울이는 순간에도 다가올 강의를 생각하면 깊은 불안과 희망이 동시에 느껴졌다.

솔직히 비건이 되면 내가 이전과는 완전히 다른 사람으로 바뀌어야 한다는 사실이 두려웠다. 이 실험으로 나는 더 큰 깨달음을 얻겠지만, 지금까지 내가 알고 사랑했던 모든 것에서 멀어질 것이라는 생각에 불안했다.

반면 내가 품은 희망은 완전한 비건이 되지 않아도 되는 길이 남아 있기를 바라는 것이다. 예전처럼 무한정 고기를 먹던 나의 시대는 아마도 끝나겠지만, 어쩌면 더 친절하고 덜 폭력적인 방식으로 생산된 동물성 식품을 먹는 일은 가능할지도 모른다. 그리고 그것은 우리가 좋아하는 음식을 계속 즐기면서도 소와 돼지, 닭과 칠면조가 각자의 생명을 온전히 살아갈 수 있는 더 나은 세상으로 나아가는 중요한 한 걸음이 될 수도 있다. 마치 동요 속 올드 맥도널드의 농장이나 마이클 폴란^{Michael Pollan}(미국의 작가이자 환경운동가 – 옮긴이)의 상상에서처럼, 적어도 자연의 순환이라는 이름으로 동물들이 마치 우리 미각의 즐거움을 위해 스스로 '희생'하는 것처럼 꾸며지는 한 말이다. 공교롭게도 내 강의 마지막 주에 가장 기다려지는 초청 연사는 웬델 베리^{Wendell Berry}(미국 1세대 환경운동가이자 농부, 시인 – 옮긴이)를 좋아하며, 사료 대신 풀을 먹여 유제품을 생산하는 낙농업자다. 단순한 우연일까? 판단은 당신에게 맡긴다.

진정한 배움은 두려움을 누그러뜨리고 희망의 방향을 다시 잡아 준다. 태평양 저편에서 다가올 비건 실험을 떠올리며 마음을 졸이던 그때의 나는, 이 선택이 나를 더 기쁘고 자신감 있으며, 더 일관된 나 자신으로 이끌 거라고는 미처 상상하지 못했다. 이 선택은 《샬롯의 거미줄》에서 윌버를 열렬히 응원한 나머지 도살자를 들이받으라고 긴 뿔을 달아주는 팬픽까지 써 내려갔던 여섯 살의 나뿐 아니라, 어른이 되기를 꿈꾸던 나 자신과도 이어져 있다. 아주 어릴 때부터 내가 품어온 희망은, 좋은 삶이란 호기심과 겸손, 공정과 정직, 용기와 존중, 친절과 협력, 진정성, 그리고 행복을 증진하고 고통을 줄이려는 태도 같은 오랜 시간 소중히 여겨온 가치들이 살아 있는 세상에서 가능하다는 믿음이었다. 나는 이러한 오래된 가치들을 '유치원 윤리'라 부른다. 그것이 유치하거나 단순해서가 아니라, 누구든 사회 속에서 살아가기 시작할 때 가장 먼저 익혀야 할 삶의 기본 원칙들이기 때문이다.[1]

운명과도 같은 그 강의를 진행하며 내가 가장 놀랐던 점은, 비건으로 살아가려는 의지가 곧 '유치원 윤리학'을 지키고자 하는 의지와 다르지 않다는 사실을 발견한 일이었다. 그것은 충격적이었고, 처음에는 다소 실망스럽게 느껴지기도 했다. 그러나 학생들과 나는 곧 우리 대부분이 이미 비건이 될 준비를 갖추고 있다는 사실을 깨달았다.유치원 윤리학, 혹은 그와 매우 유사한 가치에 깊이 뿌리내리고 그것을 지향해 온 사람들은 이미 우리가 공감하고 체득해야 할 모든 신념과 감정, 가치관을 내면에 품고 있었다. 심지어 비건이라는 비전을 실현하고자 하는 열망까지도 말이다. 강의에 함께한 이들 모두의 내면에 자리 잡은 보편적인 도덕적 사고는 이미 비건적 사고였으며, 우리가 새로 배워야 할 것은 그 사실을 알아볼 수 있도록 비건이라는 영역에서 경험을 쌓는 일이었다.[2] 따라서 비건이 된다는 것은 정체성을 근본적으로 바꾸라고 요구하는 것이 아니라, 오히려 우리가 이미 되고자 했던 존재로 더 충실하고 더 의식적으로 살아가도록 가능성을 열어주었다. 그렇게 함으로써 우리는 이미 소중히 여기면서도 자신도 모르게 저버리곤 했던 원칙들에 더 깊이 공감하며 이를 더 일관되게 실천할 수 있게 된 것이다.

물론 이러한 변화가 우리 모두에게(아니, 솔직히 말해 그 누구에게라도) 쉬웠다는 것은 아니다. 분명 나는 쉽지 않았다. 잃어버린 열쇠를 찾느라 허둥대다가 결국 그것이 이미 자기 손에 쥐어져 있었다는 걸 깨닫는 순간처럼, 나는 내가 이미 비건이 될 준비가 된 사람이었다는 사실을 깨닫고, 방향 감각을 잃은 듯 혼란스러웠다. 또 정말 좋아하는 사람이지만 끝내 사랑할 수 없다는 사실을 받아들이며 관계를 끝낼 때처럼, 그 과정은 해방감을 주기도 했지만 동시에 슬프고 절망스럽기도 했다. 나는 나에게 위안을 주고, 내가 진정으로 원한다고 믿었던 몇 가지를 내려놓아야 했다. 하지만 그것들은 결국 더 깊은 욕구에 다가가는 길을 막고 있었고, 더 나은 방향으로 변하고자 하는 내 열망을 좌절시키고 있었다. 그 장애물 가운데 가장 큰 것은, 내가 정직하고 용감하며 나 자신에게 진실할 수 있으면서도 다른 동물들에게 호기심, 겸손, 공정, 존중, 친절로 대할 수 있다고 생각한 것이다. 하지만 그 믿음은 결국 자기기만이었다. 내 기쁨을 위해 동물들을 불필요하게 도살하는 체제를 지지하면서도, 그런 덕목들을 지킬 수 있다고 착각한 것이다.

이번 장에서는 당신 안에 숨어 있는 비건의 씨앗을 발견하도록 돕고, 변화를 향한 열망을 가로막는 방해물을 허물며, 겉보기에는 새로워 보이는 이 모험이 사실은 오래전부터 시작된 점진적인 성장의 여정임을 깨달을 수 있도록 영감을 주고자 한다. 우리가 비건으로 살아가기로 결심한다면, 그것은 새로운 내가 되기 위해서가 아니라 오히려 지금까지 이미 그렇다고 믿어온 나 자신에게 더 충실하기 위해서다. 그럴 때 우리는 우리가 본래 되고자 했던 존재에 더 가까이 다가갈 수 있다.

어쩌면 우리 중 많은 사람이 이미 비건의 씨앗을 지니고 있다는 다소 놀라운 이 생각을 분명히 살펴보기 위해 유치원 시절로 돌아가 보자. 내가 말하는 '유치원 윤리'란 우리가 어린 시절 사회에 첫발을 내딛고 그 안에서 어울려 살아가기 위해 배우는, 삶의 기초를 '형성'하고 앞으로의 방향을 '지향'하게 하는 가치와 감정, 그리고 행동의 기본 원칙들을 가리킨다.

여기서 말하는 '지향'이란, 어떤 결과에 도달하는 것보다 과정에 더 무게를 둔다는 뜻이다. 목표는 공동의 이상을 엄격하게 달성하는 데 있지 않다. 각자의 상황이 허락하는 범위 안에서 작은 진전을 이루기 위해 끊임없이 애쓰는 데 의미가 있다. 충동적이고 자기중심적인 여섯 살 난 아이들을 하나의 학습 공동체로 묶어내려면 완벽한 순응을 기대하기보다는 실패를 통해 배우고, 다시 시도하며 조금씩 나아가도록 이끄는 편이 훨씬 지속 가능하고 힘이 된다. 유치원은 결코 도덕적 완벽주의를 요구하는 곳이 아니다.

유치원 윤리가 삶의 기초를 형성한다고 보는 이유는, 그것이 오랜 시간 반복되는 일상의 행위를 통해 아이들을 특정한 사람으로 길러내기 때문이다. 그 목표는 보상이나 처벌을 의식하며 융통성 없는 규칙에 얽매이는 고자질쟁이나 기회주의자를 만드는 것이 아니다. 오히려 자기 자신과 친구들에게 도움이 되고, 어른이 되어 사회에서 잘 살아가는 데 중요한 태도와 행동을 배우고 익히며, 그것들을 습관으로 정착시키려 애쓰는 분별력 있고 공감하는 '삶에서 배우고 성장하는 사람'으로 기르는 데 있다.

　물론 이런 가치들을 배우고 실천하기 시작하는 곳이 반드시 유치원만은 아니다. 집에서도, 여름 캠프나 스포츠 클럽에서도, 종교 공동체에서도 얼마든지 배울 수 있고, 각기 다른 방식으로 보완하고 강화하기도 한다. 중요한 점은 이 가치들이 여러 문화권에 전해지는 지혜의 가르침은 물론 현대 사회과학에서도 인정한다는 사실이다. 함께 잘 살아가기 위해서는 어릴 때부터 심어주고 자주 실천해야 할 사회적 기초 도구라는 점에서 말이다.

　여기서 말하는 유치원 윤리에는 호기심, 겸손, 공정, 정직, 용기, 존중, 친절, 협력, 진정성 같은 덕목들이 포함되지만, 이들에 국한하지는 않는다. 이 덕목들은 행복을 증진하고, 고통을 줄이며, 공동체가 함께 번영하는 조건을 마련하기 위해 꼭 필요한 가치들이다. 우리는 이 기본적이고 보편적인 가치들을 어릴 적부터 다양한 전통 속에서 배워왔다.

　유치원에서는 내가 경험한 작은 세상 바깥에 수많은 사람과 동물, 장소가 존재하고, 그 세계가 끊임없이 움직이며 변하고 있다는 사실을 발견하는 짜릿함 속에서 호기심이 자라난다. 이 모든 것이 깊은 경이로움을 느끼게 하고, 이해하고 싶은 열망을 불러일으키며, 지금 무슨 일이 일어나고 있는지 또 앞으로 무슨 일이 생길지를 상상하게 만든다. 나는 밤에 불을 켜야 보이지만 박쥐는 어둠 속에서도 볼 수 있다는 것, 모래성은 몇 시간 만에 무너지지만 강은 수백만 년 동안 협곡을 깎아낸다는 것과 같은 눈부신 발견들은 아이들을 황홀하게 사로잡으며, 자신이 진정으로 사랑하는 것이 무엇인지에 집중하도록 이끈다.

호기심은 자연스럽게 겸손으로 이어진다. 겸손은 세상이 나를 중심으로 돌아가지 않는다는 깨달음과 함께 찾아온다. 비록 한정된 시야와 능력 때문에 가끔은 그렇게 행동하고 싶어지더라도 말이다. 친구가 나보다 공룡을 훨씬 잘 그린다는 사실을 알게 될 때, 스포츠가 주제일 때는 이야기를 술술 할 수 있지만 알파벳일 때는 어렵다는 것을 느낄 때, 좋아하는 장난감을 독점하고 싶어 하는 나와는 달리 너그럽게 장난감을 베푸는 친구의 모습을 볼 때, 학교에서 키우는 기니피그가 인간은 절대 듣지 못하는 소리를 들을 수 있다는 사실을 알게 될 때 우리는 겸손해진다. 나는 많은 이들 중 하나일 뿐이며, 내 능력과 기회는 한계가 있고, 친구들도 마찬가지다. 한계를 아는 것은 좋은 일이다. 그리고 그 길 위에서 다른 이들의 강점을 인정하고 의지하는 법을 배우는 것 역시 소중하다.

호기심이 세상의 경이로움과 특별한 재능을 발견하는 기쁨을 알려주고, 겸손이 나의 취약함과 사회적인 협력 및 지원의 필요성을 보여줄 때, 교실에서 배우는 '공정함'은 더 자연스럽게 다가온다. 내가 우주의 중심이 아님을 깨닫고, 나처럼 멋지지만 동시에 도움이 필요한 존재들과 세상을 함께 나누고 있다는 사실을 알게 되면, 내 몫 이상을 차지하지 않거나 다른 이들의 몫을 빼앗지 않는 것이 당연하게 느껴진다. 물론 내 걸작을 완성하고 싶다는 욕심에 반짝이 매직펜을 몰래 차지해 버릴 수도 있다. 하지만 그 순간에도 나는 그것이 불공평하다는 것을 알고 있고, 만약 다른 친구들이 내 차례를 가로챘다면 나 또한 정당하게 화를 낼 것이다.

배고프고 아름다운 동물들

공정함을 지향하려면 반드시 정직해야 한다. 문제가 발생한 상황에서 진실을 말하지 않는다면 다른 이에게 마땅한 몫을 줄 수 없기 때문이다. 그런데 유치원에서는 진실을 말하는 데 용기가 필요할 때가 있다. 가끔은 반짝이 매직펜을 혼자 차지했다는 사실을 인정하고 그에 따른 결과를 감수해야 한다. 때로는 가장 친한 친구가 다른 친구를 '못난이'라고 놀렸다는 사실을 고백해야 할 때도 있다. 방과 후에 어떤 대가를 치르게 될 걸 알면서도 말이다.

호기심과 공정함을 실천하다 보면 존중으로 나아갈 길이 열린다. 차이를 발견하는 즐거움과 다른 이들 또한 각자의 몫을 마땅히 받아야 한다는 인식이 더해질 때, 우리는 개인적인 호감과는 무관하게 모든 사람의 고유한 온전함을 인정하고 그들을 가치 있고 존엄한 존재로 존중할 수 있게 된다. 예를 들어, 선생님이 "자, 이제 레고를 치울 시간이야!"라고 말하면 더 놀고 싶지만, 선생님 말씀이니 그 지시에 따른다. 어떤 친구는 우리와 다른 옷을 입고, 다른 명절을 지낸다. 다른 친구는 보조기를 착용해 걸어 다니고, 또 다른 친구는 수학에 푹 빠져 있다. 그들과 갈등이 생길 때면 반항하거나 놀리거나 별명을 붙이고 싶어질 수도 있다. 그래서 교장실로 불려가더라도 자기가 잘못했음을 알기 때문에 놀라지도 않고, 자랑스러워하지도 않는다.

존중의 끝자락에는 친절이 있다. 타인의 고유한 가치와 존엄을 인정하고 존중하는 연습을 하다 보면 그들이 슬퍼할 때 마음이 그들에게 기울고, 그들의 고통을 연민으로 대하는 일이 결국 나 자신도 기쁘고 충만하게 만든다는 사실을 알게 된다. 또한 다른 이들이 베푸는 친절도 눈에 들어온다. 우리는 그들과 함께 공놀이할 때 더 즐겁고, 생일 케이크를 나눠줄 때도 가장 먼저 그들을 떠올린다.(물론 내가 공정하고 친절해지려고 애쓴다고는 하지만 결국은 부모님의 개입으로 공정하게 모두가 하나씩 받게 되지만 말이다).

이러한 가치들을 실천하며 길러진 자기 확신과 타인과의 유대감은 협력으로 이어진다. 우리는 서로 무엇을 좋아하는지, 각자가 지닌 재능과 어려움은 무엇인지, 또 어떻게 서로 도우며 함께 성장할 수 있을지를 살펴보면서 개인으로서뿐 아니라 공동체의 구성원으로서도 잠재력을 발휘하게 된다. 이렇게 충분한 연습을 거치다 보면, 어려운 상황 속에서도 공동체 안에서 자신이 되고자 하는 모습에 더 가까이 다가갈 수 있다.

물론 이러한 가치에 따라 행동하려면 처음에는 어색하거나 마지못해 하는 것처럼 느껴질 수 있다. 한 친구가 무릎을 다쳤을 때, 겉으로는 걱정하는 척하며 달려가 돕고, 사고에 내 책임도 있다는 사실은 마지못해 인정하면서도, 속으로는 '쟤는 미끄럼틀을 독차지했으니 그럴 만하잖아!'라며 은근히 통쾌할 수도 있다. 그러나 이러한 가치들을 실천하는 경험이 쌓이면, 반복된 실천이 가져오는 이점과 그것을 거스르는 행동이 초래하는 불이익을 예상할 수 있게 된다. 결국 교사와 반 친구들이 신뢰하는 사람, 언제나 공동체 전체를 더 나은 방향으로 이끄는 사람이 될 때, 모든 일이 훨씬 순조롭게 흘러간다는 사실을 깨닫게 된다.

물론 이 이야기는 아주 이상적이다. 어떤 친구는 계속해서 다른 친구의 얼굴에 주스를 뿌려댈 것이고, 다른 친구는 친구의 신발에

배고프고 아름다운 동물들

침을 뱉을 것이며, 또 다른 친구는 다 같이 묵념하는 시간에 방귀 소리를 내며 방해할 것이다. 하지만 모두가 노력하는 좋은 날들에는, 유치원 윤리가 놀라울 만큼 효과적으로 작동해 행복을 키우고 고통을 줄이며 성장이 일어나는 공간을 만들어낸다. 그곳에서는 지식과 경험이 자라고, 실수에서 배우며 이를 바로잡고, 자존감과 공동체 의식을 함께 세워간다. 또한 안전하면서도 서로를 보살피는 환경 속에서 협력하는 일과 놀이가 주는 보람을 누리게 된다.

이러한 유치원 윤리는 유치원에만 머무르지 않는다. 우리 대부분은 성인이 되어서도 이 가치들을 삶 속에서 제대로 살아내는 일이 쉽지 않다는 사실을 실감한다. 특히 두려움이나 스트레스에 휩싸일 때는 스스로 바라는 만큼 그 가치를 행동으로 보여주지 못하는 경우가 많다. 그런데도 우리는 대체로 이러한 가치들에 생기를 불어넣는 도덕적 상상력을 각자의 방식으로 받아들이며 살아간다. 다시 말해, 이상적인 세상이 어떤 모습일지, 그 속에서 사람들이 어떤 태도와 가치를 가지고 살아갈지를 떠올려 보면 호기심, 겸손, 공정, 정직, 용기, 존중, 친절, 협력, 진정성이 떠오르는 것은 전혀 놀라운 일이 아니다. 이 가치들이 행복을 키우고, 고통을 줄이며, 개인과 공동체가 함께 번영할 조건을 만들어준다는 사실을 우리 모두 이미 직접 경험해 왔기 때문이다.

그러므로 도덕적 상상력을 조금만 발휘해도 유치원 윤리를 우리의 식습관에 일관되게 적용할 경우, 지금과는 크게 다른 식량 시스템이 가능하다는 사실을 쉽게 떠올릴 수 있다.

식습관을 바꿔야 한다는 필요성을 우리가 외면하는 이유가 단순히 '잘 몰라서'라고 믿는 것은 그럴듯한 자기 위안에 불과하다. 진실은 그와 정반대다. 우리는 이미 본능적이고 즉각적으로, 그리고 뼈저리게 그 사실을 이해하고 있기 때문에 그 책임에 직면할 때 차마 자신을 똑바로 마주하기 어려운 것이다. 우리가 따르려는 가치와 행동 사이의 괴리가 너무 뚜렷하고 변명의 여지가 없어서, 감정적으로 그 가치에 공감하는 순간 당황스러울 정도로 수치심을 느낀다. 수치심으로 마음이 불안정해진 우리는 온 힘을 다해 화제를 돌리고, 현 상태를 변호하고, 불편한 소식을 전하는 이를 깎아내리며 어떻게든 벗어나려고 한다. 우리의 가장 평범하고 즐거운 일상에서 스스로에게도 낯선 도덕적 타인이 되는 그 아찔한 현기증에서 도망치려는 것이다.

나는 불편한 진실을 전하는 사람들에게 화풀이하지 않았으면 한다. 하지만 그런 마음이 드는 것을 이해 못 할 일은 아니다. 비건을 옹호하는 사람들이 우리가 내세우는 가치와 실제 식습관 사이의 커다란 간극을 들추어내기 때문이다. 그들은 우리의 수치심을 자극해 "나쁜 짓을 그만두라"라거나 "네가 말한 가치대로 살아라"라며 우리를 몰아붙인다. 이러한 전략은 우리의 신념을 들이대며 '~해야 한다'라는 도덕적 의무로 몰아넣어 마치 그 명령을 따르지 않으면 도덕적으로 몹쓸 인간이 될 것처럼 우리를 위협한다.

이 책을 읽고 있는 독자라면 아마 이런 '그럴듯하면서도 따가운 말들'을 들어본 적이 있을 것이다.(어쩌면 직접 해본 적도 있지 않을까?)

배고프고 아름다운 동물들

세상에 대해 호기심이나 탐구심이 조금이라도 있었다면, 지금 당신이 먹고 있는 동물이 무엇을 생각하고 느끼며 어떤 존재로 살아가는지 알기 위해 노력하고, 공장식 축사에서 처참한 삶을 강요당하는 현실이 얼마나 끔찍한지 직시했을 거야. 플라스틱이나 암호화폐가 환경에 미치는 영향을 파헤치는 데 쏟는 노력의 10분의 1만이라도 우리가 먹는 음식의 진짜 비용을 이해하는 데 투자해 봐. 아니, 절대 안 하지! 그런 문제 따위는 외면한 채 아무 생각 없이 닭 날개를 뜯는 게 더 낫다고 생각할 테니까!

너는 늘 겸손을 입에 올리잖아. "신은 우리를 창조물의 주인이 아니라 관리인으로 둔 거야!" "인간은 거대한 신의 섭리 안에서 아주 작은 한 부분일 뿐이야!" 뭐 이런 식으로 말이야. 스테이크에 대한 욕망이 뭐 그리 대수라고 소의 가장 기본적인 권리, 끔찍한 환경에서 소를 도축해야 하는 노동자들의 권익, 그리고 네가 그토록 겸허히 돌본다는 창조물 전체보다 더 중요한 것처럼 먹어대잖아. 이런 게 겸손이라면, 네가 말하는 '오만'은 어떨지 상상하고 싶지도 않아.

정치적으로 무언가를 지지할 때는 "한 표 한 표가 다 소중하다!" "집마다 문을 두드릴 시간이다!" "우리가 힘을 합치면 뭐든 해낼 수 있다!" "모두가 달라붙어야 한다!"라고 말하면서 음식 얘기만 나오면 태도가 확 바뀌어. "한 사람이 뭘 할 수 있겠어?" "시스템이 이미 너무 커져서 바뀌지 않아." "샐러드를 먹는다고 돼지가 살아 돌아오는 건 아니잖아." 그러니 결국 집단 행동이나 네 몫을 다하라는 말은 네 베이컨 더블 치즈버거를 건드리지 않을 때만 유효한 셈이지.

치즈 오믈렛이라고? 너에게 진정성이라는 게 조금이라도 남아 있긴 하니? 육식으로 소비되는 동물에 대한 폭력에 도덕적으로 맞서는 길이라며 채식을 떠들더니, 정작 더 끔찍한 고통을 겪는 젖소와 산란계에게는 등을 돌리는 꼴이잖아. 몇 달 혹은 몇 년 동안 잔혹하게 강제 번식으로 착취당하다가 결국은 하급 고기로 도살당하고 있다고. 거기다 네 아침 식사 뒤에 깔린 보이지 않는 희생은 아직 언급도 안 했어. 우유를 생산할 수 없는 수송아지는 고기로 팔기 위해 좁은 우리에 갇히고, 수평아리는 알을 낳지 못해서 산 채로 분쇄기에 갈려 나가는 현실 말이야. 네가 이렇게 모순적인데, 네가 진심으로 동물을 사랑한다는 말을 어떻게 믿을 수 있겠니?

그러니까 너는 공장식 축산을 전면 해체하고, 훨씬 더 노동집약적이지만 덜 잔인한 농장으로 바꿔야 한다고 말할 만큼은 가축들을 '존중'한다고 치자. 그런데 목초지에서 살아가는 동물들의 삶을 이어가려는 권리가, 네가 파운드당 15달러 하는 '고급 돼지 등심'을 사 먹겠다는 욕망보다 더 중요할 수 있다는 생각은 하지 않나 봐?[3] 아, 그리고 내가 맞춰 볼게. '인도적 도축' 맞지? 살아 있고, 건강하며, 죽고 싶지도 않고, 죽는다고 해서 어떤 이

배고프고 아름다운 동물들

익도 얻지 못하는 동물을 폭력적으로 조기에 죽이는 그 '자비로
운' 행위 말이야. 그게 존중이라니, 참 대단하다!

이러한 질책이 전혀 근거 없다는 것은 아니다. 사실 어느 정도 진실
을 담고 있기도 하고, 우리 중 몇몇은 최소한 일시적으로나마 부끄
러움을 느껴 행동으로 옮기기도 한다. 문제는 대다수의 경우 이러
한 질책이 곧바로 자기 정체성을 보호하려는 방어적 사고로 이어
져, 오히려 현상을 유지하는 쪽으로 작동한다는 점이다.

바로 이런 순간에 우리는 매우 취약해진다. 낯설고 불편한 문턱
위에서 우리 안에 숨어 있던 비건의 씨앗과 마주할 뻔하고, 우리가
생각했던 자신과 실제 식습관 사이의 괴리를 깨닫는 수치심과 슬픔
이 밀려와 혼란스러워진다. 바로 그때, 수치심을 가라앉히고 호기
심을 열린 마음으로 바꾸며 변화를 모색할 수 있도록 차분함이 절
실히 필요한 순간에 '비건 군단'이 들이닥쳐 우리를 위선적이고 잔
혹한 현행범으로 몰아세운다.

우리가 마땅히 해야 한다고 여겨지는 (하지만 오랫동안 습관적으로
하지 않도록 길들여온) 일을 제대로 하지 못하고 있다고 강하게 압박
받으면, 우리는 자연스럽게 방어적인 태세를 취한다. 이렇게 방치
된 의무들은 우리의 부족함을 더욱 선명하게 드러내며, 우리가 놓
치고 외면해 온 일들에 대해 죄책감과 수치심을 불러일으킨다. 그
리고 그 주장이 설득력 있을수록, 다시 말해 그 말이 옳을지도 모른
다는 불안이 커질수록, 우리는 바꾸고 싶지 않은 행동을 정당화하
는 데 더 힘을 쏟게 된다. 그러다 그마저 여의치 않으면, 우리는 현

실을 부정하거나 생각과 감정을 분리해 자신을 보호하는 방식으로 물러난다. '설마 상황이 그렇게까지 심각하겠는가. 세상의 모든 문제를 다 고치라고 기대하는 건 너무 가혹하지 않은가, 제발!'

돌이켜 보면, 수치심을 자극하는 의무를 억지로 들춰내는 방식은 우리 안에서 주저하고 있는 비건의 씨앗을 깨우기에는 서툰(때로는 잔인하기까지 한) 방법이다. 정작 필요한 것은, 감정에는 민감하지만 지적으로는 소심한 우리 안의 어떤 모습이 새로운 정보를 받아들이는 일이다. 그리고 그를 통해 오래되고 소중한 신념을 더 넓은 상상력과 동력으로 키워갈 수 있는 열린 공간을 마련하는 것이다.

그러니 자신이나 타인을 향해 유치원 윤리를 제대로 실천하지 못했다고 비난하는 태도를 멈추고, 내 안에 자리한 비건 씨앗이 다시 유치원 교실로 돌아간다고 상상해 보자. 이번에는 참을성 있고, 친절하며, 열정적인 선생님이 곁에서 우리가 최선을 다할 수 있도록 도와주는 수업이다. 그렇다면 어떤 새로운 기회들이 열릴까? 수치심을 자극하는 압박, 다가오는 의무에 맞춰야 한다는 위협이 사라진 자리에서 우리 안의 비건 씨앗이 비로소 자기 모습대로 성장할 수 있다면 말이다.

목표는 규칙을 엄격하게 따르는 데 있지 않다. 경험을 통해 무엇이 자신과 타인에게 도움이 되는지를 알고, 각자의 재능과 한계 안에서 그것을 실천하며 공감할 줄 아는 사람이 되려는 노력이 중요하다. 선생님이 호기심, 겸손, 공정, 정직, 용기, 존중, 친절, 협력, 진정성을 강조하는 이유도 완벽을 요구하거나 성취를 평가하기 위해서가 아니다. 그러한 태도를 삶 속에서 연습할 때 아이들이 더 깊이 배우고, 더 즐겁게 어울리며, 훨씬 더 행복해질 수 있기 때문이다.

'호기심'을 통해 아직 깨어나지 않은 우리 안의 비건 씨앗은 탐험할 만한 수많은 흥미로운 길을 발견한다. 다른 동물들이 지닌 지적·정서적·사회적 능력의 경이로움, 우리가 선택한 음식이 인간·동물·환경을 가르는 인위적인 경계를 넘어 얼마나 광범위한 영향을 미치는지에 대한 자각, 그리고 지금까지 접해보지 못한 세계 각지의 다채로운 채식 요리가 선사하는 건강상의 이점까지, 그 가능성은 실로 다양하다.

'겸손'해질 때, 우리 안의 비건 씨앗은 광대한 미지의 영역 앞에서 자신이 상대적으로 작은 존재임을 자각하며 경외감을 느낀다. 동시에 자신이 작지만 중요한 역할을 할 수 있고, 그 역할이 더 큰 변화로 이어질 수 있다는 사실에 힘과 자신감을 얻는다. 세상이라는 무게를 어깨에서 내려놓고 자신이 감당할 수 있는 속도로 실천할 수 있다는 자유 속에서, 마음을 짓누르던 불안은 가라앉고 앞으로의 도전을 마주할 자신감은 자라난다.

'호기심'을 통해 인간이 다른 동물, 나아가 지구와 이어져 있음을 깨닫고 새로운 기쁨을 느끼고, '겸손'을 통해서는 자신이 맡은 작은 영역에 집중할 자유를 얻는다. 그 결과 자신을 항상 중심에 두려는 욕망을 내려놓고, 자신의 선택에 영향을 받는 존재들의 다층적인 욕구를 이해하며 그들에게 바르게 행동하고자 하는 열망이 깨어난다. '공정'이라는 관점에서 볼 때, 우리 안에 있는 비건의 씨앗은 우리가 지금의 식량 시스템이 허용하는 것보다 훨씬 더 나은 조건에서 살아갈 자격이 있다는 사실을 분명히 인식한다. 우리와 함께 살아가는 이 지구와 동물들, 그들을 기르고 도살하는 사람들, 그 고기를 먹는 사람들, 그리고 축산의 자원 집약성과 기후 변화로 굶주리거나 빈곤에 처한 사람들 모두에게 해당한다.

정직함 속에서 우리는 감당해야 할 불편한 진실의 무게를 느낀다. 동시에 거짓 낙원을 떠나 현실을 받아들이며 새로운 결의를 다진다. 진실은 자기합리화의 환상과 자멸로 이어지는 길에서 우리를 벗어나게 하고, 우리가 바라는 식량 시스템의 변화를 직접 만들어 갈 용기를 북돋워 준다.

현재의 식량 시스템이 지닌 현실에 눈을 뜨고 변화를 위해 용기 내어 행동한다면, 상처 입은 동물과 인간을 더 존중하고 더 다정하게 대하게 될 것이다. 동물의 고통과 능력을 인지하고도 외면하는 대신, 그들의 도덕적 권리를 위해 더 많은 관심을 기울이고 그들을 옹호하게 될 것이다. 냉담하게 물러서기보다 그들에게 동지애를 느끼고, 현실을 한층 더 통렬하게 인식하며 용기를 북돋울 것이다. 프란치스코 교황의 말처럼, "현재 세상에서 일어나는 일을 자신의 고통으로 받아들이면, 우리가 무엇을 할 수 있을지 발견하게 될 것이다."

내면의 비건 씨앗은 호기심, 겸손, 공정함, 정직, 용기, 존중, 다정함을 실천하며 자유로워지고 자신감을 얻는다. 자신이 속한 공동체에서 모범을 보이며, 각자가 자신만의 방식으로 공헌하고자 애쓰며 식량 시스템의 변화를 이끌 거대한 협력에 동참한다.

물론 이것은 매우 이상적인 이야기다. 아마도 당신은 여전히 공항에서 햄버거를 가끔 사 먹을 것이다.[4] 핼러윈을 즐기며 아이들의 사탕 가방에서 초콜릿을 슬쩍 집어들 수도 있다. 어떤 자리에서는 비건으로서의 열망을 숨기거나 적어도 마음만큼 당당하게 드러내지 못할지도 모른다. 회사에서 먹다 남은 피자를 몰래 챙기거나, 평소라면 거절했을 생일 파티에서 저녁을 먹을 수도 있다. 옛 친구가 동네로 찾아왔을 때, 할머니가 맛있게 구워준 고기가 눈앞에 있을 때, 혹은 휴가 중에는 채식을 소홀히 할 가능성도 있다. 심지어 장을 보다가 우연히 와플이 카트에 들어가자, 이를 감추려고 결제할 때 회원 번호를 건네지 않을지도 모른다.

하지만 찬찬히 생각해 보면, 가장 자기다운 순간에 비건이 되는 것은 기분 좋은 선택이자 합리적인 결론이다. '비건을 지향하며 살아가는 것'과 '완벽한 비건이 되려는 것'은 다르기 때문이다. 어떤 이들은 '주의'를 고집하며 부담스러운 의무를 강요하지만, 비건이 된다는 것은 도덕적 상상력을 다른 존재들로 자연스럽게 확장해 우리 인간과 동물, 그리고 지구라는 공동의 터전을 이롭게 하는 활력 넘치는 가능성으로 나아가는 일이다.

어쩌면 이렇게 생각할 수도 있다. "그래, 그래. 우리의 식량 시스템을 바꿔야 한다는 건 알겠고, 그 시도가 꽤 영감을 줄 수도 있겠지. 하지만 정말 비건까지 가야만 할까? 그냥 우리 안에 잠들어 있는 '목축업자'의 감각만 살짝 깨우는 걸로 타협하면 안 될까? 허브 향을 입힌 자연 방목한 돼지 등심이나 현지에서 갓 잡은 신선한 황새치를 식탁에 계속 올리면 안 될까?"

내가 코나에서 손도 대지 못한 황새치 스테이크 앞에 앉아 끙끙 거리며 했던 생각이었다. 다가오는 강의 마지막 주에 어디선가 카리스마 넘치는 낙농업자가 나타나, 변화된 식량 시스템을 유지하면서도 돼지고기 등심을 먹을 수 있는 길을 열어주기를 간절히 바랐다. 하지만 그런 일은 일어나지 않았다.

호기심은 소, 돼지, 닭, 칠면조, 양, 물고기의 지적 감정적 사회적 능력에 경이로움을 느끼게 했다. 나는 고유한 생명체인 그들을 도덕적으로 배려하고 깊이 연민하며 친절하게 대해야 한다고 느꼈다. 우리와 마찬가지로 또렷한 감각과 연약한 몸으로 고통 속에서 살다가 죽음을 맞는 그들을 존중하는 것은 당연하다고 느꼈다. 겸손 덕분에 나는 우리가 품어온 생각이 공정하지 않다는 사실을 깨달았다. 동물을 먹는 사소한 즐거움이, 삶을 온전히 누리며 살아갈 그들의 기본적인 권리보다 중요할 수는 없었다.

정직함 덕분에 나는 '인도적 도살'이라는 말이 애초부터 모순된 표현임을 깨달았다. 살아 있고 죽기를 원하지 않는 생명에게 '자비롭게' 죽음을 베푼다는 일은 있을 수 없다. 용기는 동물 복지라는 이름 아래 성체가 되지 않은 동물을 잡아먹는 일이 근본적으로 잘못되었음을 보게 했다. 우리가 동물을 생명체로서 존중하고 다정하게 대한다면, 우리의 즐거움과 이익을 위해 그들의 삶을 비참할 만큼 이른 죽음으로 내몰아서는 안 된다.

동물 복지 제품을 생산하겠다고 말하는 목축업자의 이상이 처음에는 적절한 해결책처럼 보였지만, 나는 그 안에서 어떤 영감도 찾을 수 없었다.[5] 그 비전은 내가 가장 소중히 여기는 신념을 계속해

배고프고 아름다운 동물들

서 확장해 나갈 길을 열어주지 못했기 때문이다. 그리고 무엇보다 아름답지 않았다. '인도적으로 사육된' 동물 또한 결국 피로 얼룩진 도살장에서 구조적으로 착취당하는 노동자들의 손에서 고통스럽게 죽음을 맞는다. 그들의 죽음은 절대 정당화될 수 없으며, 어쩌면 더 잔혹할지도 모른다. 잠시나마 좋은 삶을 맛보고, 인간과의 신뢰를 경험한 뒤 배신당했기 때문이다.[6]

나는 진정성을 지향하며, 상황이 어려울 때도 다른 사람과 함께 있을 때도 내 신념에 헌신할 수 있기를 진심으로 바랐다. 이 깊은 열망은 비건 세계를 상상하는 순간부터 꿈틀대기 시작했다. 잠자고 있던 비건의 씨앗이 비로소 모습을 드러내기 시작한 것이다. 이제 남은 문제는 습관과 편리함, 안락함과 게으름이라는 장애물에 앞에서 그대로 멈춰 설 것인가, 아니면 내 앞에 열린 가능성을 향해 나아갈 것인가다.

무엇이 진실이고, 무엇이 자신에게 좋은지 아는 것과 타성을 극복하고 뜨겁게 열망하는 것은 전혀 다른 차원의 일이다. 결국 비건의 씨앗이 '지향하는 비건(aspiring vegan)'으로 나아갈지, 아니면 캐럴 J. 애덤스가 묘사한 '가로막힌 비건(blocked vegan)'에 머무를지는 우리가 도덕적 상상력을 어떻게 확장하고 삶에 적용하는지, 그리고 그런 세상을 얼마나 미음 깊이 열망하는지에 달려 있다.[7]

비건의 씨앗은 대개 '가로막힌 비건'과 '지향하는 비건'이 뒤섞인 상태로 드러난다. 비건 세계의 이상에는 대체로 공감하고 그 길을 향해 나아갈 만큼의 신념도 지니고 있지만, 한편에서는 발걸음을 멈추게 하는 힘이, 다른 한편에서는 앞으로 나아가게 하는 힘이 동시에 작용한다.

　내 경험상 불편한 진실을 받아들이고 그에 걸맞게 살아가려는 열망을 기르는 가장 좋은 방법은, 진실한 삶이 가져다줄 새로움과 충만함, 그리고 기쁨이 얼마나 아름다운지 알아차리는 데 있다. 예술가이자 영화감독인 알레한드로 조도로프스키^{Alejandro Jodorowsky}가 말했듯, "아름다움이란 진실의 반짝임이다."[8]

	가로막힌 비전 (방어적, 과거지향, 의무 중심)		지향하는 비전 (호기심, 미래지향, 기회 중심)
호기심	"말하지 마! 안 궁금해!"	vs	"어떤 흥미로운 미식 여행이 기다리고 있을까?"
겸손	"하지만 인간이 더 중요하지!"	vs	"내가 이 놀라운 존재들을 얼마나 과소평가했던 걸까?"
공정	"하지만 난 스테이크가 너무 좋은데!"	vs	"내 기쁨이 정말 동물들의 삶보다 중요한 걸까?"
정직	"모든 농장이 그렇게 나쁜 건 아니잖아!"	vs	"이윤이 목적이라면, 착취는 불가피한 것 아닌가?"
용기	"치즈는 절대 포기 못 해!"	vs	"새로운 음식을 찾기 위한 노력도 가치가 있지 않을까?"
존중	"어차피 그냥 동물이잖아!"	vs	"이 특별한 존재들을 어떻게 존중할 수 있을까?"
친절	"내 감정 가지고 장난치지 마!"	vs	"동물에 대한 공감은 내게 어떤 메시지를 전해주는 걸까?"
협력	"내가 다 할 수도 없고, 그건 내 일이 아니야!"	vs	"내가 다는 못하더라도, 지금 당장 할 수 있는 건 뭘까?"

배고프고 아름다운 동물들

이렇게 식량 시스템의 불편한 진실을 직시했으니, 이제 그 진실에 어떻게 응답하며 세상을 더 나은 방향으로 바꿀 수 있을지, 비건적 상상력을 통해 풍요로운 미래를 본격적으로 그려보자.

2부

상상

새로운 비전의 기준이
가져올 기쁨과 풍요

HUNGRY

BEAUTIFUL

ANIMALS

4장

인간

풍요로운 개인과 정의로운 공동체를 향해

얇게 썬 진녹색 잎사귀가 셰프의 칼끝에서 경쾌하게 떨어져 호두나무 도마 위에 흩어진다. 잘게 다진 마늘과 오렌지 오일의 향이 손때 묻은 도마의 결 사이로 피어올라, 이 소박한 잎채소가 곧 건포도를 곁들인 시트러스 콜라드로 변신할 것을 예고한다. 브라이언트 테리의 화제의 새 요리책 《비건 소울 키친Vegan Soul Kitchen》의 첫 번째 레시피다.[1] 미시간에서 뿌리내린 희귀한 펑크와 소울 음악이 방 안을 채우며 분위기를 한층 끌어올린다.

디 에드워즈Dee Edwards의 노래가 흘러나오자, 사람들이 '다 함께 정신을 가다듬자'라는 노랫말에 호응한다. 실제로 우리도 지금 그렇게 한마음이 되고 있다. 떠오르는 요리계의 스타이자 베스트셀러 작가인 브라이언트 테리의 라이브 요리 시연과 사인회가 곧 시작될 예정이라, 모두가 사랑하는 피자집은 발 디딜 틈 없이 붐비고 있다. 무제한 브런치 뷔페에서 피자가 무대를 내주고, 대신《비건 소울 키친》에서 소개하는 풍성한 요리들이 차려진다는 사실은 그 자체로 놀라운 보너스다. 운 좋게도 이번에는 고구마 생강 파이에 당밀 바닐라 아이스크림과 달콤하게 조린 호두까지를 얹은 디저트를 덤으로 얻은 기분이다.

이제 곧 쇼가 시작된다.

브라이언트의 요리 시연은 올해 비건 축제 '웨이크업 위켄드^{Wake Up Weekend}'의 하이라이트로, 내가 공동으로 주최하는 이 작은 축제에서 가장 기대되는 행사다. 이 축제는 쓸쓸하고 암울한 한겨울에 진행되는 강도 높은 동물 윤리 세미나에 조금이나마 즐거움을 더해보고자 기획한 것이다. 식량 시스템의 냉혹한 진실과 마주하는 일은 평소에도 벅차지만 미시간의 혹독한 1월, 얼어붙은 어둠 속에서는 더더욱 그렇다. 학생들과 나는 고기가 잔뜩 들어간 피자의 위로 없는 저녁은 상상조차 할 수 없었고, 지속 가능한 비건 세계의 전망은 더더욱 그랬다. 우리는 이 모든 게 그저 유치원 수준의 윤리라는 사실을 알지만, 우리 안의 비건 씨앗은 영감에 굶주려 있었다.

그렇기에 이 비건 축제는 무려 이틀 동안 강연과 워크숍, 시연, 전시, 영화 상영, 콘서트, 그리고 음식, 음식, 또 음식에 이르는 다채로운 프로그램을 통해 비건 세계를 상상하고 그것을 위해 노력하는 장대한 아름다움을 함께 기념한다. 우리의 신체적·사회적·정서적·지적·도덕적 자아가 조화를 이루는 그 짜릿한 기쁨을! 무지와 무관심, 무력함, 현상 유지라는 불의에 사로잡힌 현 체계로부터 식량 시스템을 해방하기 위해 한데 모인 우리의 힘을! 한정된 자원

　배고프고 아름다운 동물들

을 보존하고 생물 다양성을 북돋는 식생활을 통해 되살아나는 활력 있는 지구를! 연민과 용기가 만나 촉발되는 다른 배고프고 아름다운 동물들과의 깊은 유대와 연대를! 그리고 무엇보다 중요한 것은 서부 미시간 최고의(그리고 유일한) 비건 칠리 스튜 요리 대회에서 당신의 비밀 레시피가 최강임을 증명할 기회이기도 하다.

올해에는 브라이언트 테리가 심사위원에 합류하면서 무려 서른네 명의 도전자가 비건 칠리 스튜의 최강자 자리를 놓고 경쟁한다. 우리는 사람들에게 접시가 아니라 머핀을 굽는 틀을 가져오게 하고 있다. 그래야 한 번에 열두 가지 칠리 스튜를 맛볼 수 있기 때문이다. 요리 시연은 이른 시간에, 요리 경연대회는 늦은 시간에 잡았다. 이렇게 많은 인파가 이렇게 맛있는 음식을 먹을 때는 천천히 충분히 즐기고 싶어 할 테니까. 한 달 내내 매일 새로운 칠리 스튜를 먹을 수 있다면 비건의 삶이 어찌 황홀하지 않을 수 있겠는가?

이번 장에서는 마치 비건 세계로 초대장을 보내는 듯한 브라이언트의 접근 방식에서 영감을 얻고, 내가 주최해 온 비건 축제의 경험을 길잡이 삼아 새로운 비건 일상을 더 생생하게 그려보고자 한다. 목표는 비건 세계가 지닌 아름다움에 이끌려 기쁨 속에서 풍요로운 개인과 정의로운 공동체를 향해 나아가는 여러 방식을 그려보는 것이다. 그것은 우리 안의 가장 깊은 열망과 바깥 세계가 안고 있는 가장 큰 과제, 그리고 희망을 조율해 가는 일이다.

브라이언트의 요리 시연이 시작되기까지는 아직 15분이 남아 있다. 하지만 피자 가게 밖으로 이어지는 줄은 문밖을 넘어 골목까지 이어졌다. 자원봉사자들은 넘쳐나는 인원을 위해 근처 식당에 자리를 마련하고 영상 중계 장비를 설치하느라 분주하다. 나는 기대에 들뜬 사람들 사이를 비집고 들어가, 시연 준비를 마무리하던 브라이언트에게 코코넛 워터 한 상자를 건넨다. 식당 앞 조리대에 선 그를 둘러싼 이 낯설고도 놀라운 풍경은 순간 나를 압도해 깊은 감동을 안겨준다.

붐비는 피자집을 헤치고 나오며 내가 마주친 일들은 뜻밖의 연속이었다. 나는 이웃인 비영리 단체의 식품 정의 활동가와 하이 파이브를 하고, 로자 파크스^{Rosa Parks}(미국의 흑인 인권 활동가 – 옮긴이)의 개인 비서를 만나고, 건강에 관심 많은 노년층 모임을 편한 자리로 안내하고, 하나님의 창조물을 돌보고자 하는 열정적인 기독교 청년 그룹을 맞이하고, 아이비리그 철학자와 악수하며 인사하고, 지역 하드코어 밴드의 드럼 연주자와 포옹하고, 'GO VEG'이라고 적힌 룸퍼(아기 우주복)를 입은 아기가 떨어뜨린 빨대 달린 컵을 돌려주는 즐거움과 마주한다.

우리는 나이, 인종, 사회경제적 지위, 종교, 직업이 서로 달라도 모두 이곳에 함께 있다. 우리를 뜻밖의 연대 속으로 이끈 것은 우리를 고양하고 지탱해 줄 무언가에 대한 공통의 갈망과 희망이었다. 그것은 비건 세계에서만 가능한, 우주적 해방을 상상하게 하는 풍성한 영혼의 양식이다.

비건 세계를 향한 상상이 얼마나 방대한지 처음으로 엿본 순간은 브라이언트 테리와의 우정과 협업을 통해서다. 내가 처음 관심을 가졌던 '비건주의'는 대체로 추상적이었고, 언제나 비건의 의무에 초점이 맞춰져 있었으며, 실질적인 매력은 찾아보기 힘들어 우스꽝스럽게 느껴지기까지 했다. "쓰레기통에 버려진 페퍼로니 피자는 먹어도 될까요? 물론이죠. 먹는 행위 자체는 그 피자가 생산될 때의 잘못된 행위와 아무 관련이 없으니까요. 마치 차에 치여 죽은 동물을 먹는 것과 다를 게 없어요." 상상력을 키워주는 이야기는 아니지만, 덤불 속에 숨어 있던 날카로운 질문들을 또렷이 드러내 주기는 한다.

브라이언트에게 비전은 훨씬 더 광범위했다. 음식은 곧 삶의 방식이었고, 삶은 신체 건강과 영적 창조성, 사회적 경험과 전통뿐 아니라 파트너십, 우정, 육아, 직업, 시민으로서의 참여까지 아우르며 여러 방향으로 매우 풍부하게 펼쳐졌다. 그래서 브라이언트는 자신의 주장에 예술·음악·책·정치사를 녹여냈고, 아이들이 음식을 어떻게 이해하고 즐기는지 세심하게 살폈으며, 무엇보다도 누군가를 비건이라는 이름으로 자격을 매기거나 배제하는 세세한 행동 규칙에 얽매이지 않았다. 그의 관심은 '완벽한 비건'에게 요구되는 의무 사항이 아니라 비건 세계가 지닌 아름다움과 그 속에 함께하는 즐거움에 있었다. 그의 이야기를 듣고 나면, 자신이 자라면서 익숙해진 음식 문화와 깊은 영적 유대를 유지하면서도, 그것을 과감하고 매혹적인 새로운 방향으로 확장해 갈 수 있으며, 그 안에서 비건으로 살아가는 것이 충분히 가능하다는 믿음을 갖게 되었다.

브라이언트의 유쾌한 카리스마는 바로 이런 포용적인 통합성에서 뿜어져 나온다. 그의 책에 실린 레시피 하나를 준비하는 것만으로도 몸과 마음, 영혼을 위한 개인적인 향연을 즐기게 될 뿐 아니라, 우리가 함께 음식을 만들고 공동체와 사회를 일구어 가려는 집단정신을 불러내는 의식에 참여하게 된다. 갓 빻은 향신료가 뿜어내는 후각적 즐거움을 맞이할 준비를 하라. 세심하게 조율된 질감과 색, 풍미가 입안에서 어우러지며 펼쳐내는 화려한 아름다움을 경험하라. 레시피와 함께 그가 제안한 음악과 책은 재료와 음식 문화가 쌓아 올린 조상들의 몸과 지혜의 리듬 속으로 우리를 유혹하며, 그 흐름 속에서 몸이 움직이고 마음이 흔들리도록 이끈다.

브라이언트가 이해하는 바는, 좋은 음식은 개인의 자율성과 지구의 번영을 이끄는 원동력이라는 것이다. 좋은 음식은 우리의 재능과 열정을 키우고 널리 전할 수 있도록 노력하고, 고통받고, 회복하고, 견디고, 기뻐할 수 있는 신체를 만들어준다. 그리고 우리의 집단적 노력에 힘을 실어줄 더 나은 식량 시스템을 구축하는 일은 생존을 위해서도 꼭 필요한 일이다. 특히 인류의 끝없는 허기가 지구상의 다른 생명들의 아름다움과 삶의 균형을 점점 더 위협하는 상황에서는 더욱 그렇다.

하지만 브라이언트는 잘 알고 있다. 좋은 음식을 먹는 경험은 너무나 개인적이고, 즐겁고, 공동체적인 일이기에 단순히 철학적 논쟁거리나 사회운동의 수단으로만 취급할 수 없다는 사실을. 바로 이 점이 내가 그의 작업에 빠져들 수밖에 없는 이유다. 우리는 음식을 먹으며 건강 문제, 도덕적 금지, 정치적 의제를 찾지 않는다. 우리가 음식에서 바라는 것은 위로받고, 즐거움을 얻고, 눈부신 감동을 누리고, 삶의 고단함으로부터 잠시 벗어나며, 서로를 받아들이고 사랑하며 연대하는 마음으로 한 식탁에 모이는 것이다. 또한 음식을 통해 자유롭게 표현된 소속감에서 오는 깊은 아름다움과 기쁨

배고프고 아름다운 동물들

을 맛보고 느끼기를 원한다.

그렇다고 해서 좋은 음식이 우리를 깨우치고, 더 나은 본성을 일깨우는 힘이 없다는 말은 아니다. 다만 음식은 먼저 우리를 즐겁게 해야 한다. 우리의 상상력을 사로잡고, 공동체 안에서 더 깊은 관계로 이끌어, 공동체 정신을 북돋워야 한다. 그렇게 생겨나는 고양된 화학 작용은 영감을 받은 개인들이 협력하여 각자의 합을 넘어서는 더 큰 전체를 만들어낸다. 브라이언트가 늘 말하듯, "먼저 몸으로 느끼게 하고, 그다음 머리로 생각하게 한 뒤, 마지막에 정치로 이어가라."

이 경험이야말로 비건 축제 '웨이크업 위켄드'가 전하려는 것이다. 서로 즐기고, 맛있는 음식을 함께 나누며, 같은 뜻을 품은 자리에서 공동의 기쁨을 맛보는 열린 공간. 그리고 그렇게 즐거움에 흠뻑 빠져드는 순간, 우리가 품어온 가장 깊은 열망과 가장 큰 희망이 비건의 길 위에서 하나로 힘 있게 모인다는 사실을 발견하게 되는 것이다.

브라이언트의 건포도를 곁들인 시트러스 콜라드 샐러드처럼, 비건 세계를 함께 그려보고 그 아름다움에 끌리는 이 공동의 행위는 그 자체만으로도 매력적이다. 하지만 동시에 치유의 힘이 있는 식물성 화학물질에서부터 선조들의 식문화가 전해주는 지혜, 우리 먹거리를 길러내는 이들의 품위 있는 노동, 지구를 치유하는 수확, 그리고 동물들을 위한 정의에 이르기까지 풍성한 영양과 선함으로 빛나고 있다.

엄격한 규제나 마지못한 절제의 위협과는 거리가 멀다. 비건 세계가 약속하는 것은 바로 아름다움, 내면의 갈망과 외부의 풍요로움이 한데 모여 이루는 조화다. 시인 데이비드 화이트David Whyte가 묘사했듯 말이다.

> 아름다움은 존재가 거둔 결실이다. 이미 우리의 내면 깊은 곳에 살아 있는 무엇이, 외부의 한 장면이나 소리를 통해 비춰오는 찰나에 찾아오는 덧없는 순간이다. 그때 눈과 귀, 그리고 상상력이 문득 '여기'와 '저기'를 잇는 다리가 되어, 우리를 갈라놓던 분리와 거리, 타자에 대한 두려움을 지운다.[2]

이 두려움을 지워내는 아름다운 경험이 처음에는 버겁게 느껴질 수 있다. 우리가 가까이 다가가야 할 타자 속에는 다른 동물들, 초록별 지구 그 자체, 그리고 아마도 가장 두려운 비건의 씨앗까지 포함되어 있기 때문이다. 우리 대부분에게 '이미 깊은 내면에 살아 있는 무엇'은 단순하지 않고 매우 복잡하게 얽혀 있다. 브라이언트가 조언하듯, "몸으로부터 시작해 머리로 옮기고, 마지막에 정치로 나아가라"라는 말은 이 오래된 지혜를 존중하는 것이다. 즉, 인간은 하나의 단일한 자아가 아니라 언제나 서로 다른 많은 부분이 함께 얽혀 살아가는 '작은 공동체'라는 통찰이다. 그 부분들은 서로에게 꼭 필요하지만, 우리가 그 역할의 차이와 복잡한 관계성을 의식적으로 인정하고 존중하지 않을 때는 종종 서로 엇갈리기도 한다.[3]

　선승이자 평화운동가였던 틱낫한Thich Nhat Hanh은 저서 《쉬기 명상》에서 인간으로서 살아간다는 과제를 불화와 갈등이 자주 일어나는 여러 지역(몸, 마음, 정신)을 평화롭게 다스리려는 군주의 임무에 비유한다.[4] 이 복잡한 내면 생태계를 자애롭게 다스린다는 것은 태어나기도 전부터 우리를 지배해 온 체계로부터 힘을 끌어내야 한다는 뜻이다.

우리는 모두 육체라는 겸허한 기원을 공유한다. 영양분을 섭취하고, 성장을 조절하며, 노폐물을 배출하는 신체적 시스템 속에서 태어나는 것이다. 이 유한한 육체의 조건을 버텨내려면, 우리는 태아 시절부터 이미 깊이 형성되는 인간관계 속에서 끊임없이 사회화 과정을 겪어야 한다. 태어난 지 7개월쯤 지나야 비로소 가장 오래된 감정인 두려움과 분노가 싹트는데, 이는 타인의 보살핌이 절실히 필요한 데서 비롯된 원초적 반응이다. 지적 능력은 돌발적으로 터져 나오며, 돌봐주는 사람이 곁에 있는지 없는지를 감지하고 기억하는 힘은 말의 의미와 사용으로 이어진다. 그리고 유아기에 이르면 함께 간식을 나누고 따뜻한 포옹을 나누는 기쁨, 장난감을 독차지하거나 상처 주는 말을 듣는 슬픔이 '옳음과 그름'으로 나뉘며, 정의롭거나 부당한 도덕적 행위로 자리를 잡아 간다. 지적 능력은 돌발적으로 터져 나오며, 돌봄을 주는 사람이 곁에 있는지 없는지를 감지하고 기억하는 힘은 곧 말을 이해하고 사용하는 능력으로 이어진다. 유아기에는 함께 나눠 먹는 간식과 진심 어린 포옹의 기쁨, 장난감을 마음대로 쌓아두는 바람에 혼이 나는 슬픔이 옳고 그름, 정의와 불의라는 도덕적 행위로 분류되기 시작한다.

우리는 그 이후로도 신체적·사회적·정서적·지적·도덕적 요소들을 조화롭게 가꿀수록, 타인이나 세상과 더불어 안녕을 도모하며 살아가고 자라난다. 이러한 과제를 풀어가는 방식은 배고픈 상태로 육아하지 않도록 아침을 든든히 챙겨 먹는 것만큼 쉬운 일일 수 있다. 혹은 글이 막힐 때는 러닝머신 위에서 땀을 쏟아낸다든지, 또는 생각만 해도 짜증 나는 출근길을 사랑하는 사람과의 포옹으로 옥시토신이 주는 평온함을 충전한 후에 나서는 것일 수도 있다.

우리 안의 내면 생태계를 관리하는 일은 무척 어렵게 느껴질 때가 있다. 가령 독이 되는 관계가 당신을 폭발 직전까지 몰아가는데도 마음은 배의 직감과 머리의 이성을 아랑곳하지 않고 무심하게 외면할 때, 혹은 한 달 동안 제대로 관리하지 않은 채 출장을 다니며 외로움을 견디다 못해 술에 취한 채 더러운 모텔 방바닥을 구를 때. 또는 배는 햄버거가 너무 먹고 싶지만, 마음은 소를 다정히 쓰다듬고 싶고, 머릿속에서는 옛 습관을 변호할지 새로운 길을 탐색할지 흔들리는 내 모습에 친구들이 어리둥절한 눈길을 보내는 순간이 그렇다.

우리의 건강과 행복을 온전히 실현하려면, 아리스토텔레스의 표현처럼 '번영'하려면, 우리 내면의 여러 지역이 조화를 이루어야 한다.[5] 우리가 건강하지 못할 때는 여러 지역이 전쟁을 치르고 있는 경우다. 그들 사이에 평화를 이루기 위해서는 각 지역을 속속들이 알아야 한다. 그들의 강점과 약점, 불안한 지점, 어떤 지방이 자연스럽게 잘 협력하는지, 또 어떤 지방이 성격상 서로 대립하는지를 파악해야 한다. 그리고 무엇보다 중요한 것은 필요한 동맹을 구축하기 위해 가장 먼저 누구에게 먼저 다가가야 하는지를 아는 일이다.

바로 여기서 브라이언트의 조언인 "몸에서부터 시작하라"라는 말의 탁월함이 선명하게 드러난다. 끝없이 순무 죽만 먹어야 한다는 생각에 속이 울렁거리고, 그로 인해 어김없이 닥쳐올 사회적 낙인을 떠올리며 마음이 철렁 내려앉는다면, 비건 세계의 아름다움을 상상하기가 어렵다. 혐오와 불안은 상상하는 데 가장 큰 걸림돌이다. 만약 우리의 내면 생태계에서 비건 세계의 아름다움으로 통하는 창을 열고 싶다면, 먼저 배를 채우는 일부터 시작해야 한다. 그 자리가 맛있는 음식이 넘쳐나고 마음을 편안하게 해주는 이들과 함께한다면 더없이 좋다.

다섯 대륙의 귀한 음식 전통을 담은 서른네 가지 비건 칠리를 내놓아, 각자가 마음이 맞는 사람을 찾으면서도 전혀 다른 새로운 친구들과도 옥수수빵을 나눌 수 있을 만큼 다양한 군중을 감동하게 해야 한다는 뜻은 아니다. 그러나 수백 명에게 칠리를 대접하든, 두 사람에게 타코를 내놓든, 가장 우선하고 중요한 과제는 분명하다. 비건으로도 음식과 사회적 관계에서 오는 본능적인 즐거움을 얼마든지 풍성하게 누릴 수 있으며, 그것은 또한 다양한 상황 속에서도 가능하다는 확신을 주는 것이다.

유행하는 멋진 식당에서 뜻밖의 훌륭한 한 끼를 맛보는 것으로는 충분하지 않다. 우리는 이별의 상처를 견디게 해줄 피자 한 조각이나 한 주의 피로를 씻어낼 금요일 밤의 맛있는 배달 음식, 졸린 눈을 비비고서라도 나가고 싶게 만드는 토요일 브런치도 있다는 것을 확신할 수 있어야 한다. 가슴 설레는 데이트 밤도, 야외 바비큐나 캠핑에 어울릴 간편식도, 바쁜 날 간단히 먹을 한 끼도, 값이 저렴한 음식도, 까다로운 아이들조차 입을 대는 메뉴도 있어야 한다. 슈퍼볼 파티에서 과하게 먹고 나서 후회할 만큼 푸짐하게 차려 낼 음식도 있어야 한다. 아이들을 먹이고도 파티에서 흥겹게 즐길 수 있는 장면을 상상할 수 없다면, 우리는 비건 세계에서 번영하는 삶 또한 상상할 수 없을 것이다.

그래서 비건 축제에서는 환대를 최우선으로 삼았다. 참가자들이 새로운 비건 일상을 맛있고, 편안하며, 즐겁게 상상할 수 있도록 한 것이다. 동네 식당들은 온종일 끊임없이 풍성한 특별 메뉴를 내놓았다. 아침에는 비건 치킨과 와플, 점심에는 부모들을 위한 푸짐한 델리 샌드위치와 아이들을 위한 테두리를 뗀 샌드위치, 그리고 모두를 위한 아기 얼굴만 한 컵케이크가 차려졌다. 저녁에는 에티오피아식 스튜 한 접시, 아홉 시에는 매운 닭 날개와 맥주, 자정에는 야식으로 즐길 구운 감자 피자를 대접했다. 학생 활동가들은 간단한 수제 살사가 어떻게 콩, 옥수수, 쌀, 채소 같은 값싼 기본 재료를 한 주 동안 즐길 만한 근사한 부리토로 바꿀 수 있는지 직접 보여주었다. 후원하는 식품 회사들은 점심 도시락에 곁들을 비건 햄과 힙색에 넣어 다닐 수 있는 하루 견과, 그리고 플라스틱 호박 바구니에 담을 사탕까지 보내주었다.

물론 미시간 서부가 자랑하는 집밥 요리사들도 수십 가지 칠리를 만들었다. 각자가 자기 문화와 역사를 담아내, 아크라에서 멕시코시티, 선전에서 자그레브까지 이어지는 음식 문화를 당신 앞에 있는 머핀 틀에 펼쳐 놓았다. 세상 어디에도 열두 그릇의 칠리가 보여주는 영혼을 울리는 요리를 맛보고, 배가 터질 듯 먹는 것만큼(아

직 스무 가지 가까운 칠리가 남아 있다는 사실을 알면서도!) 위안을 주는
경험은 없을 것이다. 서른네 가지 칠리의 따뜻한 품에 안기면, 날마
다 생으로 샐러리만 씹다 홀로 죽을지 모른다는 두려움은 순식간에
사라져 버린다.

혹시 조금이라도 의심이 남아 있었다면 브라이언트 테리와 다른
셰프들, 블로거들이 말끔하게 지워주었다. 소풍이든 파티든, 결혼
식이든 장례식이든, 허름한 식당의 저녁이든 호화로운 시식 메뉴
든, 하늘 아래 비건 요리가 품격을 높이지 못하는 자리는 어디에도
없다는 사실을 확실하게 보여준 것이다. 게다가 우리가 미처 알지
못했던 부가적인 혜택까지 넉넉히 곁들여 주었다.

이 추가적인 혜택의 아름다움을 깨닫는 일은 곧 '머리로 나아가
는 것'이다. 미각적 쾌락과 공동체 구성원으로서의 소속감을 희생
할 필요가 없다는 확신으로 배와 마음이 가득 차면, 그동안 연약한
내장을 보호하려고 세워두었던 지적 방어막들이 서서히 걷히기 시
작한다. 배가 만족하면 머리가 마음과 솔직하게 대화할 수 있게 된
다. 그때 우리의 관심과 사랑은 답답한 회의주의가 아니라 호기심
넘치는 상상력 속에서 자양분을 얻고 자라난다.[6]

비건 축제 '웨이크업 위켄드'의 기본 전제는 이러했다. 머리를 위
해 축제가 배와 마음을 위한 축제만큼 풍성하다면, 내면 생태계 속
의 모든 구성원을 사로잡아 가 지역이 서로를 북돋우며 협력하고,
마침내 전체 영토에 걸쳐 비건 세계의 아름다움에 대한 의식이 깨
어날 수 있다는 것이다.

기쁨에 찬 배는 머리를 더 호기심 많게, 마음을 더 자비롭게 열어

준다. 상상이 깃든 머리는 순진한 마음에 새로운 방식을 보여주며 공감 능력을 더 넓은 경험의 세계로 확장한다. 열린 마음은 세상은 결코 그토록 위협적인 곳이 아니며, 사랑의 품 안에서 훨씬 더 눈부시게 빛난다고 완고한 머리와 불안한 배에 속삭인다. 그리고 배와 마음, 머리가 램지 루이스 트리오^{Ramsey Lewis Trio} 같은 유명한 재즈 트리오처럼 환상적으로 호흡을 맞출 때, 우리의 사회적 본능과 도덕적 판단은 새로운 가능성으로 고동친다. 그런 가능성은 이 내적 즉흥 연주가 아니었다면 절대 우리 안에서 일어나지 못했을 것이다.

하지만 우리의 내면 생태계는 저마다 다르다. 음식을 통해 비건의 비전이 배에서 머리로 옮겨가는 과정에서, 어떤 날 어떤 사람이 어떤 요리를 가장 맛있게 느낄지 예측하기는 어렵다. 그래서 우리는 다양한 분야의 사람들이 자연스럽게 어울릴 수 있도록 다양한 음식을 준비했다. 활동가와 교수, 예술가와 과학자, 다큐멘터리 감독과 공중 보건 전문가, 목회자와 경제학자들을 초대해, 새로운 비건 일상이 도래했을 때 각자의 영역이 어떻게 아름답게 달라질 수 있는지를 조명하게 한 것이다.

그 비전은 비건 세계의 모든 아름다운 구석구석을 빛으로 밝혀 변화된 전체, 새로운 세계를 미리 보여주며 우리에게 작지만 꼭 필요한 자기 몫을 기꺼이 이어가고자 하는 열망을 불러일으킨다. 그런 비전을 만나게 되면, 우리는 일상 곳곳에서 비건을 지향하며 충만하게 살아가는 자기 모습을 더욱 선명하게 그려볼 수 있다. 그리고 가족이 모인 거실에서부터 교실, 휴게실, 시위 현장, 체육관, 등산길, 예배당에 이르기까지 우리가 그 안에 속해 있고 환대받고 있

배고프고 아름다운 동물들

음을 느끼게 된다.

솔직히 말해, 이 지적 향연은 누구보다도 나 자신에게 필요했다. 철학자로서 내 전략은 추상적 이론에 편중되어 있었고, 파티에서 분위기를 주도하는 능력은 턱없이 부족했다. 그래서 비건으로 살아가고 다른 이들까지 설득하려는 일이 내 인간관계를 얼마나 복잡하게 만들지에 적잖은 불안을 품고 있었다.

실제로 내 학생들과 친구들, 가족들은 내가 매혹된 비건에 관한 철학적 논거에 별다른 관심을 보이지 않았다. 이들은 내가 수년간 마음속에서 붙들고 있던 고민을 오히려 자연스럽게 알아차린 듯 보였다. 철학적 추론은 오래된 과거와 전통에서 결점을 발견하고 우리의 입장을 더 분명하게 하는 데는 유용하지만, 동시에 지성의 추상적 힘을 지나치게 높이 평가하게 만들고, 현실의 복잡한 상황 속에서도 신념을 지켜내고 관계를 지속하는 데 꼭 필요한 다른 지적인 자원들(그리고 내면 생태계의 다른 요소들)을 과소평가하게 만들기도 한다.

누구나 비슷한 경험이 있을 것이다. 똑같이 설득력 있는 두 생각 사이에서 갈피를 잡지 못할 때, 우리는 종종 감정에 귀 기울이거나 몸의 반응을 살피거나 수변 분위기를 읽으며 결정을 내린다. 그런데 시선을 자기 내면에서 공동체로 옮기는 순간, 추상적인 논증은 현실의 복잡함을 지나치게 단순화하기 쉽다. 그 결과 어떤 사람들에게는 비건으로 사는 일이 더 무겁게 느껴지거나 낯설게 다가올 수밖에 없는 중요한 차이들이 간과되거나 제대로 인식되지 않는다. 이렇게 되면 결국 '모두에게 똑같이 적용되는 비건주의'라는 틀에

갇히게 되고, 그 결과 개인에게도 공동체에도 도움이 되지 않는다.[7]

내 주변 사람들은 특히 두 가지 문제를 크게 걱정했다. 첫째는 비건으로 사는 일이 미국의 '식품 아파르트헤이트apartheid' 즉, 유색인종 공동체가 산업형 식량 시스템의 혜택은 거의 누리지 못하면서도 그 피해와 부담은 더 크게 짊어지는 불평등한 현실과 어떻게 연결되는지에 충분히 주목하지 않는다는 점이다.[8] 둘째는 전 세계 인류의 대다수에게 종교가 사회적·정서적·지적·도덕적 삶의 중심적인 역할을 하는데도 종교 공동체를 존중하지 않는 태도다.[9]

그 대다수 안에는 내 학생들, 친구들, 가족들도 포함된다. 아, 물론 나 자신도. 이런 게 바로 지적 소외감인가 보다. 나는 동물 해방을 위한 대중적인 주장을 제시하려 하지만, 나와 가까운 사람들 대부분은 나와 다른 세상에 살고 있다. 내가 공동체를 설득하려고 추천하는 책들은 어땠을까? 아이러니하게도 우리가 해결하려는 문제의 원인이 대부분 종교에 있다고 보는 저자들의 작품이었다. 앞으로는 그렇지 않기를 바라지만, 종교가 동물 문제에 개입해 온 역사를 협소하지만 문화적으로는 지배적인 관점(바라건대 미래에는 그렇지 않기를 바라는)에서 본다면, 그들의 주장에도 일리는 있다. 그러니 내가 종교 공동체에 사실상 이렇게 말하고 있었던 셈이다. "여러분, 피터 싱어Peter Singer의 《인간의 지배(Man's Dominion)》를 읽어보세요! 거기서 동물들의 고통은 유대-기독교 전통의 인간 예외주의 탓이라고 지적하거든요. 그러니 답은 간단하죠. 이제 다 같이 비건으로 살자고요! 와우!"[10] 이쯤 되면 나는 차라리 '정체성을 지키려는 방어 본능'을 자극해서 역효과를 내는 법을 가르치는 워크숍을

연 것이나 다름없다.

나는 가족이나 친구, 동료들이 내 지적 능력의 한계와 그 능력에 대해 나 자신도 확신하지 못하고 있다는 사실을 눈치채고 있을지 모른다는 불안에 시달렸다. 내가 인상 깊게 여기는 철학적 주장을 들으며 그들이 하품을 참지 못할 때 이미 느낄 수 있었고, 그 논거가 지적으로는 설득력 있다면서도 정작 자신들의 사회적·정서적·도덕적 변화를 이끌 만큼은 충분하지 않다고 말할 때는 더욱 분명해졌다. 나는 그들이 틀렸기를 바랐지만, "비건은 백인 엘리트들의 취향일 뿐, 억압받는 공동체와 진정한 연대를 이루는 길이 될 수 없다"라는 그들의 말이 맞을지도 모른다는 두려움을 지울 수 없었다. "인간은 피조물을 다스리는 존재야." "신이 동물을 먹으라고 주셨잖아." 그런 반박이 터져 나올 때마다 가슴이 철렁 내려앉았다. 종교를 부정하는 비평가들이 이미 예견했던 반응으로 나는 그 어느 쪽에도 맞서거나 영감을 줄 만한 이야기를 건넬 수 없었다.[11]

하지만 비건 축제 '웨이크업 위켄드'에서 우리가 마련한 지적 향연은 이 모든 생각을 완전히 바꾸어놓았다. 이는 함께 축제를 준비한 동료이자 가장 가장 가까운 협력자였던 아담 월파Adam Wolpa와 미셸 로이드-페이지Michelle Loyd-Paige 목사 덕분이다. 월파는 내가 추상적인 논증의 세계를 넘어 직접적인 체험의 호기심으로 나아가게 해준 사람이었다. 조각가이자 판화가, 그리고 미술학 교수인 그는 매년 비건 축제를 위해 대규모 전시를 기획하고, 축제의 마지막 날에는 우리 대학 도심 미술관에서 '작가와의 만남'을 열었다. 그 일정은 (우연이 아니라 의도적으로) 칠리 요리 대회와 같은 날에 맞춰졌다. '무료 칠리', '갤러리 나들이', '비건 운동'이라는 세 부류의 관객층이 거의 겹치지 않는다는 것을 알았지만 바로 그 점이 그가 노린 핵심이었다.

콜라주 예술가이자 지역사회 조직가로서 월파의 진가는, 서로 어울릴 것 같지 않은 요소들을 유쾌하고 환대 넘치게 엮어 창의력과 열린 사고를 불러일으키는 데 있었다. 그의 천재성은 그가 수작업으로 인쇄한 행사 프로그램이든, 전시된 작품이든, 여기저기 돌아다니는 확성기로 해설하는 모습이든 어디서나 드러났다. 그는 시각 예술과 퍼포먼스의 힘을 빌려 사람들의 주의를 사로잡고, 가르치려 드는 지적 접근에 방어적으로 반응하던 이들의 마음에서 변화에 대한 호기심을 끌어냈다.[12]

수많은 월파의 성공 사례 중 내가 가장 좋아하는 것은 내가 택했던 방식이 얼마나 실패했는지와 비교하면 더욱 빛난다. 월파는 디트로이트 예술가이자 도시 농부인 케이트 도드릴Kate Daughdrill을 초청해 '수제 아이스크림 만들기 워크숍'을 열었다. 방문객들은 와플 콘과 각종 토핑으로 꾸며진 아기자기한 테이블에 시선을 빼앗겼고, 레이스 천으로 둘러친 천막 안으로 들어가 낡은 나무 아이스크림 제조기를 돌리며 케이트와 함께 아이스크림을 만들었다.

하지만 실제로 그 아이스크림을 먹은 사람은 만들던 사람보다 훨씬 적었다. 왜냐하면 그것이 기증받은 인간 모유로 만든 아이스크림이었기 때문이다. 맛을 보려면 동의서에 서명해야 했다. 잠시 후, 내 세미나에 참여하던 한 학생이 천막에서 나와 눈이 번쩍 뜨인 표정으로 내게 손을 흔들며 달려왔다. 손에는 요리 대회 경품으로

배고프고 아름다운 동물들

받은 토퍼키^{Tofurky}(두부로 만든 칠면조 슬라이스 - 옮긴이) 상자를 들고 있었다. "교수님, 솔직히 말해서요, 수업 시간에 우유의 윤리 문제에 관해 얘기하실 땐 별생각 없었거든요. 근데… 와, 이건 진짜 다르네요." 겸허해지면서도 전율이 일어나는 그런 순간이었다.

월파가 나에게 논쟁만으로는 도달할 수 없는 생각의 영역을 체험으로 열어 보일 수 있다는 사실을 보여줬다면, 미셸은 인종과 종교의 경계를 넘어선 더 넓고 온전한 시선으로 비건의 삶을 상상할 수 있게 했다.

미셸에 대해 꼭 알아야 할 것이 있다면, 그녀의 '비건처럼 먹기'에 대한 헌신은 정말 전설적이라는 점이다. 가족과 교회, 대학은 물론 그녀가 사회학 교수이자 목사, 예배 무용가, 다양성 컨설턴트, 기업가, 팟캐스트 진행자, 개인 건강 코치로 섬기고 있는 모든 공동체에서 그렇다. 정말이지, 한 번은 연말 비건 박람회에서 그녀를 우연히 발견했는데, 가장 세련된 비건 핸드백 부스를 직접 지키고 있었다. 비건이 된다고 해서 반짝임과 화려함을 잃을 필요는 없다는 걸, 그녀는 그 가방들로 증명하고 있었다. 나는 그저 감탄한 채 비건 도넛을 먹으며 그녀를 바라볼 뿐이었다.

우리는 여러 해 동안 동료로 함께했지만, 진심으로 뜻을 함께하게 된 계기는 비건 칠리와 브라이언트 테리의 요리를 사랑한다는 공통점 덕분이었다. 둘이서 학과 예산을 맞춰 브라이언트를 캠퍼스로 초청하기로 계획을 세우던 중, 나는 내 '동물 윤리학' 수업 이야기를 꺼냈다. 언제나처럼 내 강의 계획서가 너무 단조로운 구성이라는 평계를 늘어놓자, 미셸은 곧 출간될 자신의 책에 실을 원고 초안을 보여주며 내 수업에서 함께 이야기해 보자고 제안했다.

그 책은 바로 브리즈 하퍼Breeze Harper 박사의 고전인 《시스타 비건 Sistah Vegan: 흑인 여성들이 말하는 음식, 정체성, 건강, 사회》였다. 이 책은 비건을 소수만의 폐쇄적이고 규율 중심의 식단으로 보지 않고, 각자가 자신의 깨달음에 따라 살아가는 전체적이며 포용적인 삶의 방식으로 그려냈다. 그 실천은 개인을 넘어 공동체와 다른 생명들, 그리고 지구 전체에까지 그 영향력을 넓혀 간다.[13] 이 책을 통해 나는 비건으로 사는 일이 어떻게 시민권 운동, 여성 해방, 환경적 인종차별 해소, 그리고 식품 불평등 철폐라는 서로 맞물린 과제들에 기여할 수 있는지 새롭게 이해하게 되었다. 《시스타 비건》은 또한 나에게 비건으로 사는 삶의 변혁적 치유력은 결코 '모두에게 똑같이 적용되는 비건 근본주의'로는 담아낼 수 없다는 확신을 심어주었다. 하퍼는 서문에서 이렇게 말한다. "이 책이 지닌 아름다움은, 우리가 흑인 여성으로서 정체성을 공유하고 있으면서도 서로 다른 목소리와 경험이 살아 있다는 데 있다."[14]

《시스타 비건》에 실린 미셸의 글 '생각하며 식사하기(Thinking and Eating at the Same Time)'는 내가 논증·인종·종교 문제를 두고 느끼던 불안의 핵심을 정확히 꿰뚫는 통찰로, 이를 매우 선명하게 보여주었다. 미셸에게 '생각한다'는 것은 보편적으로 적용되는 추상적 논증을 익히는 일이 아니다. 오히려 '내가 누구인가'와 '세계가 어떤 곳인가' 사이의 숨은 연결이 불현듯, 그리고 지워지지 않을 만큼 선명하게 드러나는 신비로운 순간으로부터 배우는 감응의 행위다.

미셸에게 그 각성의 순간은 남편에게 닭 날개 여섯 조각 세트를 사기 위해 줄을 서 있던 평범한 일상에서 찾아왔다. 그녀의 마음이 문득 '그 여섯 조각을 위해 죽은 세 마리 닭의 나머지 부분은 어디로 갔을까?'라는 질문으로 향했을 때였다. 이 사소한 호기심이 어떻게 세상을 바꿔놓을 깨달음으로 이어졌는지는, 목회자 미셸의 설교 속에서 직접 들을 수 있다.

제 사고방식과 식습관은 '카이로스의 순간(moment)'이라 부르는 일을 계기로 완전히 달라졌습니다. '카이로스Kairos'는 고대 그리스어로 '적절한 때', '기회의 순간'을 뜻합니다. 제가 믿는 종교에서는 '하나님의 뜻이 드러나는 정해진 때'를 의미하기도 합니다. 그 정해진 때에, 서로 관련 없어 보이던 네 가지 생각이 하나로 맞물리며 나를 불편한 깨달음 속으로 끌어당겼습니다. 방금 내가 강의에서 이야기했던 세계 식량 분배의 불평등, 닭 사육의 잔혹함에 대해 PETA(동물의 윤리적 대우를 위한 모임)에서 봤던 희미한 문구, 40일 동안 신앙적 이유로 고기와 유제품을 끊었을 때 몸이 놀라울 만큼 가벼워졌던 기억, 그리고 진정성 있는 삶을 살고자 하는 저의 바람. 이 모든 것이 한순간에 이어지며, 적어도 음식 문제만큼은 제가 믿는 신앙에 따라 살고 있지 않다는 사실을 뼈저리게 깨달았습니다.[15]

비건으로 산다는 것을 더 진정성 있게, 그리고 더 온전한 정의의 비전을 향해 살아가라는 우주의 개인적 부름으로 이해할 수 있게 된 것은 내 불안을 잠재우고 마음에 불을 지핀 완벽한 처방이었다. 그 덕분에 나는 비건으로 사는 삶이 지닌 가능성을 내 공동체에 전하고 싶다는 열망으로 가득 찼다.

'머리로 나아간다'는 것은 당신에게 전혀 다른 모습으로 찾아올지도 모른다. 어쩌면 당신의 '카이로스의 순간'은 인간 모유로 아이스크림을 저어 만들던 중에 찾아올 수도 있다. 그때 문득 이렇게 깨닫게 될지도 모른다. 소젖은 송아지를 위한 것이고, 송아지 몸에 200킬로그램의 살을 붙이기 위해 만들어진 액체를 성인 인간이 마시는 건 결코 건강할 리 없으며, 우리가 소젖은 맛있다고 여기면서도 스컹크나 나무늘보·고래·인간의 젖은 역겹다고 여기는 건 꽤 이상한 일이라는 것을. 우주의 부름이라는 말이 다소 거창하게 들릴 수도 있다. 하지만 신체적 건강, 도덕적 각성, 사회 정의의 조화로운 연결에 대해 자각하는 일만으로도 그 자체가 지적으로 충분히 고무적인 경험이 될 수 있다.

오프라가 늘 인용하듯, 테니스 챔피언 빌리 진 킹의 말에는 지혜가 담겨 있다. "그것을 눈으로 보고, 믿을 수 있다면, 이루는 일은 훨씬 쉬워진다." 비건 축제의 멋진 사람들은 바로 그 말을 몸소 보여주었다. 그들은 비건의 삶과 일, 그리고 실천이 어떻게 문화적 각성과 사회적 변화를 불러일으키는 공동체의 비전 안에서 소속이 주는 힘과 결단의 영감을 동시에 키워 줄 수 있는지를 생생하게 증명해 보였다. 그들은 우리에게 아름다운 비건 세계를 엿볼 수 있는 창을 보여준 데 그치지 않았다. 각자가 지닌 관점과 열정, 재능이 어떠하든 그 세계를 실현하려는 여정 속에서 우리의 내면 생태계를 조화롭게 맞추어 그 축복에 온전히 참여하는 방법까지 보여주었다.

배고프고 아름다운 동물들

그들이 증명한 것은 단순했다. 비건으로 살아가는 것은 가능할 뿐 아니라, 기쁜 일이라는 것이다. 비건 운동선수로, 부모로, 친구로, 과학자나 예술가, 종교인이나 학자, 활동가로 혹은 어쩌면 그 모든 역할을 동시에 품으며 살아갈 수도 있다는 것을 말이다. 비건으로 나아가는 삶의 진정한 아름다움은 그 비건 세계를 상상하고 실현하려 애쓰는 과정에서 우리의 내면이 변모하는 방식에 있다. 그 과정은 우리 존재 전체를 자양분으로 채워 몸과 감정, 관계와 지성, 그리고 도덕적 자아가 서로의 마찰 없이 자연스럽게 협력하도록 이끈다. 우리 안의 비건 씨앗이 깨어나기 전까지는 좀처럼 경험하지 못했던 내적 자유와 활력 속에서 말이다.

우리 대부분에게 이런 불편하고 때로는 수치심까지 불러일으키는 존재적 불협화음은 낯설지 않다. 진실과 그 진실을 말하는 사람들 앞에서 위장이 뒤틀릴 듯한 두려움 때문에 자기 자신에게 거짓말하게 만드는 일들 말이다. '알고 있지만 신경 쓰지 않는' 상태("그건 나쁘지, 그래도 어찌 되었든 동물이잖아."), '관심은 있지만 잘 모르는' 상태("노동자의 권리를 보장하라! 근데 저 고기 좀 더 줘!"), '알고, 마음 아파하면서도 행동하지 못하는' 상태("이걸 먹으면 안 되는데… 그래도 한 입만."). 이런 내적 갈등은 우리를 교묘히 몰아세워 싸우거나 도망치거나 얼어붙게 만든다. 심지어 우리가 그 순간 부끄러움을 뼈저리게 느끼고, 유치원 시절에 배운 윤리를 이렇게 선택적으로 잊어버리는 일이 얼마나 부당한지 잘 알고 있을 때조차 그렇다.

하지만 비건으로 살아갈 때, 단단한 배와 자비로운 마음, 그리고 호기심 많은 머리는 완전하고 열린 협력이 가능해진다. 그 조화로움은 비위 상함, 무관심, 방어적 태도에 얽매이지 않은 사회적 자각과 도덕적 통찰을 가능하게 한다. 마음은 그때 비로소 아름답든 끔찍하든 마음이 움직일 만한 일에 온전히 움직일 자유를 되찾는다. 머리는 정당한 우려를 합리화하며 밀어내지 않고, 과학과 학문의 길을 따라 이제는 더 이상 의미를 잃은 태도·전통·산업·관행에서 벗어날 자유를 얻는다. 비건으로 산다는 것은 과학의 발견에 대한 존중과 개인의 윤리, 그리고 가정과 일터, 소비 속에서의 일상적 행동을 일치시키는 일이다. 그것은 우리가 사랑하는 가족과 친구, 반려동물에게 기꺼이 베푸는 돌봄과 존중, 공감의 마음을 상징적으로 그리고 실제로 모든 생명에까지 확장하는 일이다.

혹시 내가 빈말로 기분 좋은 소리만 늘어놓는다고 느낄까 봐 분명히 말하자면, 비건의 아름다움을 이야기한다고 해서 우리가 지금의 현실을 외면하거나 부정하는 것은 아니다. 우리의 식량 시스템이 지닌 복잡한 문제들, 그리고 그것을 바꾸려는 개인적·집단적 도전과 진실하게 마주하려면 결코 달콤함과 빛으로만 숨 쉴 수는 없다.

그러나 비건 축제 '웨이크업 위켄드'의 무대 조명은 언제나 한 가지를 비추고 있었다. 우리가 처한 현실을 정직하게 직시하되, 그것에 용기와 기쁨으로 응답할 때 얻게 되는 것들 말이다. 무엇보다 '비건주의가 무엇에 반대하는가'가 아니라, '비건으로 산다는 것이 무엇을 위한 것인지'에 초점을 두고 있었다. 즉, 풍요로운 자아와 정의로운 공동체를 향한 우주적 해방의 여정, 비건 세계가 우리에게 내미는 그 아름다운 비전에 있었다. 유치원 윤리가 우리에게 새

배고프고 아름다운 동물들

로운 식습관을 요청한다면 그것은 금욕과 경직, 결핍의 삶으로 우리를 몰아넣기 위함이 아니라, 함께 힘을 모아 지금의 질서를 변화시킬 때 우리가 누릴 수 있는 해방과 가능성, 그리고 모두를 위한 풍요의 세계를 보여주기 위해서다.

비건 세계가 품고 있는 풍요로움은 숨이 멎을 만큼 경이롭다. 진정한 세계의 참됨과 아름다움, 선함이 어떤 모습일지, 그리고 그 비전을 추구하는 삶이 어떻게 펼쳐질 수 있을지를 탐구하며 20여 년을 가르치고 연구해 왔지만, 비건으로 사는 것만큼 생명력과 풍요로움을 한데 모아내지는 못했다. 비건으로 산다는 것은 내면과 외면의 에너지를 절약하고 응축하여, 그 힘을 자기 자신과 세상을 변화시키는 봉사와 창조의 방향으로 다시 돌리는 일이기 때문이다.

비건으로 살아간다는 것은 내적으로 우리 자신을 신체의 염증, 인지적 부조화, 정서적 혼란, 도덕적 위선으로부터 구하는 일이고, 외적으로는 우리의 식생활을 위해 착취하고 있는 막대한 토지, 물, 곡물, 의약품, 전염병 위험, 노동 착취, 그리고 동물의 고통으로부터 인류 전체를 구하는 일이다. 이로써 우리는 모든 존재가 더 풍요롭게 살아갈 새로운 방식을 추구할 수 있는 막대한 에너지를 되찾는다. '새로운 비건의 기준'을 정착시키는 일은 인간의 번영을 위한 완벽한 해법이다. 그것은 개인의 이익을 분석하는 자기중심적 관점에서도, 공동체의 복지를 다루는 이타적 관점에서도 마찬가지다.

물론 내가 여기서 '우리'라고 말한다고 해서, 완벽하게 단일한 연대나 균질한 집단을 상상해서는 안 된다. 내가 처음 동물 윤리를 가르치던 시절, 학생들에게 가장 흥미로운 토론을 불러일으킨 네 명의 저자는 다음과 같다. 여성의 재생산권 운동에서 출발해 '효과적 이타주의'를 비판한 장로교 생태여성주의자 캐럴 J. 애덤스[16], 안락사의 권리를 옹호하며 '효과적 이타주의'를 창시한 무신론자 도덕 철학자 피터 싱어[17], 조지 W. 부시 대통령의 수석 연설비서관으로 일하며 산업형 축산업을 신랄하게 비판했던 낙태 반대 성향의 공화당 전략가 매튜 스컬리[18], 그리고 이미 앞서 언급한 목회자이자 사회학자, 다양성 컨설턴트인 미셸 로이드-페이지[19]였다.

이들은 우리가 비건 세계를 목표로 삼고, 가능한 방식으로 그 이상을 향해 살아가기 시작한다면 지금의 세상보다 훨씬 나아질 것이라는 데 동의했다. 그러나 그들의 관점과 경험, 접근 방식은 그때도 지금도 근본적으로 달랐다.

'웨이크업 위켄드' 행사도 넓은 천막 아래에서 이루어졌다. 천막이 넓어질수록 의견 차이는 생기기 마련이다. 때로는 논쟁을 피할 수 없다. 아름다움이란 그저 체리 한 그릇처럼 달콤하고 단순한 것이 아니다. 그것은 훨씬 더 크고, 더 대담하며, 더 복합적인 빛깔을 지니고 있다. 지금처럼 사회운동이 문화 전쟁의 대립과 디지털 공간의 분열에 휘말리기 쉬운 시대일수록, 아름다움의 진짜 의미를 잊지 않는 것이 무엇보다 중요하다. 활동가이자 작가인 에이드리언 마리 브라운[Adrienne Maree Brown]은 이 지혜를 매우 아름답게 표현했다.

지금은 무언가를 비판하려는 사람이 너무 많다. 이들은 어떤 단체나 공동체에 속해 활동하지도 않으면서 인터넷에서 140자짜

배고프고 아름다운 동물들

리 글을 쓰며 평생을 보내고 있다. 비판만 하는 사람들을 볼 때면 나는 혼란스럽고 불완전하지만, 그 속에서 피어나는 변화의 아름다움을 지켜내고 싶은 마음이 든다. 저항과 봉기, 그리고 대중 운동에는 혼란스러움을 받아들이는 관용, 그리고 수많은 길이 동시에 열려 있음을 받아들이는 마음이 필요하다.[20]

현실의 추함과 변화된 세계의 아름다움 사이에는 브라운이 말한 '혼란스럽고도 역동적인 변화의 아름다움'이 놓여 있다. 그곳에는 우리가 바라는 진보를 향해 각자의 길을 걷는 과정에서 생겨나는 엇갈림과 시행착오, 충돌과 만남이 공존한다.[21]

그리고 바로 이 지점에서 '정치적 실천으로 나아가라'는 브라이언트의 마지막 조언이 비로소 힘을 얻는다. 배와 머리가 충분히 채워지고, 여정을 떠날 준비를 마쳤다면, 우리는 자신만의 고유한 경로를 설정해야 한다. 각자의 내면 생태와 세상 속에서 발휘할 수 있는 고유한 영향력의 형태에 따라, 풍요로운 자아와 정의로운 공동체로 향하는 자신만의 길을 찾아 나서는 것이다.

내 경험상, 내면이 평화롭고 생산적일 때, 우리는 공동체 속에서 자신의 역할과 사명을 더 명확히 볼 수 있다. 비건으로 살아가는 것은 바로 이러한 내면 생태를 현명하게 이끌어가는 리더십을 가능하게 하며, 그럴 때 비로소 각자의 고유한 방식으로 우리가 살아가는 세상에 평화와 정의를 실현할 가능성을 높일 수 있다.

영화배우 그레이스 리 보그스Grace Lee Boggs는 단호히 말했다. "세상을 바꾸려면 먼저 자신을 변화시켜라." 그리고 에이드리언 마리 브라운은 이 보석 같은 말을 이렇게 빛나게 다듬었다. "이 말은 자기 안에만 갇히라는 뜻이 아니라 우리의 삶과 일, 관계 자체를 정의와 해방, 그리고 서로와 지구를 조화롭게 하는 실천의 최전선으로 보라는 뜻이다."[22]

물론 웨이크업 위켄드에서 우리가 시도한 '정치로 나아가기'의 노력은 그 규모나 깊이 면에서 소박하지만, 높은 이상을 품고 있었다. 마르쿠스 아우렐리우스가 말한 '내면의 성채'든, 그 성벽 밖의 더 넓은 세계든 로마는 하루아침에 지어진 도시가 아니었다. 3부에서 살펴보겠지만, 영감을 주는 비건적 상상에서 출발해 우리가 그리는 비건 세계를 향한 일상의 실천으로 나아가는 길은 대개 느리고 서서히 타오르는 불씨와 같다. 그 여정에는 선택적 집중과 전략적 인내가 필요하다.

그렇지만 우리는 축제 참가자들이 개인에서 정치적인 삶으로 나아가는 자신만의 고유한 여정을 그려볼 수 있도록, 이미 그 길 위에서 내면의 변화를 공동체 속에서 구현하며 살아가는 사람들의 구체적인 사례를 보여주고자 했다.

예를 들어, 첫해 마지막 워크숍에서는 학생들이 전국 및 지역의 비영리 단체에서 온 동물 보호 활동가 패널과 함께 '캠퍼스에서 효과적인 지지 단체를 어떻게 만들 수 있을까?'를 주제로 직접 토론할 기회를 가졌다. 그로부터 몇 주 만에 비건 동아리 '자비로운 삶을 위한 학생회(Students for Compassionate Living, SCL)'가 정식으로 창립되었다. 그리고 몇 년 안에 그 모임은 교수진, 학생회, 다른 교내 단체들과의 탄탄한 연대 네트워크를 구축했다. 그 결과로 학교

급식 서비스에 변화를 끌어냈고, 비건 혹은 비건에 관심 있는 학생들을 위한 정기적인 교류와 지원의 장을 마련했으며, 매년 열리는 '웨이크업 위켄드' 행사에 헌신적인 자원봉사자 팀을 꾸려냈다.

그중 대담한 한 공동대표는 신입생 전체가 참여하는 봉사 프로젝트의 총괄 관리자로 자원해, 자기 영향력을 활용해 정의와 지속가능성을 대학의 가치로 삼는 취지에 걸맞은 출장 급식 서비스를 도입하고자 했다. 그 결과 천 개의 비건 점심 도시락이 제공된 지금, 그녀는 말 그대로 자신이 살고 싶은 도시의 변화를 직접 살아내고 있었다.

초창기에 내가 떠올린 가장 정치적인 실천은 바라던 변화를 실현하기 위해 교회에서 동물의 권리를 옹호하는 활동을 시도하는 일이었다. 그 결심을 행동으로 옮기기까지는 몇 년이 걸렸지만, 결국 해냈다. 우리는 저명한 철학자이자 성공회 사제였던, 이제는 고인이 된 마릴린 맥코드 애덤스Marilyn McCord Adams를 초청해, 다른 초빙 학자들과 지역 교구민들과 함께 '모든 생물의 번영'을 주제로 한 프로그램을 열었다. 애덤스는 이 행사를 위해 동물을 중심에 둔 새로운 예배문을 직접 작성했고, 인간과 동물의 깊은 생명의 유대를 기념하는 예배를 인도했다. 예배 후 이어진 교육 시간에는 내가 '먹는 행위는 정의의 실천이 될 수 있는가'라는 주제로 한 세션을 이끌었고, 이후 우리는 모두 함께 각자 준비해 온 비건 식사를 나누며 그 의미를 몸소 경험했다.

나는 지금, 브라이언트 테리가 동네 피자 가게에서 사람들로 가득한 가운데 감귤과 건포도를 넣은 콜라드 요리를 선보인 지 5년이 흐른 어느 일요일, 이 활기 넘치는 교회 지하실에서 다시금 소속의 아름다움이 주는 벅찬 감정에 사로잡혀 있다. 모든 것이 포근한 웅성거림으로 나를 감싸는 그 순간, 나는 마치 세상의 포옹 속에 완전히 녹아들어 내가 사라지는 것 같으면서도 동시에 생기를 느낀다. 물론 내가 이상적으로 생각하는 서른세 가지 칠리 요리가 식탁에 오르지는 않았지만, 나는 완전한 기쁨을 느낀다. 나는 지금, '비건으로 사는 것이 어떻게 우리의 내면 생태계를 조화롭게 하고, 그 힘을 세상과 타인에게 더 깊은 사랑의 형태로 드러낼 수 있는가'를 주제로 한 교회학교 수업을 마치고, 비건 칠리를 나누며 사람들과 하나의 공동체로 연결되고 있다.

한때 교회에서의 행복이 '돼지기름이 입술에 반짝이던 순간'이라고 느꼈던 나에게, 지금 눈앞의 칠리는 그때보다 훨씬 더 풍요롭고 깊은 맛으로 다가온다. 이 벅찬 소속감을 말로 다 표현할 수는 없지만, 당시에 내가 쓴 글을 보면 알 수 있다. "나는 다르게 살아갈 수 있다. 같은 세상 속에서도 새롭게 깨어나 존재할 수 있다. 나를 빚어온 힘들은 다시 빚어질 수 있다. 세상은 변할 수 있고, 나는 그 변화를 섬기는 사람이 될 수 있다. 그 여정이 비록 교회 지하의 작은 공간에서, 한 시간짜리 철학 수업에서, 단 하나의 비건 축제로부터 시작된다고 하더라도."

브라이언트의 요리 시연 현장에서 오렌지 기름과 마늘 향이 어우러진 공기, 그리고 다름 속에서도 하나로 연결된 듯한 전율의 에너지 속에서 내가 느꼈던 그 감정, 그리고 비건을 주제로한 교회학교 수업 후 한 그릇의 칠리를 들고 있을 때 손끝과 온몸으로 전해

배고프고 아름다운 동물들

졌던 감정. 그 모든 것이 지금 이 순간, 이 변화를 나누며 내가 다시 느끼는 감정이다. 감사함! 철학자가 미처 다 표현하지 못하는 느낌을 시인 데이비드 화이트는 이렇게 멋지게 묘사한다.

> 감사함은 우리 안과 밖에서 살아 움직이는 모든 존재들을 깨어 있는 의식으로 바라볼 때 찾아온다. 감사함이란, 우리가 단 한 번의 숨을 내쉴 수 있기까지 수많은 생명과 요소들이 함께 모이고, 엮이고, 호흡하며 서로를 살게 한다는 사실을 알아차리는 마음이다. 살아 있다는 것, 살아 있는 존재로서 이 세상에 참여하고 있다는 것, 그 자체가 이미 놀라운 축복이며 선물이다. 우리는 아무것도 아닌 존재가 아니라, 무언가 거대한 생명의 흐름 속에 기적처럼 이어져 있는 일부다.[23]

나에게 비건으로 살아간다는 것은 아름다움을 따라가다 감사에 이르는 경험, 그리고 욕망이 타인과의 상호의존 속에서 충만해지는 여정이었다. 그 상호의존은 우리 내면의 다양한 측면들과 다른 인간들, 그리고 다른 종의 존재들과 맺는 깊은 연결을 포함한다. 감사함은 우리의 내면과 외면을 하나로 엮어, 이 거대한 변화 속에서 우리가 맡은 작지만 아름다운 역할을 발견하도록 이끈다.

이처럼 우리의 내면 생태계가 더 너그럽고 조화롭게 자라날수록 우리의 오만함은 그만큼 줄어든다. 우리 안의 비건 씨앗이 점점 더 확신과 용기를 얻을수록 '오직 인간만이 개인적·공동체적 번영을 누릴 수 있다'는 생각은 점점 설득력을 잃는다. 그 대신 우리는 다른 존재들이 그들 자신으로 번영하는 모습에 기쁨을 느끼며, 그들의 번영이 우리의 이익과 상관없이 그 자체로 존중받아야 함을 깨닫는다.

이제 우리는 다른 생명들의 불필요한 고통과 죽음, 그리고 그것을 대신 집행하도록 강요하는 인간 착취가 우리의 이익을 위한 것이라는 오랜 착각에서 벗어나 자유로워진다. 그때 우리는 다른 종의 존재를 오롯이 그 자체로, 배고프고 아름답고 살아 있는 동료로 바라볼 수 있게 된다. 그들 또한 자신만의 쾌락과 고통, 목적에 따라 살아가며, 비록 우리에게는 낯설고 다 알 수 없다고 해도, 그들 나름의 방식으로 존재의 갈망을 경험하는 주체다. 비건 세계에서 우리의 감사는 그들이 번영할 밑거름이 될 것이다.

HUNGRY

BEAUTIFUL

ANIMALS

5장

동물

번영하는 생명체와 확장된 의식을 향해

매년 여름이면, 우리 세 가족은 벤쿠버 해안 인근 살리시해의 어느 아름다운 섬에 모여 실컷 먹고, 오랜 우정을 축하한다. 서로 떨어져 지내는 동안 느슨해진 가족 같은 유대감을 다시 느끼기 위해서다. 서류상으로는 혈연이 아니지만 서로의 부모를 '삼촌'이나 '이모'라 부를 만큼 가까운, 사실상 하나의 대가족이라 해도 전혀 어색하지 않은 사이이니까.

대개는 해마다 70~80명 정도가 그 여정을 함께한다. 운이 좋을 때는 세 가족의 네 세대가 모두 모이기도 한다. 재정적으로 넉넉한 어른들 덕분에 우리는 여름 동안 부족함 없이 지내며, 그곳을 거의 점령하다시피 한다. 현지 가게들도 우리가 올 시기를 미리 알고, 늘 반갑게 맞아준다. 부러워하지 마시길, 2010년에는 그 여름 잔치를 무려 넉 달 가까이 이어갔다.

멀리 떨어져 살면서도 친밀감을 유지하는 먼 친척들처럼, 우리의 다양한 말투와 입맛, 성격, 그리고 손이 많이 가는 가족들은 함께 모일 때마다 어김없이 작은 드라마를 만들어낸다. 모두가 만족할 만한 음식을 고르는 일도 만만치 않다. 누가 괜히 자신을 드러내려 하거나 노는 데 지나치게 진심인 사람들이 생기지 않도록 늘 조심해야 한다.

이 모임의 실질적인 주도권은 엄마들에게 있다. 장소를 정하고, 세부 일정을 조율하고, 오기 싫어하는 사람을 달래고, 너무 들뜬 사람을 진정시키는 일까지 도맡는다. 무엇보다 누가, 누구와 함께, 무엇을 할지도 그들이 정한다. 매년 여름이면 지난해까지만 해도 친구처럼 어울리던 아이 중 몇몇이 어느새 서로에게 특별한 감정을 품기 시작한다. 하지만 엄마들의 허락이 떨어지기 전까지는 누구도 단둘만의 시간을 보낼 수 없다. 이 모임에서는 가부장제를 걱정할 필요가 없다. 애초에 그런 건 존재하지도 않으니까.

여행할 때 우리는 그야말로 야생의 무리가 된다. 모두가 자연을 즐기는 타입이라 차는 두고 오직 비포장 길로만 나아간다. 하나의 무리처럼 움직이며 서로의 에너지를 주고받고, 그 힘으로 나아간다. 멀찍이 떨어져 있어도, 달리면서도 끊임없이 대화한다. 누군가는 수다를 떨고, 누군가는 노래를 부르고, 누군가는 음파 탐지기로 먹이를 찾는다. 깊은 물살을 가르며 나아갈 때, 우리는 피부로 전해지는 진동을 통해 서로의 말을 읽어낸다. 당신에게는 단지 딸깍거리거나 휘파람 소리처럼 들리겠지만, 그것은 당신이 알지 못하는 세계 속에서 울리는, 우리끼리 공유하는 정신과 목적이 깃든 신호

들이다.

* * *

어느 날 풀이 죽은 불도그 한 마리와 당근으로 엉망이 된 마당, 그리고 그날 우주가 공모해 개와 돼지가 도덕적으로 다를 바 없다는 사실을 깨우쳐 주었음에도, 나는 여전히 범고래가 복잡한 가족 문화를 가진 돌고래 세계 속에서 자신만의 개별적인 경험을 누린다는 사실을 깊이 의심하고 있었다.[1]

돌고래가 아무리 놀라운 존재라 해도, 당시의 나라면 그보다는 여전히 마천루나 교향악단이 훨씬 더 놀랍다고 주장했을 것이다. 게다가 비건으로서 내 이야기가 진지하게 받아들여지길 바란다면, 동물의 개별 서사, 특히 '킬러'라는 이름이 붙은 최상위 포식자의 이야기로 시작하는 일은 피해야 했다. 그건 '짜증 나는 비건'으로 불리는 지름길이니까. 굳이 비유하자면, 해충 방제 박람회에서 흰개미 해방 운동을 벌이는 것만큼이나 어리석은 일이었다. 그래서 내가 비건 생활을 막 시작했을 무렵에는 우리의 자비에 전적으로 의존하는 두 부류의 동물, 즉 품에 안고 사랑하는 반려동물과 식탁 위에 올리는 '식용 동물'의 차이를 비교하며 수치심을 불러일으키는 데 초점을 맞추는 것이 가장 효과적인 전략이라고 생각했다.

내 내면 생태계가 점차 하나로 통합되고, 비건으로 살아가는 일에도 점점 자신감이 붙으면서 나는 조금씩 깨닫게 되었다. 더 넓은 세상 속에서 욕망하고, 그 욕망을 실현하려 애쓰는 자유로운 동물들의 이야기는 우리가 익숙하게 들어온 고통받는 가축들의 이야기보다 훨씬 깊고 강렬하게 새로운 비건적 삶의 아름다움을 드러낸다는 것이다.

그렇다고 해서 야생 동물이 가축보다 더 아름답거나 도덕적으로 더 중요하다는 뜻은 아니다. 그런 비교가 얼마나 무의미한지는 이사 레슈코Isa Leshko의 사진집 《사로잡힌 얼굴들(Allowed to Grow Old)》만 봐도 알 수 있다.[2] 이 책의 모든 페이지에서 존엄과 생명의 빛이 고요히 흘러나온다. 내가 말하고 싶은 것은 우리가 너무나 익숙하게 받아들여 온 '인간은 우월하고, 동물은 의존적이며 고통받는 존재'라는 시선을 한번 멈춰 보자는 것이다. 그 시선을 거두는 순간, 우리는 비로소 그들이 진짜로 어떤 존재인지, 인간과 동물이라는 경계를 넘어 그들이 자신들의 세계에서 어떻게 살아가고 번영하는지를 새롭게 상상할 수 있다.

동물의 삶을 바라보는 우리의 의식을 재정립해서 자유롭게 살아가며 제 방식대로 잘 살아가는 동물들의 이야기에 주목한다면, 그들을 인간에게 종속된 하위 종으로 바라보는 기본적인 시각을 바꿀 수 있다. 우리가 이미 잘 안다고 생각했던 가축들에 대해서도 마찬가지다. 이런 관점으로 바라보면, 그동안 보지 못했던 동물들의 놀라운 생존 능력과 삶의 지혜가 눈부시게 드러난다. 우리가 동물을 불쌍하고 수동적인 존재, 혹은 인간이 길들이거나 통제해야 하는 대상으로만 경험해 왔기 때문에 그 능력들은 오랫동안 우리 눈앞에 있으면서도 보이지 않았다. 동물을 이제 더 이상 온순한 반려동물이나 소모품, 잔혹한 포식자, 겁에 질린 먹잇감, 성가신 해충으

배고프고 아름다운 동물들

로만 보지 말아야 한다. 그들은 우리가 지배하거나 함부로 다뤄도 되는 존재가 아니라 자신의 목적을 향해 자유롭게 살아가는 생명의 주체들이다.

이 장에서는 내가 '동물 의식'에 눈뜨게 된 두 번의 결정적인 경험을 바탕으로, 다른 생명들의 세계와 그 놀라운 능력을 더 깊이 들여다보고자 한다. 그들의 복잡한 삶과 경이로운 존재 방식은 우리가 오랫동안 '인간보다 열등한 존재'로 여겨온 왜곡된 관념을 근본부터 뒤흔든다. 인류는 아주 오랫동안 동물을 억압해 왔고, 심지어 '동물'이라는 개념 자체를 다른 인간을 억압하는 수단으로 이용해 온 역사를 떠올려 보면, 비건으로 살아가려는 첫걸음이 대체로 그 억압의 피해자들, 즉 잔혹한 대우를 받는 동물들에 대한 슬픔과 연민으로 시작되는 것은 아주 자연스러운 일이다. 그러나 비건으로 살아가는 길은 그러한 감정을 넘어 우리를 더 높은 차원의 인식으로 이끈다. 그 인식 속에서 우리는 동물들을 자기 삶을 온전히 살아가는 주체로, 그 자체로 아름답고 존엄한 생명으로, 그리고 인간이 경험할 수 없는 방식으로 살아 있는 존재로 바라보게 된다. 그들은 더 이상 두려움이나 연민의 대상이 아니라, 깊은 경외와 존중을 불러일으키는 또 하나의 살아 있는 세계다.

'동물 의식(animal consciousness)'이라는 말이 다소 낯설게 들릴 수도 있겠지만, 사실 대부분은 이미 이를 직관적으로 경험한 적이 있을 것이다. 그건 다른 동물들도 자기만의 삶을 가진 존재라는 인간의 감각적 인식을 뜻한다. 그들 역시 우리처럼 세상의 저항 속에서 스스로 길을 만들어가야 하는 생명체라는 것을 인식하는 감각 말이다.[3] '동물 의식'을 가진다는 것은 어렴풋하게라도 다른 동물들에게도 그들 나름의 의미 있는 삶이 있으며, 그 삶이 그들의 관점에서 더 나아질 수도, 더 나빠질 수도 있다는 사실을 이해하는 것이다. 그들은 자신만의 경험과 욕구를 지닌 존재다. 무엇을 좋아하고, 무엇을 피하고 싶은지 스스로 느끼고 선택한다. 그리고 그 욕구에는 각자의 개성이 묻어난다. 예를 들어, 어떤 개는 당근을 일주일에 6파운드나 먹을 만큼 좋아하지만, 다른 개는 당근을 쳐다보지도 않으니까. 그러나 모든 개는 인지적·감정적·사회적·신체적으로 자기 삶을 잘 꾸려가기 위해 온 힘을 다한다. 쓰레기통을 뒤지고, 여행 가방을 보면 삐지고, 마당에서 으스대고, 주인에게 쓰다듬어 달라고 조르는 그들의 사랑스러운 뻔뻔함이 그 증거다.

동물 의식은 고정된 것이 아니라 상황에 따라 강해졌다 약해졌다 하며 변화한다. 지구상에서 인간만이 잘 살기를 바라는 유일한 존재가 아니라는 사실이, 현재 자신에게 얼마나 위협적으로 느껴지는지 혹은 얼마나 활력을 주는지에 따라 달라지기 때문이다. 어린 시절에는 높은 수준의 동물 의식을 지니기에 깃털이나 털 달린 친구들을 향한 애정과 보살핌이 인형에까지 이어진다. 아이를 재울 때 실수로 나무늘보 인형을 깔아뭉개 본 부모라면 이해할 것이다. 하지만 나이를 먹을수록 그런 감각을 유지하기는 점점 어려워진다. 우리가 '잘 사는 것'이라 여기는 삶의 기준이 다른 동물들의 삶과 충돌하기 시작하기 때문이다.

스테이크, 갈비, 우유, 달걀 같은 것들이 우리의 행복에 꼭 필요하다고 믿을수록, 동물은 그저 본능에 따라 움직이는 인간의 필요를 채워주는 도구 정도로 보일 만큼 동물 의식은 급격히 축소된다. 하지만 길을 건너던 다람쥐가 차 앞으로 달려들거나, 작은 박새 한 마리가 집 안으로 날아드는 순간, 우리의 의식은 비록 잠시나마 그들도 살아가려 애쓰는 존재라는 사실을 본능적으로 깨닫는다. 축구공이나 종이비행기와는 전혀 다른, 살아 있는 생명만이 지닌 의지와 긴장감이 느껴지는 것이다. 그리고 어느 날 새끼들을 거느린 어미 오리의 행렬과 마주치거나, 달빛 아래서 차고 지붕 위를 타고 넘으며 포도를 찾아다니는 너구리 가족을 볼 때면, 우리의 의식은 순간적으로 경이로움과 호기심, 심지어 경외감으로 활짝 열린다. 우리 안에는 다른 동물들에게 마음을 빼앗기고 감탄할 능력이 여전히 남아 있다. 적어도 그들의 번영이 우리에게 어떤 희생도 요구하지 않을 때는. 그럴 때 우리는 그저 그들이 잘 살기를 바라는 마음을 품게 된다.

비건이 되기 위해서 특별히 높은 수준의 동물 의식을 유지해야 하는 것은 아니다. 4장에서 살펴본 것처럼, 인간은 비건을 실천하면서 얻는 이익이 너무 크기 때문에 인간 중심적인 이유만으로도 비건을 지향할 수 있다. 하지만 이 맥락에서 더욱 흥미로운 점은 우리 가운데 많은 사람이 자유롭게 살아가는 동물의 경이로운 모습을 보고 감탄하는 긍정적인 경험이 아니라, 억압 속에서 고통받는 동물들의 참혹한 현실을 마주한 경험, 즉 수치심을 불러일으키는 부정적인 경험 때문에 비건이 되었다는 사실이다.

이런 상황에서는 주저하며, 마지못해 동물 의식이 높아졌기 때문에 주체적으로 살아가는 동물의 삶과 번영보다는 인간의 지배 아래 물건처럼 전락한 존재들을 착취하는 행위에 더 초점을 맞추게 된다. 우리는 본능적으로 공장식 축산이 도덕적으로 끔찍한 일이라는 사실을 느낀다. 그 판단은 옳다. 하지만 정작 소나 돼지, 닭, 칠면조 같은 동물들이 '잘 산다'라는 것은 구체적으로 어떤 모습일지, 혹은 그런 삶이 실제로 가능하기는 한 것인지 명확히 말하기 어려운 경우가 많다. 많은 사람에게(어쩌면 대부분?) 비건으로의 여정은 '동물의 고통에 반대'하는 것에서 시작된다. 그것은 '비인간 존재의 생명과 자유, 그리고 각 종이 타고난 방식으로 행복을 추구할 권리'를 옹호하는 일이라기보다 잔혹함에 대한 항의로서 출발하는 것이다.

나의 비건 전환 역시 그러한 경험에서 시작되었다. 나에게는 비건으로 사는 것이 바로 그러한 경험이었다. 과중한 일정과 좁은 뒷마당 탓에 배변조차 원하는 대로 하지 못해 힘들어하는 거스의 모습을 지켜보는 일은 결국 내가 농장 동물들의 고통을 더는 견딜 수 없는 현실로 느끼게 만든 계기가 되었다. 하지만 그 깨달음 이후 한동안 내면 생태계는 여전히 혼란스럽고 뒤죽박죽이었다. 나는 비건으로서 충만한 삶을 사는 것도, 그 경험의 가치를 다른 사람들에게 매력적으로 전하는 것도 쉽지 않았다.

우선 거스와 같은 존재들이 수천억 마리나 되는 현실, 그 모든 생명이 끊임없는 고통 속에 살아간다는 사실을 깨달았을 때, 나는 감정적으로 완전히 압도당했다. 그 인식은 내 안에 깊은 죄책감과 수치심을 일깨웠다. 또한 이 참혹한 현실을 어떻게 전달해야 할지 몰라 혼란스러웠다. 그 끔찍함을 그대로 드러내자니 오히려 사람들이 멀어질 것 같고, 그렇다고 감추자니 양심에 찔리는 그 사이에서 방향을 잡지 못하고 헤맸다. 게다가 육체적으로도 쉽지 않았다. 새로운 음식을 받아들이는 일, 그리고 한때 즐겨 먹던 음식들에 대한 갈망을 견디는 일은 나를 끊임없이 시험했다.

무엇보다도 직업이 철학자인 내가 가장 힘들었던 것은 동물 문제가 불러온 지적 혼란이었다. 앞서 고백했듯, 나는 처음 비건 신념을 지지할 때조차 그 이유가 인간 중심적이라는 사실만으로도 지적 불안을 느꼈다. 그런데 이제 "동물은 자신의 방식대로 살아갈 가치 있는 존엄한 존재다"라고 주장해야 하는 상황이 되자, 그 불안은 훨씬 더 증폭되었다. 이 논란의 크기를 실감하려면, 가장 냉소적인 삼촌을 떠올리면 된다. 누군가가 "유제품 알레르기가 있어서"라고 말하거나 "건강 때문에 비건이에요"라고 하면 그는 그냥 고개를 끄덕일 것이다. 하지만 "동물의 권리를 위해 비건이 되었어요"라고 하면 이야기가 달라진다. 알레르기 때문이라면? 더 묻지 않는다. 그런데 동물권 때문이라면? 곧 적대적 논쟁이 시작될 것이다.

비건이 된 직후, 나는 명확히 깨달았다. 식품산업 속 동물들이 겪는 일은 전형적인 '억압'이며, 도덕적으로 명백히 잘못된 일이라는 것을. 유치원생의 관점에서 볼 때도 그렇다. 하지만 문제는 산업형 축산업이 왜, 어떻게 억압적인 시스템인지 분석하려 할 때, 우리가 사용할 수 있는 개념적 도구들이 대부분 '인간의 억압 구조'를 설명하기 위해 고안되었다는 점이다.

이 개념적 도구들을 '동물의 권리'를 옹호하는 데 사용한다는 것은 대부분이 받아들일 준비조차 되어 있지 않은 '인간과 동물을 비교하는 일'을 감수해야 한다는 뜻이었다. 우리는 가정과 학교, 종교 공동체를 통해 평생 '인간이 우월하다'라는 메시지를 주입받으며 살아왔다. 그러니 돼지, 소, 닭, 칠면조 같은 동물들의 실제 삶에 대해 아무것도 모른 채 살아가는 것이 이상한 일은 아니다. 그들은 그저 동물일 뿐이라는, 즉 인간보다 한 단계 아래의 존재이며 진지하게 고민할 가치조차 없는 존재라는 문화적 확신이 너무 깊게 자리 잡고 있었기 때문이다. 이런 상황에서 공장식 축산으로 고통받는 동물들의 현실을 가부장제 문화의 성차별이나 백인 우월주의의 인종차별과 같은 '종 차별'의 증거로 제시하고, '동물 해방'을 여성 해방이나 시민권 운동과 같은 맥락에서 말하려는 시도는 대다수에게는 직관적으로 와닿지 않았고, 오히려 불쾌하게 느껴지기까지 했다.

사람들이 동물 문제에 관심을 기울이도록 애쓰면서 가축의 고통을 이야기할 때마다 마주하는 또 하나의 딜레마가 있다. 그 접근이 의도치 않게 인간과 동물 사이의 위계라는 문화적 전제를 오히려 강화한다는 점이다. 그런 접근은 한편으로는 동물이 인간의 목적에 완전히 종속된 존재라는 인식을 강화하고, 다른 한편으로는 그들이 보여주는 자립적 생존 능력과 자연스러운 행동들, 즉 우리가 동물의 놀라운 삶의 역량을 엿볼 수 있는 창을 가려버리기 때문이다. 예를 들어, 더럽고 비좁은 우리 안에 한 줄로 갇혀 고통받는 암돼지들의 영상을 본다고 하자. 그 참혹한 장면이 우리의 연민을 자극하기에는 충분하지만, 그 속에서 깨끗하고 호기심 넘치며 영리하게 보금자리를 만드는 어미 돼지를 상상할 수 있을까? 혹은 인간의 침입에 요란한 분노를 터뜨려 우리를 나무 위로 도망치게 하거나 목숨까지 잃게 만들 수도 있는 그들의 진짜 모습을 상상이나 할 수 있을까? 이것이야말로 잔인한 모순이다. 공장식 축산 시스템에서 고통받는 동물들처럼 인간의 목적과 무관하게 그 자체로 존엄한 존재임을 우리에게 일깨워주는 이들이, 역설적으로 우리의 자비에 전적으로 의존하며 살아가야 하는 현실 말이다.

우리가 가축의 삶, 다시 말해 우리 품에 안겨 함께 사는 개와 식량으로 소비되는 돼지의 삶을 들여다볼 때, 그들의 고통을 마주하면서도 묘하게 안도감을 느낀다. 우리는 그들의 처지와 행동에 우리의 세계와 가치관을 비춰보고, 그들이 얼마나 우리의 기준과 우선순위를 자신의 것으로 받아들이는가에 따라 그들의 능력과 존재 가치를 판단한다. '착한 개'는 주인의 명령에 순종하며 발치에 얌전히 머무른다. '나쁜 개'는 자신의 뇌를 즐겁게 하는 소변 지도를 따라 이곳저곳을 냄새 맡으며 돌아다닌다.(물론 다른 개의 오줌 냄새로 사회적 세계를 파악하고 조절할 능력이 없는 우리 인간의 눈에는 마구잡이로 다니는 것처럼 보이지만) '착한 돼지'는 재촉하지 않아도 스스로 철제 우리로 돌아간다. '나쁜 돼지'는 움직이고, 먹고, 몸단장하고, 다른 돼지들과 교류하며, 자신이 원하는 곳에서 배설할 자유를 빼앗는 철세 우리로 돌아가길 완강히 거부한다. 그리고 '착한' 하수구 쥐나 바퀴벌레 같은 것은 애초에 존재하지도 않는다.

사실 우리는 대부분의 비인간 존재에 대해 무엇이 '좋은' 삶인지 생각해 본 적조차 없다. 더구나 그들이 각자의 방식으로 삶의 선善을 추구할 수 있는 놀라운 능력에 대해서는 거의 알지 못한다. 우리는 그들의 존재를 우리의 이익에 도움이 되는지 방해되는지로 가늠하고 그에 따라 그들을 유능하거나 무능한 존재로, 가치 있거나 가치 없는 존재로 판단한다. 그리고 언제나 당연하다는 듯, 우리의 사소한 이익조차도 그들의 가장 기본적인 이익보다 더 중요하다고 여긴다. 비록 우리가 그 '기본적인 이익'이 무엇인지 정확히 알지도 못하면서 말이다.

다른 동물들의 삶을 어떻게 이해해야 할지, 그리고 내 안에 막 싹튼 절실한 책임 의식을 타인에게 어떻게 전해야 할지를 두고 겪은 혼란은 예상대로 내 내면 생태계 전반에 파문을 일으켰다. 감정적으로는 동물들이 마땅히 도덕적으로 존중받아야 한다고 느끼면서도, 이성적으로는 그럴 만한 논리와 확신이 부족했기에 내가 혹시 죄책감이나 수치심에 휘둘려 비이성적인 감상주의에 빠진 건 아닐까 하는 의심에 시달렸다. 그 불안은 사회적 관계 속에서 예상할 수 있는 방식으로, 그러나 썩 바람직하지 않게 드러났다. 가족과 친구, 학생들 앞에서는 내 확신을 과장해서 떠벌렸고, 직장 동료들 앞에서는 도덕적 비겁함에 가까울 만큼 그 확신을 숨겼다. 또한 '진짜 남자도 비건이 될 수 있다'라는 걸 증명이라도 하듯 과장된 남성성을 내세우기도 했다. 그리고 마음속에서 들려오는 '동물 해방'이라는 급진적 발상에 대한 회의적인 목소리를 잠재우기 위해 나는 인간의 자비와 선한 돌봄의 정신을 더 큰 소리로 찬양하곤 했다.

아마도 가장 흥미로운 내적 파장은 새로 생겨난 도덕적 확신과 여전한 지적 망설임이 충돌하면서 감정적인 갈등이 계속되었다는 점이다. 좋아하던 음식에 대한 욕망이 불쑥 치밀어오를 때면, 회의적인 이성은 그 틈을 놓치지 않고 욕망을 합리화하려 들었다. "이

걸 안 먹는다고 해서 세상이 정말 달라지기나 해?" 그 한마디에 평소 내 결심을 지탱하던 동물에 대한 공감은 순식간에 힘을 잃었다. 나는 원치 않는 의무감의 포로가 되어 치즈 스테이크를 떠올리기만 해도 입안 가득 침이 고이는 나 자신을 책망했다. 미학적으로는 그보다 매혹적인 것이 없었고, 도덕적으로는 그보다 혐오스러운 것이 없었다. 이성·감정·도덕이 끊임없이 충돌하는 불안한 내면은 내가 비건으로 살기 시작한 처음 몇 해 동안 계속되었다.

그러던 어느 운명적인 오후, 모든 것이 한순간에 영원히 달라졌다. 그 무렵 나는 좋아하던 음식을 잃은 슬픔을 되레 그 음식을 찾아가서 보고, 냄새 맡고, 상상으로 맛보는 방식으로 달래곤 했다. 지금 돌이켜보면 꽤 우스꽝스러운 의식이었다. 예를 들면, 나는 일부러 창문을 내린 채 아주 천천히 차를 몰며 예전 단골 식당 앞을 지나갔다. 그 식당은 언제나 주차장 한쪽에서 갈비를 훈제했고, 그 냄새가 골목을 가득 채웠다. 차 안이 그 연기로 가득 차면 재빨리 창문을 닫고 에어컨으로 공기 순환까지 시켰다. 그리고 천천히 조리된 훈제 갈비 냄새 속에서, 그 향기를 온몸에 스며들게 한 채 집으로 돌아왔다.

모든 것이 바뀐 그날, 나는 차 안에서 라디오를 듣고 있었다. 인터뷰 주인공은 노벨 문학상 수상자이자 홀로코스트 생존자인 엘리 위젤^Elie Wiesel이다. 그의 대표작인 《나이트》는 아우슈비츠와 부헨발트 강제 수용소에서의 경험을 기록한 회고록이다. 라디오는 켜두었지만, 운전 중인 사람이라면 그렇듯 정신은 반쯤 다른 데 가 있었다. 집에 가는 길, 정비등이 깜빡이는데도 엔진오일 교체를 미루고 있던 일, 저녁 식사 준비, 교통 체증 속에서 위험한 금속 덩어리를 조정하는 일, 이 모든 생각이 뒤섞여 있었다. 자동차 안에는 위젤의 목소리, 수년간 내 안에서 끓어오르던 비건에 대한 내적 혼란, 만행을 저지른 독일인들에 대한 혐오감, 주차장에 퍼지는 고기 훈제 연기, 곧 당근 수프를 끓여야 할 나 자신을 향한 서글픔이 함께 타고 있었다.

나는 창문을 올리고, 다시 공기 순환 버튼을 눌렀다. 그리고 가능한 한 깊게 숨을 들이마셨다. 익숙한 향수의 잔향 속에 잠기는 순간처럼 고개를 살짝 들고 눈을 감으려는 찰나, 라디오에서 "화장터"라는 소리가 들렸다.

담즙이 치밀어 오르고 시야가 흐려졌다. 내 안의 모든 감각과 생각이 폭발을 피해 혼비백산 달아났다. 정신을 차렸을 때, 나는 어느 주차장 한가운데 있었다. 속이 뒤집혀 헛구역질하며, 운전대를 주먹으로 내리치다 울음이 터졌다. 경적이 울려 퍼졌지만, 그건 마치 내 안의 분노와 통곡이 세상에 저항하는 소리 같았다. 그날 이후, 내 도덕적 세계와 감정의 세계는 전면적인 감각의 반란 속에서 하나로 충돌했다. 그날은 내가 고기를 먹지 않는다는 것이 단순한 선택이 아니라 배설물을 먹지 않고, 토사물 냄새를 맡지 않고, 의료 폐기물을 맨손으로 만지지 않는 행위처럼 '아무런 노력 없이, 당연히 하지 않는 일'의 범주로 들어온 날이었다. 그토록 달콤하고 위로가 되던 냄새, 내가 자라온 교회의 추수감사절 냄새, 내가 속한 공동체 사람들과 풍요를 축하하던 그리운 냄새가 그날 이후로는 되돌릴 수 없는 의미로 바뀌었다. 그것은 이제 한때 생명으로 피어날 수

배고프고 아름다운 동물들

있었던 존재가 폭력에 의해 꺾인 뒤 남겨진, 불에 타는 살냄새로밖에 느껴지지 않았다.

그날 내 안에서는 도덕과 감정이 마침내 화해했고, 고기를 향한 욕망은 과거의 일이 되었다. 하지만 지성은 여전히 소외되어 있었다. 인간 존재의 가장 기묘한 특성 중 하나는 '경험과 이해 사이의 간극' 속에서 살아간다는 점이다. 우리는 언제나 현재를 생생하게 겪으면서도 그 경험의 의미는 즉시 파악하지 못한다. 시간이 흐른 뒤에야 멋대로 변해버린 희미해진 기억을 더듬으며 낡은 개념의 틀을 빌려 겨우 끌어내려 한다. 우리가 세계를 이해하기 위해 사용하는 이 생각의 도구들이 이 복잡한 내면의 변화를 포착하기에 부족하다면, 우리의 내면 생태계는 인지 부조화, 도덕적 혼란, 감정의 불안정이 끊임없이 소용돌이치며 여전히 혼란 속에 머물게 된다.

그 당시 내가 그 경험을 해석하는 데 가장 쉽게 활용할 수 있었던 개념적 도구는 '인간/동물의 이분법'과 그에 따른 비교 논리뿐이었다. 그 렌즈로 내 안을 들여다보았을 때, 처음에는 내 안의 변화가 홀로코스트 속 유대인들의 고통과 죽음, 그리고 오늘날 식량 체계 안에서 죽어가는 돼지들의 고통과 죽음 사이의 엄청난 유사성을 직감한 데서 비롯된 것처럼 느껴졌다. 그 문제적 비교를 통해 나는 반유대주의의 혐오와 종 차별주의 혐오 사이에 보이지 않는 평행선을 그어버린 셈이었다.[4] 그 결과, 나는 더 이상 고기 냄새나 고기를 먹는 상상을 즐길 수 없게 되었다. 그것은 마치 나치의 화장터에서 쾌락을 느낄 수 없는 것과 같았다.

이 가설은 지적으로 만족스럽지 못했고, 도덕적으로는 혼란스러웠으며, 이 경험을 어떤 방식으로 말해야 하는지, 과연 말로 꺼내야 하는지조차 알 수 없는 불안만 남겼다. 내가 직관적으로 어떤 유사성을 느꼈다 하더라도, 인간과 돼지가 겪는 주관적 경험은 명확히 규정할 수 있는 차이에서부터 규정할 수 없는 차이에 이르기까지 너무나 광범위하게 다르다는 사실을 부인할 수 없었다. 따라서 두 존재를 정확하게 비교하는 일은 거의 불가능했고, 그런 비교를 시도하는 것 자체가 도덕적으로 의심스러웠다. 이 경험을 통해 내 도덕적·정서적 관심 범위가 이전보다 넓어지고 그 둘이 하나로 수렴되었다는 점은 해방감처럼 느껴졌다. 하지만 동시에 인간이 겪은 도덕적 참상을 이용해 돼지의 권리를 위한 명분을 세우는 행위는 섬뜩하고 부당하게 느껴졌다. 그 이유는 명백하며, 작가 신시아 오직Cynthia Ozick의 말이 이를 완벽히 설명한다. "유대인들은 다른 누군가를 위한 은유의 대상이 아니다. 그들은 그들 그 자체다."[5]

나는 유대인도 아니고, 유대 역사에 정통한 학자도 아니기에 이 비교를 내 마음대로 할 수 없다는 사실은 분명했다. 그 뒤로 거의 십 년 가까이, 나는 그날의 변화를 좀처럼 입에 올리지 않았다. 가끔 이야기할 때면 조심스럽게 청중을 선택하고, 사과부터 한 뒤에야 조심스럽게 털어놓았다. 그렇지만 그날의 경험은 여전히 내 내면에서 분기점이자 원천으로 작용했다. 그날 이후 나는 동물을 인간의 자비에 의존하는 대상이 아니라 그들 자신으로 살아가는 주체로 대변해야 한다는 열망을 품게 되었다.

내 안에서 일어난 변화를 제대로 이해할 개념적 도구를 찾은 것은 아프 코Aph Ko와 실 코Syl Ko 자매의 저서 《아프로이즘Aphro-ism : 대중

배고프고 아름다운 동물들

문화, 페미니즘, 흑인 비건에 관하여》을 읽고 나서였다.[6] 〈라이카 Laika〉 매거진의 줄리 게라세바[Julie Gueraseva]가 "인종, 종, 젠더의 얽힘에 대한 패러다임을 전환하는 시각"이라 평한 이 책에서, 두 저자는 유럽 중심의 문화에서 형성된 '인간/동물의 이분법'이 백인 남성 중심의 가부장적 지배 논리를 떠받치는 핵심 개념으로 작동해 왔다고 말한다. 우리는 흔히 인종차별, 성차별, 종 차별을 서로 별개의 억압 체계로 보고, 역사나 인구학적으로 교차하는 지점에서만 연결된다고 생각하기 쉽다. 그러나 코 자매는 이러한 접근으로는 문제의 뿌리에 닿을 수 없다고 지적하며, 이를 하나의 백인 남성 중심의 가부장적 구조가 서로 다른 차원에서 드러난 결과로 보고, 공통된 토대 전체를 무너뜨리는 방식으로 운동을 조직해야 한다고 주장한다.[7]

그들이 말하는 '인간/동물의 이분법'은 이 구조의 이념적 토대로서 '동물'이라는 부정적 개념을 폭력을 정당화하기 위해 특정한 신체에 밀어 넣는 수단으로 이용한다. 구체적으로 그 '신체'란 이상적 인간, 즉 백인 유럽 남성이라는 기준에 부합하지 않는 모든 이들의 신체다.[8] 실 코는 이렇게 설명한다. "이들은 이상적인 인간의 범주 밖에 있는 존재로 '비이성적인, 야만적인, 열등한 믿음을 가진, 동물처럼 행동하는' 등으로 동물화함으로써 본래라면 도덕적으로나 법적으로 절대 용납할 수 없는 방식으로 그들에게 가하는 폭력을 정당화한다."[9]

인간/동물의 이분법이 생물학적 구분이 아니라, 착취를 정당화하기 위한 사회적·정치적 경계선으로 작동해 왔다는 사실은 역사를 돌아보면 명확하다. 백인 가부장제의 역사 속에서 피지배 인종을 동물화함으로써 그 지배를 합리화했던 사례들이 그 증거다. 그리고 '동물'이라는 개념이 생물학적으로 얼마나 공허한지도 명백하다. 사실상 인간 동물을 제외한 모든 존재를 하나로 묶는 개념일 뿐이다.[10] 이런 부당함에 맞서, 반인종차별 운동은 오랫동안 소외된 집단을 '인간화'하려는 노력을 이어왔다. 그들의 존엄을 일깨움으로써 정당한 권리와 보호를 요구해 온 것이다. 그러나 코 자매는 이런 접근이 오히려 백인 우월주의의 토대였던 인간/동물의 이분법을 강화할 위험이 있다고 경고한다. 이 이분법을 그대로 유지한 채 '인간성'을 근거로 해방을 주장하는 순간, 그 해방의 언어 자체가 이미 지배 구조가 정해놓은 규칙에 종속되기 때문이다. 또한 인종화(racialization)와 동물화 사이의 밀접한 연결고리를 가려버린다는 점에서도 문제다.

따라서 코 자매는 이분법 자체를 해체하는 것이 더 나은 전략이라고 제안한다. 이를 위해서는 무엇보다 "동물을 향한 헌신, 동물이라는 낙인이 낳은 부정적 결과를 직접적으로 겪는 동물들에 대한 깊은 헌신"이 필요하다고 말한다.[11] 또한 비건으로 살아가는 일은 인간/동물 이분법의 지배적 위계를 뒤흔드는 현실적이고 구체적인 실천이자 저항의 방식이 될 수 있고, 이를 통해 우리는 "인간이든 아니든 서로 다른 집단이 겪는 억압을 연결해 보고, 억압의 거대한 구조 전체를 바라볼 수 있게 된다."라고 결론짓는다.[12]

내가 철학을 좋아하는 이유는 많지만, 그중에서도 가장 큰 즐거움은 새로운 언어를 선사하기 때문이다. 그 언어는 막연했던 생각의 윤곽을 잡아주고, 불안을 넘어서게 하며, 상상력을 넓히고, 더 대담한 실천으로 나아가도록 영감을 준다. 코 자매의 사유를 통해 나는 비로소 그날 차 안에서 고기 굽는 냄새와 화장터의 냄새가 겹치며 내 안에서 일어난 격렬한 반응이 처음에 내가 두려워했던 것처럼 인간과 동물의 전혀 다른 주관적 경험을 냉정하고 추상적으로 비교한 결과가 아니었다는 것을 알게 되었다. 그보다는 억압자가 종에 상관없이 희생자들을 착취하고 정당화하는 방식에 내재한 소름 끼치는 일관성을 직감적으로 포착한 순간이었다. 억압 속에서 고통받는 인간과 다른 생명들의 주관적 경험은 분명 비교할 수도, 동일시할 수도 없지만, 그들을 억압하는 방식만큼은 놀라울 정도로 일치한다.

지배자는 먼저 피억압자를 자율성 없는 존재로 규정하고, 그에 따라 마땅히 존중받아야 할 독립성과 고유한 가치를 박탈한다. 그 다음에는 그 존재를 자신의 이익을 위한 도구로 재평가하고, 마지막으로는 그 목적에 맞게 이용하고 소비한다. 동물화하고, 도구화하고, 소비하는 것이다.[13]

이러한 통찰을 통해, '인간/동물'이라는 이분법 너머에서 억압의 구조를 새롭게 인식하게 되었고, 그 인식은 내면 생태 전체를 뒤흔드는 근원적인 내적 해방감으로 이어졌다.

나는 마침내 인종차별과 성차별을 종 차별과 단순하게 비교하는 방식이 왜 문제가 되는지, 그리고 왜 동물이라는 말이 사회적·정치적으로는 그렇게 강력하면서도 생물학적으로는 이상할 만큼 공허하게 느껴졌는지를 명확히 설명할 수 있는 언어를 갖게 되었다. 그

제야 처음으로 깨달았다. 이 지구를 고향이라 부르는 수많은 감각과 의식이 있는 존재들, 그토록 다양하고 서로 다른 종들이 '동물'이라는 이름 아래 묶여 존재할 수 있는 것은, 객관적인 생물학적 구분의 결과가 아니라 우리가 무의식적으로 그들을 동물화했기 때문이었다. 그렇게 동물화된 존재들을 더 이상 고유한 감각과 행위성을 지닌 개체가 아니라 인간의 필요와 욕망, 혹은 단순한 기호에 따라 언제든 이용할 수 있는 자원으로만 인식해 온 것이다. 이 사실을 깨달으면서 나는 비로소 정서적으로 해방감을 느꼈다. 다른 억압받는 존재들에게 연민을 품고 마음을 쓰는 일이 억압받는 인간들의 고통을 폄하거나 무시하는 일이 아니라는 것을 이해하게 되었기 때문이다. 또한 사회적으로도 힘을 얻었다. 비건으로 사는 것이 설령다른 동물들을 위한 선택이라 해도 결국 인간의 정의를 옹호하고 강화하는 것과 깊이 연결되어 있음을 사람들에게 자신 있게 이야기할 수 있게 되었기 때문이다.

하지만 자동차 안을 가득 채운 고기 연기가 '인간/동물의 이분법'을 넘어서는 세계로 통하는 창문을 열어젖혔다면, 그 창문을 완전히 열고 인간 이외의 존재들이 스스로 번영하며 살아가는 경이로운 세계와 정면으로 마주하게 된 것은 또 다른 경험 덕분이었다. 이이야기를 제대로 전하려면, 내 인생을 바꿔놓은 그날의 배경이 된두 가지 사실부터 말해야겠다.

첫째, 나는 어릴 때부터 거위를 죽을 만큼 무서워했다. 이유는 단순했다. 초등학교 자연학습 시간에 거위에게 빵을 주려다 대참사를 맞은 일이 있었다. 그 수컷 거위는 알을 품고 있던 암컷을 지키느라 예민했는데, 나는 아무것도 모른 채 다가갔던 것이다. "거위가 공격해!"를 연발하며 축축한 똥투성이 풀밭 위로 나자빠지는 내 모습을 친구들이 지켜보고 있었다. 무너진 내 자존심은 시간이 지나며 어느 정도 회복했지만, 분노에 찬 거위의 쉭쉭거리던 소리와 두꺼운 청바지 너머로 전해지던 축축한 엉덩이의 감각은 여전히 수치심 그 자체로 남아 있다.

둘째, 나는 막 세차한 차에 새똥이 떨어져 있는 걸 보면 눈이 뒤집힌다. 우리 가족은 차를 늘 깨끗하게 유지하는 걸 자랑으로 여겼고, 매주 세차하고, 광택 내고, 구석구석 차를 닦는 일을 일종의 의식처럼 했다. 내가 열여섯 살 생일 선물로 받은 세차 키트는 그냥 빨간 양동이에 왁스와 청소용 패드가 담긴 정도의 물건이 아니었다. 그 통은 성숙하게 자유를 누리는 성인의 상징, 그리고 그 자유를 책임 있게 사용할 자격을 부여하는 상징이었다. 그러니 깔끔하게 세차한 1981년식 검은색 광이 번쩍이던 쉐보레 임팔라 쿠페 위에 새 한 마리가 똥을 투하했을 때의 분노란 이루 말할 수 없었다. 잃은 건 몇 시간의 세차 노동만이 아니었다. 그건 내 인생의 작품을 무참히 짓밟는 공격이었다. 그때 나는 미숙한 고등학생의 자존심에 사로잡혀 그 새 무리를 자로 벌어버리고 싶은 상상도 했고, 심지어 그런 일을 저질렀다고 허풍을 떨기도 했다.

그리고 약 20년이 흘렀다. 비건으로 산 지 3년쯤, '고기 연기 사건'으로 내면이 뒤집히기 시작한 지 1년쯤 되었을 때였다. 이제는 훈제 갈비 냄새에 흔들리지 않게 되었지만, 새똥에 대한 분노는 여전했다. 그리고 바로 그날, 방아쇠가 금방이라도 당겨질 정도로 예민해질 만한 이유가 있었다. 가족에게 막 물려받은 1997년식 까만색 볼보 960 때문이었다. 오래된 중고차이긴 했지만, 그때까지 내가 소유한 차 중에서는 단연코 가장 멋진 차였다.

비싼 돈을 들여 고생스럽게 치과 치료를 마치고 나온 나는 주차장 한쪽에서 반짝이는 볼보를 보는 순간 기분이 확 좋아졌다. 막 세차를 마친 차는 멀리 공사장 먼지가 닿지 않는 구석에서 검은 보석처럼 빛나고 있었다. 주차장 옆에는 거위들이 가득한 웅덩이가 있었다. 아마 그때 근처에 있던 지게차가 짐을 떨어뜨리지 않았다면 나는 그 사실을 전혀 모른 채 차를 몰고 나갔을 것이다. 하지만 지게차에서 짐이 떨어지는 순간, 놀란 거위 떼가 일제히 날아오르며 대혼란이 벌어졌다. 몇 마리는 내 차 옆 창문을 스치듯 지나갔고, 배설물은 공포에 질린 한두 마리는 거세게 대량으로 배설물을 퍼부었다. 그 배설물은 그대로 앞 유리에 직격했다. 한쪽에서는 미친 듯이 날갯짓이 휘몰아쳤고, 곧 부딪칠 것 같은 공포가 덮쳤으며, 온통 오물로 뒤덮인 앞 유리 때문에 앞이 잘 보이지 않았다. 나는 급브레이크를 밟으며 멈춰 섰다. 잠시 후 공포가 가라앉고 무슨 일이 일어났는지 깨닫고 나자, 나는 곧 밀려올 분노에 나 자신을 단단히 다잡았다.

그런데 이상하게도 웃음이 터져 나왔다. 미친 듯이, 배를 잡고 절규하듯 웃었다. 그때 내 머릿속을 스친 생각은 너무나 유치해서 분명 초등학교 시절, 거위에게 쫓기던 내 어린 자아가 다시 나타난 게 분명했다. 그리고 그 아이가 마침내 구원이라도 받은 듯 중얼거렸다. "이 녀석들은 내 깨끗한 차 따위엔 조금도 관심이 없어." 말 그

배고프고 아름다운 동물들

대로였다.

그 순간 머릿속과 눈앞이 동시에 환하게 열렸다. 그 깨달음의 여파는 정말 압도적이었다. 거위는 겁을 먹으면 진짜로 똥을 싼다. 그들은 자기 삶과 서로를 소중히 여긴다. 평생 짝을 지어 살며, 자신과 가족을 지키기 위해 긴급한 상황에서는 날개를 퍼덕이며 하늘로 솟아오른다. 속이 빈 뼈 덕분에 공기를 가볍게 품어, 질식할 만큼 희박한 공기 속에서도 거뜬히 숨을 쉬며 날아오른다. 인간이 만든 자동차와 온갖 물건들은 그들에게 아무 의미가 없다. 그저 시끄러운 소리, 가끔 스쳐 지나가는 장애물, 그리고 우연히 배설물이 떨어지는 표면일 뿐이다. 그들은 내게서 아무것도 바라지 않는다. 굳이 바란다면 조금 물러서서 그들이 자기답게 존재할 수 있는 공간을 내어주는 정도일 것이다. 그들은 그들만의 방식으로 강렬하면서도 연약한 삶을 함께 살아가며 버티고, 누리고, 이어가고 있는 존재들이었다. 그리고 나는 그들의 경이로운 생의 방식을 온전히 이해할 수 없다는 사실을 깨달았다.[14]

어릴 적 내 숙적이던 거위들이 나를 이 아름다운 세계로 인도했다는 사실이 지금도 참 소중하게 느껴진다. 무엇보다 코끼리 똥이 쏟아졌다면 나는 성발 죽었을지도 모르니까. 무엇보다도 한때 내가 혐오하던 존재에게서 이런 깨달음을 얻었다는 사실이 그 변화를 한층 더 깊고 진실하게 만들었기 때문이다. 그토록 싫어하던 거위가 내 안에서 이런 경외와 열광, 그리고 종의 차이 속에서도 느껴지는 압도적인 연대감을 일으켰다는 것은 그야말로 놀라운 일이었다. 게다가 그 방식이 내게 똥을 싸는 일이었다니! 그렇다면 이 길들이지 않은 세상에 사는 수많은 다른 존재들 역시 저마다의 방식으로 크든 작든, 땅 위에서든 하늘에서든 바다에서든, 그만큼 위대하고 고유한 생명일 것이다.[15] 그 순간 타조, 문어, 거미, 범고래처럼 완전히 서로 다른, 찬란하고도 다양한 수백만 종의 생명들을 '동물'이라는 단 하나의 이름으로 무표정하게 묶어 부른다는 발상만큼 우스운 일도 없다는 생각이 들었다.

똥 세례의 위험 없이도 이런 경이로운 체험을 확인하고 싶은 이들에게는 반가운 소식이 있다. 우리는 지금 과학적 근거와 공감에 기반한 통찰을 바탕으로 다른 생명들이 자율적으로 번성하며 살아가는 기쁨과 고통을 탐구하는 황금시대에 살고 있다. 적어도 인간의 제한된 시각으로 포착할 수 있는 숨 막히는 단서들에 따르면 말이다. 제니퍼 애커먼Jennifer Ackerman은 《새들의 천재성》에서 새들의 놀라운 지능을 보여준다.[16] 조너선 밸컴Jonathan Balcombe은 《물고기는 알고 있다》를 통해 물고기의 내면세계를 들여다본다.[17] 마이클 타이Michael Tye는 《긴장한 벌과 충격받은 게(Tense Bees and Shell-Shocked Crabs)》에서 의식이 어떻게 곤충과 갑각류의 삶을 움직이는지를 탐구한다.[18] 칼 사피나Carl Safina는 《야생이 되어간다는 것(Becoming Wild)》에서 향유고래, 금강앵무, 침팬지가 가족을 이루고, 아름다움을 창조하며, 평화를 이루는 문화를 형성하는 주체임을 보여준다.[19] 그리고 에드 용Ed Yong은 《이토록 굉장한 세계》에서 소리의 반향으로 세상을 인식하고, 자기장을 따라 움직이며, 두 갈래 혀로 냄새를 느끼는 생명들만이 경험할 수 있는 찬란하고 경이로운 감각의 세계를 펼쳐 보인다.[20]

배고프고 아름다운 동물들

이 아름다운 책들과 그 속에 등장하는 경이롭고 복잡한 생명들의 삶은 '자연은 이빨과 발톱까지 붉게 물들어 있는 잔혹한 세계'라는 낡은 격언이 더 이상 통하지 않음을 명확히 보여준다. 이 말은 사실 우리 인간만이 문명화된 존재이고, 그 밖의 모든 생명은 서로를 잡아먹는 약육강식의 세계 속에 내던져져 있다는 오만한 자기위안을 정당화하기 위한 표현에 지나지 않는다. 하지만 내가 이 책들을 읽으며 아무리 많은 사실을 배웠다 해도, 결국 진실은 내가 거위를 보면 느꼈던 것처럼 새로운 지식을 쌓는 게 아니라 늘 눈앞에 있었지만 '인간/동물의 이분법'이라는 틀에 가려져 보지 못했던 세계를 경험하는 법을 배우는 것이 더 중요하다는 것이다. 그 후로 나는 인간이 아닌 존재들의 번영으로 가득한 이 찬란한 세계에서는 그저 동네를 한 바퀴 도는 일조차 경이로울 수 있다는 것을 깨달았다. 모든 다람쥐는 파쿠르의 달인이고, 모든 벌은 집단지성을 지닌 예언자이며, 예전에는 내가 쉬고 싶을 때는 듣기 좋고, 일에 집중하고 싶을 때는 성가시게만 느껴지던 새소리가 이제는 경이로운 언어로 들린다. 내가 상상조차 할 수 없는 그들의 내면에서 흘러나온 소리로 서로를 부르고, 장난치고, 유혹하고, 밀어내고, 교감하는 언어 말이다.

반려동물이나 가축도 이제는 전과 다르게 보인다. 거위 사건 이후, 거스의 산책은 그에게는 훨씬 더 후가저로 흥미로운 시간이 되었고, 나에게는 훨씬 더 혼란스러운 경험이 되었다. 그가 냄새를 좇아 이리저리 움직이고, 나는 그 뒤를 끌려가듯 따라다니게 되었기 때문이다. 농장의 돼지, 소, 닭, 칠면조를 볼 때도 마찬가지다.

이제 나는 그들이 숲과 초원, 산과 정글에서 스스로 삶을 꾸려가는 야생의 친척들과 마찬가지로 얼마나 품위 있고 영리한 존재들인지 알기에, 그들 또한 돌봄을 받을 정당한 권리가 얼마나 절실한지 더욱 분명히 느껴진다. 그리고 이런 마음이 훨씬 자연스럽고 쉽게 일어난다. 공장식 축산에서 상상할 수 없을 만큼 거대한 규모로 동물들이 고통받고 죽어가는 상황에서는, 번영이 어떤 모습인지 알지 못하면 집단적 비참함에 가려 개별 존재를 들여다보는 일은 거의 불가능하다.

지난 20년간 학생들을 가르치며 내가 배운 가장 큰 교훈은 정의에 대한 사랑을 진심으로 자유롭게 표현하고 싶다면, 번영하는 생명의 아름다움과 기쁨을 그리는 상상력을 키워야 한다는 것이다. 그래야 억압이 앗아가는 것이 무엇인지 똑똑히 볼 수 있다. 나처럼 인간/동물의 이분법이라는 자기 파괴적인 거짓말과 기쁨을 앗아가는 비교 논리에 순응하도록 길들인 존재에게는, 이 억압의 도구로부터의 해방이 생명들이 어떻게 저마다 번성하는지를 바라보는 의식의 지평을 넓혀주었다. 그리고 내 삶에서 추구하고 실현할 수 있는 번영의 가능성 또한 크게 확장되었다.

다른 종의 배설물이 내 삶의 변화를 자주 예고했다는 사실이 나에 대해 무엇을 말해주는지는 잘 모르겠다. 하지만 개 배설물로 가득한 마당에서 시작해 거위 배설물로 덮인 자동차 앞 유리에 이르기까지의 여정은, 비건으로 산다는 것은 의식이 진화하는 여정이지 내가 처음 치즈버거를 거부하며 기대했던 것처럼 무지에서 깨달음으로 단번에 전환되는 일이 아니라는 것을 가르쳐 주었다. 그 시작은 고통을 막아야 한다는 죄책감과 마지못한 의무감이었지만, 그 길은 점점 더 담대해진 마음으로 모든 생명의 번영을 돕고자 하는 열망으로 펼쳐졌다. 내 경험상, 동물 의식이 죄책감을 일으키는 좁은 각성에서 시작해 경외심을 낳는 수준으로 진화해 갈 때, 이 변화에서 가장 아름다운 점은 그 의식의 진전이 다른 존재를 향한 마지못한 의무감에서 벗어나 겸허하고 기쁜 마음으로 다른 존재와 연대하는 자리로 이끈다는 것이다.

거스의 배설물 사건 당시, 내 안의 '잠재된 비건'은 이미 인간이 농장 동물들을 얼마나 참혹하게 대하는지에 대한 슬픔과 부끄러움을 마주할 준비가 되어 있었다. 그러니 그때까지도 그 감정의 중심에는 여전히 내가 있었다. 슬프고 부끄러웠던 이유는 우리가, 나 같은 인간들이 돌봄의 의무를 저버리고 불쌍하고 연약한 동물들에게 끔찍한 일을 저질렀다는 사실 때문이었다. 내 출발점은 바로 이곳이었어야 했다. 그리고 고통받는 존재들에 대한 슬픔에서 출발하는 것은 잘못이 아니다. 1장에서 보았듯, 시스템이 낳은 공포와 부당함을 뼈아프게 자각하는 일은 변화의 과정에서 꼭 필요한 요소이기 때문이다. 하지만 '인간/동물'이라는 이분법이 고기 연기 속에서 사라졌을 때, 나는 비로소 그 틀 밖에서 다른 존재들을 그 자체로 바라보기 시작할 자유를 얻었다. 그때부터 내 안의 비건은 점점 자신감을 얻었고, 내 관심은 인간의 나약함과 동물의 고통을 힌탄하는 데서 벗어나 생명을 가진 모든 존재가 번영하는 더 온전한 방식을 이해하려는 방향으로 옮겨가기 시작했다.

거위 배설물 사건을 통해 나는 처음으로 자유롭게 살아가는 독립된 존재들이 불러일으키는 순수한 경외심을 처음으로 느꼈다. 그 경외심은 적의를 연대감으로 바꾸어버릴 만큼 강력했고, 나에게 결정적인 깨달음을 안겨주었다. 이 이야기는 결국 나나 우리, 혹은 우리의 윤리에 관한 것이 아니다. 그들 자신과 그들의 존재 이유, 그리고 살아 있고자 하고 존재 그 자체를 누리고자 하는 그들의 몸에 새겨진 욕망에 관한 이야기다. 물론 윤리는 우리의 이기심을 제어하고, 이런 깨달음에 이르도록 인도해 줄 수 있다. 하지만 진정한 빛은 그들을 있는 그대로 경험할 때, 곧 인간의 이해를 초월한 방식으로 존재하도록 운명 지어진, 살고 노력하고 번성할 자유를 지닌 장엄한 생명체로 마주할 때 비로소 켜진다. 그들은 존엄한 삶, 온전히 살아 있을 기회를 누릴 자격이 있는 존재들이다.

다른 생명들의 세계에서 경이로움에 사로잡혀 본 사람이라면, 그들을 존중하고 돌보기 위해 외부에서 강제하는 규범이 필요하다는 생각이 얼마나 부자연스러운 일인지 깨닫게 된다. 물론 우리는 그런 도덕적 의무를 지닌다. 그리고 타인이나 다른 존재를 존중하지 않는 사람들이 최악의 행동을 저지르지 않도록 제도적 장치가 필요한 것도 사실이다. 그러나 경이로움과 놀라움의 순간, 우리는 이러한 의무를 의식하지 않고도 이미 자연스럽게 존중하고, 진심으로 돌보며, 그들의 안녕을 바라는 자신을 발견하게 된다. 우리가 누군가와 연대감을 느끼고, 그의 행복이 우리의 행복과 본질적으로 맞닿아 있음을 깨닫게 될 때, 우리가 바라는 것은 단순히 고통을 막는 것에 그치지 않는다. 그들이 가장 온전하게 번영할 수 있도록 돕고, 기꺼이 그 길을 열어주고자 한다. 그것이 우리에게 어떤 대가를

배고프고 아름다운 동물들

요구하더라도 말이다.

나에게 이러한 의식의 확장은 결핍에서 풍요로 들어서는 관문이었다. 열등한 종의 고통을 줄여야 할 의무를 저버렸다는 우월한 종으로서의 죄책감에서 비롯된 엄격하고 경직된 '비건주의'는, 이제 모든 생명 존재의 다채로운 번영을 기쁘게 축하하고 증진하기 위해 '비건으로 살아가는' 자유롭고 즐거운 실천으로 변해가고 있었다. 나의 상상은 이제 인간/동물의 이분법을 넘어선 세계의 비전에 사로잡혀 있었다. 그 세계의 장엄한 아름다움은, 더 이상 한 종의 끝없는 팽창과 불안정한 지배에 위협받지 않는 행성 위에서 모든 생명이 함께 번영하도록 이끄는 우리의 열망에 에너지를 불어넣는 힘처럼 느껴졌다.

그런데도 때로는 '신비한 거위의 배설물'이 주는 묘한 도취감이 사라진 맑은 정신 속에서 이런 비전이 어쩐지 무지갯빛 환상이나 유니콘의 꿈처럼 너무 낭만적이고 비현실적인 것은 아닐까 하는 회의감이 여전히 내 안에 남아 있었다. '그렇다면 그런 비건 세계는 구체적으로 어떤 모습일까? 풍요를 사랑하고 결핍을 두려워하지 않는 인류는 다른 생명들을 향해 어떤 태도와 행동을 보여야 할까? 완벽한 비건 유토피아를 꿈꾸는 것이 비현실적이라면, 우리가 함께 살아가는 이 지구는 어떻게 바뀌어야 할까?'

이 거대한 우주적 물음들에 대한 작은 해답의 빛은 내 뒷마당에서 마주한 아주 작은 생명들과의 교감 속에서 반짝이며 모습을 드러내기 시작했다.

HUNGRY

BEAUTIFUL

ANIMALS

6장

지구의 생명들

공동의 터전에서 함께 번영하기 위해

솔직히 나는 질병통제센터 지하 격리 벙커 한편에 놓인 소독용 티슈 통만큼이나 자연과 거리가 먼 인간이다. 캠핑은 평생 단 한 번 가봤다. 그리고 가족들 사이에 전설처럼 전해지는 이야기에 따르면, 나는 그때 속옷 안에 들어간 모래 때문에 견딜 수 없다며 한탄하는 편지를 집으로 보냈다고 한다. 나는 그 일을 애써 기억 속에서 지워버렸다. 다만 집으로 돌아왔을 때, 더럽혀진 옷들이 깨끗한 배낭에 안에 반듯하게 개어져 있었나는 섯은 기억한다. 그리고 내 배낭이 캠프 내내 오두막 바닥에 한 번도 닿지 않았다는 것도. 지금도 가끔 니켈 냄새와 소변 냄새가 진동하는 공동 샤워실의 미약한 수압 때문에 스트레스를 받는 악몽을 꾼다.

초등학교 5학년 때의 실패한 여름 캠프가 내가 자연 속에서 많은 시간을 보낸 가장 최근 일이라는 사실만 봐도, 내가 야생과 얼마나 안 맞는 사람인지 충분히 알 수 있다. 그러니 내 비건 여정의 출발점이 '축산업이 빙하와 열대 우림, 대기와 해양, 생물 다양성과 기후 안정성에 끼치는 재앙적 영향' 같은 환경 문제에서 비롯된 게 아니었다는 사실은 전혀 놀라운 일이 아니다. 비건이 되기 전까지, 내가 지구적 문제에 관해 생각하는 방식은 지난 30년 동안 '자연보다 문화'를 선호하며 살아온 사람답게 높은 곳에서 세상을 내려다보는 오만한 태도였다.[1] "지구가 따뜻해진다니, 안타까운 일이야!" 마치 도시 생쥐가 아이맥스 극장 의자에 몸을 묻은 채 빙하가 녹아내리는 위성 영상을 바라보며 탄식을 내뱉는 식이었다.

결국 나를 현실로 끌어내린 것은 인간/동물의 이분법을 넘어선 의식의 진화였다. 그렇다고 해서 내가 내려온 곳이 문명화된 인간이 내려다보며 통제하고 관리해야 하는 그런 고상하고 추상적인 의미의 자연은 아니다. 내가 발 디딘 곳은 '집'이라 부를 수 있는 공동의 터전, 모든 존재가 서로 다른 방식으로 번영을 추구하면서도 함께 머물 자리를 찾아야 하는 땅이었다. 물론 인간의 번영 방식은 다른 종들과 크게 다르고, 우리의 태도와 행동이 지구 생명 전체에 미치는 영향이 워낙 크기에 인간에게 더 신중하게 돌봐야 할 특별한 책임이 있다는 점도 인정해야 한다.

나를 '귀향'으로 이끈 것은 작고 평범한 우리 집 뒷마당이었다. 한때 농약에 뒤덮인 죽음의 땅이었던 그곳을, 서부 미시간에 서식하는 토종 식물을 포함한 여러 생명체가 살아갈 수 있는 안식처로 바꾼 일이었다. 이 장에서는 그 경험을 바탕으로 비건으로 살아가며 다른 생명들의 '번영'을 자각하는 고양된 의식이 어떻게 우리의 정의관을 확장하고, 종을 초월한 연대감을 낳으며, 그 연대가 어떻게 우리의 공유된 세계를 변화시킬 동력이 되는지 작은 마당이라는 '생태계의 축소판'을 통해 보여주고자 한다.

새로운 비건 일상이 유토피아를 보장하지는 못하더라도, 공장식 축산에서 벗어나 식물성 기반 식품 체계로 전환하는 일은 여전히 모든 존재를 위한 환경 정의를 실현할 가장 현실적이고 최선의 희망이다. 그 변화는 뜨거워진 기후를 식히고, 주요 생태계와 생물 다양성을 회복하며, 공기·토양·물을 되살릴 수 있다. 그리하여 지구는 여기서 살아가고 번영을 꿈꾸는 모든 존재에게 다시 한번 아름답고 풍요로우며 살기 좋은 집이 될 수 있을 것이다.

시카고 서부 교외에서 자란 나는 자연스럽게 '위대한 미국 잔디밭'이라는 종교의 신도가 되었다. 어린 시절 내가 상상하는 이상적인 뒷마당은 선명한 초록빛으로 반짝이며, 갓 깎아 가장자리가 또렷하게 정리된, 그 외에는 어떤 발자국도 허락하지 않는 화학 약품으로 완벽하게 유지되는 사오백 평 정도의 잔디밭이었다. 가장자리에는 소나무 관목과 형형색색의 일년생 꽃들이 자리 잡고 있었다. 잔디 위에서 뛰어놀던 어린 시절에서 십 대가 되어 잔디를 깎아 용돈을 벌던 시절로 넘어가며 나의 인식은 조금씩 바뀌었다. 성인이 되었을 무렵에는 모든 진실을 알게 되었다. 아름다운 마당이란 끊임없는 통제와 막대한 자원 투입, 그리고 필요하다면 침입자를 무자비하게 박멸해서 탄생한 획일성의 산물이라는 것을. 비가 부족하다면? 밤새 잔디에 물을 흠뻑 뿌리면 된다. 물 낭비나 그 물이 흘러서 환경을 오염시킨다는 생각 따위는 하지 말자! 혹시 강아지풀,

클로버, 민들레가 보인다면? 즉시 제초제를 뿌리면 된다! 벌레나 구더기, 하늘이 무너져도 안 될 마멋 한 마리라도 보인다면? 독을 풀어 처리하면 된다! 화학 약품 덕분에 삶이 더 좋아졌으니까!

　내가 그 잔디밭 예찬의 세뇌에서 벗어나기 시작한 것은 숲을 사랑하는 뉴잉글랜드 사람과 결혼하면서부터였다. 하지만 진정으로 잔디와 질서의 패러다임에서 해방되어 지구 생명체로서 내 자리를 새롭게 상상하기 시작한 것은 비건으로 살기 시작하면서부터다. 그 출발점은 다름 아닌 우리 집 뒷마당에 사는 다른 생명들과의 관계에서였다. 비건 여정을 시작하자마자 잔디로 덮인 단조로운 마당을 버리고, 서부 미시간의 터전에 걸맞게 더 다양한 생명이 공존하는 모습으로 되돌려야 할 분명하고도 설득력 있는 몇 가지 이유를 발견했다.

　첫째, 우리는 거스가 코를 박고 냄새를 맡으며 볼일을 볼 수 있도록 화학 약품에 덜 의존하고 더 생태적인 마당을 원했다. 가능하다면 지금처럼 힘겹게 버티는 잔디밭이 아니라 거스의 배설물을 자연스럽게 숨기거나 분해해 주고, 내 구역질을 덜 자극하며, 값비싼 약품이나 물이 덜 필요한 회복력이 좋은 곳이면 좋겠다고 생각했다. 둘째, 우리는 직접 먹거리를 재배해 보고 싶었다. 거창한 것은 아니고, 우리가 거부하려 했던 식품산업의 산물에 맞서는 저항의 상징으로 작은 채소밭을 만들고 싶었다. 하지만 그 텃밭이 자라려면 집을 처음 살 때부터 잔디 밑에 깔려 있던 메마른 먼지 같은 흙보다 훨씬 비옥한 흙이 필요했다. 셋째, 인간/동물의 이분법이 무너지고 주변의 인간 이외의 생명들에 대한 관심이 깊어지자, 이번에는 문화/자연의 경계마저 흔들리기 시작했다. 나는 인간이 사회적 인정을 얻기 위해 끊임없이 자신의 마당을 본래의 '자연' 상태 이상으로 '문명화'하려는 열망이, 결국 내가 다른 생명들의 아름다움과 존엄을 보지 못하게 만들었던 지배적 오만함의 또 다른 모습일지도 모른다고 의심하기 시작했다.

아내 수전의 단호한 결심과 에코 페미니즘과 환경주의를 다룬 책들이 늘어나면서(솔직히 내 부족한 원예 실력과 게으름의 도움도 받아) 나는 뒷마당을 전혀 새로운 눈으로 보기 시작했다.[2] 더 많은 물과 반복적인 손질이 필요한 외래 식물들, 살충제와 비료 살포, 계절마다 잔디를 깎고 긁어내고 정리하며 인위적인 질서를 되찾으려는 이 모든 행위가 결국 모든 생물이 번성하는 데 불필요한 장애물임을 비로소 깨닫게 되었다.

토양을 황폐화하고, 물을 낭비하며, 서식지를 오염시키고, 시간과 돈을 끝없이 잡아먹는 이러한 정원 가꾸기 관행은 결국 더불어 살아갈 수 있었던 많은 존재들을 위협하고, 내쫓고, 죽이고 있었다. 책으로만 접했던 '환경 의식'이라는 개념을 나는 이때 비로소 실존적으로 체험했다. 내가 발 딛고 사는 물리적 환경에서 좀 더 가볍게 살아가는 일 자체가 다른 생명들을 손중하며 함께 살아가려는 희망을 당장 실현하는 길임을 깨달은 것이다.

그리하여 우리 집 뒷마당은 유기농 토양 개량제, 자연석을 이용한 조경, 그리고 토종 식물·나무·풀로 조성된 화단이 들어서며 잔디밭은 대부분 사라지고 한쪽에 작은 초승달 모양의 구역만 남았다. 앞마당까지 완전히 바꾸기에는 예산이 부족했지만, 우리는 화학 약품 사용을 중단하고, 손이 덜 가는 식물들로 정원을 조금씩 넓혀갔다. 한때 전형적인 교외 잔디밭에서 볼 수 있었던 토끼풀·제비꽃·민들레가 자라나기 시작하자, 우리는 그들을 있는 그대로 받아들이며 화해했다. 남은 잔디가 얼마나 적은지, 결국 우리는 휘발유 잔디깎이를 버리고 회전 날이 달린 수동식 잔디깎이를 들였다. 그마저도 아직 날을 한 번도 갈지 못한 채 그대로 두고 있다.

그리고 안내서에 적힌 대로 천천히, 그러나 확실하게 우리 마당은 새 생명으로 가득 차기 시작했다. 지렁이, 딱정벌레, 거미, 꿀벌, 나비, 새, 다람쥐, 청설모, 토끼, 주머니쥐까지. 이 생명체들은 결핍에서 풍요로, 통제에서 희망의 환대로 나아가는 이 움직임을 누구보다 먼저 감지한 존재들이었다. 물론 내면의 생태계를 조화롭게 가꾸어가는 과정과 뒷마당의 생태계가 되살아나는 과정을 나란히 놓고 이야기하는 것이 너무 과한 건 아닐지 걱정도 된다. 하지만 사실이 그랬고, 그 우연은 아름다웠다. 우리 뒷마당과 그곳에 사는 생명들은 새로운 비건 일상에서 내가 무엇을 기대할 수 있고, 또 무엇을 기대해서는 안 되는지 많은 것을 가르쳐 주었다. 그들은 내 기대를 누그러뜨리는 동시에 그 세계의 매력에 더 빠져들게 했다.

이 변화를 좀 더 분명히 말하자면, 나는 '고통을 줄이는 것'을 비건 실천의 핵심으로 보던 시각에서 벗어나기 시작했다. 결핍에서 풍요로 나아가는 여정이 이어질수록 나는 식물성 식단을 유지하고, 식품 체계의 문제점을 알리며, 반려동물을 더 깊이 보살피고, 보호소에 기부하는 비건 실천의 일반적인 방식들이 더 이상 비건 정신의 '근원'이 아니라 그 비건적 상상력에서 흘러나오는 물줄기처럼

배고프고 아름다운 동물들

느껴지기 시작했다.[3]

오해하지는 말길 바란다. 나는 처음부터 이런 실천들을 진심으로 받아들였고, 그 과정에서 커다란 보람과 기쁨을 얻었다. 동물성 식품을 철저히 끊으면서 새로운 요리 기술을 익히고, 미지의 식재료로 요리의 세계를 넓히며, 산업형 축산업의 폐해와 식물성 식단의 이점을 사람들에게 알리는 일은 내 연구와 강의에 새로운 생명력을 불어넣었다. 무엇보다 거스를 더 깊이 사랑하려는 노력은 나라는 사람 자체를 완전히 바꾸어 놓았다. 그리고 보호소를 방문하고 기부하는 일은 내 마음과 신념, 그리고 말로 표현하던 가치를 실제 행동으로 옮길 수 있게 해주었고, 다른 비건들과 다시 번성할 기회를 얻은 생명들과 공동체를 이루게 해주었다. 나는 지금도 이 실천들을 내가 아는 한 비건적 상상력이 가장 힘 있게 드러나는 방식으로 계속 실천하고, 또 다른 이들에게 권하고 있다. 다만 예전처럼 두려움이나 비판적인 의식에 사로잡히지 않고서 말이다. 이런 실천들이 나의 내면 생태계를 뒤흔들어 일으킨 변화가 없었다면 아마도 거위들이 내게 가르쳐준 그 깨달음은 분노의 사건으로만 남았을 것이다.

하지만 그날 하늘에서 내려온 선물과 함께 찾아온 깨달음은 내 안에 한층 더 깊은 열망을 일으켰다. 단순히 더 양심적인 소비자, 보호자, 기부자로서 동물의 고통을 줄이기 위해 구매력을 행사하는 차원을 넘어(물론 그것도 여전히 중요하지만) 내 주변에서 자기 방식으로 살아가며 번영하려 애쓰는 존재들과 직접 협력하고, 그들의 삶을 지지하고 싶었다. 나는 단순히 그들의 고통을 막는 것을 넘어서, 그들이 진정한 '존재의 번영'을 누릴 실질적인 기회를 만들어내고 지속시키는 일에 참여하고 싶었다.

철학자 마사 누스바움^{Martha Nussbaum}은 이런 '번영의 기회'가 지닌 아름다움을 이렇게 설명한다.

> "감각 능력(sentience)은 매우 중요한 경계선이다. 물론 고통은 매우 중요한 문제이며, 불필요한 고통을 없애는 일은 시급한 과제다. 그러나 동물은 단순히 고통을 느끼는 존재만이 아니라 스스로 행동하는 주체다. 그들의 삶에는 존엄성과 사회성, 호기심, 놀이, 계획, 그리고 자유로운 움직임 등 다양하고 의미 있는 측면들이 존재한다. 따라서 동물의 번영은 단순한 만족의 상태가 아니라, 스스로 선택하고 행동할 수 있는 기회로 이해되어야 한다.[4]

만약 다른 생명체들도 존엄성이 있다면, 그들의 욕구는 단순히 무의미한 현재 속에서 순간적으로 일어나는 본능적 충동이 아니라 경험과 기억, 관계와 계획 속에서 호기심과 놀이, 사회적 교류를 통해 형성된 것이다. 그들 또한 자신만의 생각과 감정을 가지고 자신에게 더 좋은 일과 나쁜 일을 구분할 수 있으며, 그들의 삶이 다른 존재들과의 관계 속에서 영향을 주고받는다면, 우리가 '동물'이라 부르는 존재들은 단순한 생물이 아니라 자기 삶을 살아가는 주체로서 우리가 어떻게 대하느냐에 따라 옳고 그름이 갈리는 대상이다. 그렇다면 우리는 이렇게 물어야 한다. 우리는 어떻게 이 생명들에게

배고프고 아름다운 동물들

정의를 실현할 수 있을까? 그리고 누스바움의 품격 있는 표현처럼, 우리는 어떻게 '그들 각자가 자기 방식으로 번영할 수 있는 공간'을 만들어갈 수 있을까?[5]

이러한 질문은 내 뒷마당을 찾아오거나 이곳을 아예 보금자리로 삼은 생명들을 지켜보는 경이로움에서 시작되었다. 4월과 5월이면 야생토끼 어미들이 새끼를 낳고 둥지를 틀며, 여름 내내 토끼풀을 뜯으며 살아간다. 6월과 7월에는 울새 가족이 지난해에 말린 풀로 둥지를 지어 올리고, 연약한 새끼들이 세상에 나온 첫 두 주 동안 부모 새가 번갈아 종일 먹이를 물어 나른다. 그리고 봄 첫 꽃이 피는 4월부터 겨울잠에 들기 직전까지 찾아드는 꿀벌들은 나무와 꽃을 오가며 꿀을 모으다가 어느 여름날, 수만 마리가 한꺼번에 우리 집 수양벚나무 가지로 몰려들었다. 사실 그 나무는 벚나무 줄기에 접붙여진 수양벚나무 가지들을 하나둘 떨구고 있었다. 그 장면을 보며 나는 문득 이렇게 생각했다. 아마도 벌들에게 선택받은 기쁨에 그 나무가 울음을 멈춘 것일지도 모른다고.

경이로움에 충실할 때의 아름다움은 이전에는 부분만 보이던 자리에서 의미와 목적을 지닌 관계의 전체를 보게 된다는 데 있다. 내 뒷마당이 자유롭게 살아가는 생명들에게 조금 더 너그러운 공간이 되기 전까지, 나는 반려동물과 똥 세례를 안겼던 그 거위 무리를 제외하면 동물들을 그저 잠깐 스쳐 지나가며 이용의 대상으로만 경험해 왔다. 어떤 생명이 내 시야에 들어오면 곧바로 내 관심과 필요에 따라 나와의 관계를 규정하고 반응했다. 그리고 나는 그 만남을 나에게 유리하게 돌리거나, 적어도 피해 없이 그 상황을 벗어나는 일에만 집중했다.

웅장한 구경거리 : "붉은꼬리매다! 쌍안경 좀 줘봐!"
포획된 구경거리 : "영장류 쪽에 가보자! 고릴라 진짜 웃겨!"
사냥한 자랑거리 : "적어도 40인치짜리 놓어야! 그릴이 더 커야
겠는데?"
뜻밖의 적 : "쓰레기통에 스컹크가 있어! 난 도망간다!"
그리고 이 이야기와 특히 관련 깊은 부류, 생태적으로 꼭 필요
하지만 성가신 골칫거리 : "벌이다! 도망쳐! 하지만 죽이지는
마! 수분 매개자가 없으면 식량 체계가 무너지니까!"

내 세계에서 동물은 언제나 '사물'이었다. 하지만 우리 집 마당에
보금자리를 튼 경이로운 존재들은 나를 내 세계 밖으로 꺼내서 그
들의 세계로 데려갔다. 어미 야생토끼가 새끼 곁을 자주 비우는 것
은 무정해서가 아니라 포식자가 따라붙지 못하도록 일부러 거리를
두는 생존의 지혜였다. 어미 울새의 가슴이 진흙투성이인 것도 위
생 관념이 없어서가 아니라, 둥지를 단단히 다듬기 위해 온몸으로
진흙을 다지느라 그렇게 된 것이다. 그리고 무리를 지어 윙윙거리
는 일벌들도 화가 난 게 아니었다. 낡은 벌집에서 여왕벌을 이끌고
새로운 둥지로 옮기는 중이었다. 몸에 꿀을 가득 채우고 이동하며,
방어 임무에서 잠시 벗어나 새 터전을 정찰하는 춤에 몰두해 있을
때, 그들은 거의 위협적이지 않다.[6]
　이 생명들은 저마다 전혀 다른 방식으로 번영을 추구했지만, 모

두가 한 가지 공통된 진실을 내게 가르쳐주었다. 이 땅에서 살아가는 모든 존재에게는 각자 고유한 생명의 불씨를 지필 수 있는 물리적 터전이 필요하다는 것이다. 흙과 공기, 물, 식물과 동물, 먹이와 사회적 관계가 정교하게 맞물려 돌아가는 그 섬세한 생명의 그물이 없다면, 그 누구도 자신의 불씨를 피워낼 수 없다. 이 지구라는 터전에서 집을 이루려면 각자 자기 몸을 지탱하고, 욕망을 북돋우며, 고유한 창의성과 기술을 발휘하고, 다른 존재와의 협력과 경쟁이 보람으로 이어지는 세계 속에 살 수 있어야 한다. 우리가 자유롭게 살아가는 존재라 할지라도, 그 자유는 본질적으로 지구에 의존한 자유다.

나는 불붙은 화염 방사기로도 모닥불 하나 제대로 피우지 못하는 책상물림이지만, 그런 내가 깨달은 것이 있다. 어떤 종이든, 한 개체의 정의를 실현하는 일은 결국 '환경' 정의에서 출발한다는 사실이다. 이 깨달음은 내 안에서 오랫동안 흔들리던 문화와 자연 사이의 경계를 완전히 무너뜨렸다. 아무리 기술이 발달하고 세련된 세상에 살더라도, 모래 긴 바지가 싫어 캠프를 포기한 나도 눈 위에 발자국을 남기거나 풀밭에 배설물을 떨어뜨리는 다른 모든 배고프고 아름다운 동물들만큼이나 지구라는 집에 의존하고 있었다. 아니, 어쩌면 그들보다 훨씬 더 많이 의존하고 있었다. 내 삶의 방식은 그들의 삶보다 훨씬 많은 자원을 소모했고, 그 덕분에 누리는 편안함 없이는 나 자신을 지탱할 능력조차 없었으니까.

그래서 내게 가장 깊은 인상을 남긴 것은 마당의 작은 존재들이었다. 그들은 내 도움 없이도 저마다의 방식으로 즐겁고 끈질기게 살아가고 있었다. 인간이 언제나 이야기의 주인공이라 믿어온 나는 환경 의식이 깨어나면서 생태 관리 계획을 세워 이 생명들을 잘 이끌어야 한다고 생각했다. 이제 나는 우리가 같은 땅 위에서 서로 의존하며 살아간다는 사실, 그리고 그들의 번영을 지키기 위해 내가 할 수 있는 일의 중요성은 이해하고 있었다. 하지만 그들의 존재와 삶의 방식이 내 삶의 터전을 만들어주고 있다는 사실은 아직 완전히 깨닫지 못하고 있었다.

거위들이 내게 인간이 아닌 다른 생명이 스스로 번영하는 경이로움을 보여주었다면, 꿀벌들은 모든 생명체의 자립이 결국 지구에 기반한 상호 의존임을 가르쳐주었다. 우리 집 마당에 찾아오는 벌의 수가 눈에 띄게 늘어난 것은 내게 특별한 자부심이기도 했다. 민들레를 방치하던 내 게으른 정원 관리 방식이 이제는 미덕으로 인정받는 것 같았기 때문이다. 게다가 꿀벌들에게는 예전부터 꿀 논쟁으로 진 빚이 있었다. "비건이라면 꿀을 먹어도 될까, 안 될까?" 이 질문은 새로 비건이 된 철학 교수에게 자주 따라붙는 단골 화제다. 잡식주의자와 채식주의자들은 이 질문으로 비건을 극단주의자로 몰고 싶어 하고, 비건들 사이에서도 한 단계 더 높은 깨달음을 논할 때 단골로 등장하는 질문이다.

이 질문은 대부분 함정이었다. "비건이라면서 꿀은 먹어도 되나요?"라는 말 속에는 비건을 몰아붙이려는 의도가 숨어 있는 경우가 많았다. 내가 즐겨 쓰던 회피 전략은 질문에 질문으로 맞받아치는 것이었다. "그 꿀이 어떤 벌집에서 나온 건가요?" "지역 벌 개체군은 스트레스받고 있나요?" "양봉업자는 돈이 목적인 사업가인

가요, 벌을 보호하는 게 목적인 활동가인가요?" "여왕벌을 인위적으로 도태시키진 않나요?" "벌들이 살아가는 데 필요한 양에 비해 사람이 얼마나 많이 채취하나요?" "채취 과정이 벌이나 벌집에 얼마나 영향을 미치나요?"

이렇게 질문을 던지며 극단주의자나 위선자로 몰리는 걸 피하려다 보니 벌의 삶과 노동에 대해 놀라운 사실들을 많이 알게 되었다. 예를 들어, 우리가 먹는 음식의 1/3은 벌의 수분 활동 덕분이라는 사실 말이다. 그리고 개인적으로는 내가 사랑하는 아몬드, 사과, 블루베리, 브로콜리, 캐슈너트, 체리, 크랜베리, 멜론, 호박 등 수많은 먹거리를 즐길 수 있었던 것도 모두 벌들 덕분이라는 것을 새삼 실감했다. 그리고 인간이 토양을 관리하고 식량을 재배하는 방식을 더 현명하게 바꾸지 않는다면, 언젠가는 이 사랑이 짝사랑으로 끝나버릴 수도 있겠다는 생각이 들었다.[7]

이러한 사실이 이제는 전혀 다르게 다가왔다. 나는 실제로 벌들을 마당에 초대하고 있었고, 꽃과 나무 사이에서 바쁘게 오가는 그들을 기쁘게 바라보았다. 그리고 이웃집 창가 너머로 들려오는 피아노 소리에 감동하듯 그들의 공간 기억력에 감탄했다. 예전의 나는 '결핍'의 사고방식에 갇혀 있었기에, 벌을 죽이지 않거나 멜론을 계속 먹기 위해 서식지 보존에 후원하는 정도에서 멈췄을 것이다. 그런 거래적 관심은 불안에서 비롯된 것이어서, 멜론의 공급이 안정되면 '수분 매개자'나 '환경'은 다시 무관심의 심연 속으로 사라졌을 것이다. 그러나 지금의 나는 다르다. '풍요의 감각' 속에서 그저 내 이웃인 벌들을 위해 마음을 쓸 수 있게 되었고, 돌봄이란 언제나 상호 관계 속에서 비롯된다는 사실을 알게 되었다. 이제 멜론은 이 관계의 목적이 아니라, 서로의 존재에서 피어나는 우정의 열매다.

나는 토종 식물과 꽃이 잘 자랄 수 있도록 흙을 일구고, 벌들은 그 흙에서 피어난 꽃들을 수분하며 살아간다. 나는 벌들이 먹고 살 수 있도록 그들의 터전을 만들어 주고, 벌들은 다시 나에게 먹을거리와 생명의 순환을 돌려준다. 우리는 그렇게 함께 살아간다. 같은 땅을 나누어 쓰며, 너무나 자연스럽게 서로의 번영이 얽힌 채로. 그래서 접시 위에 멜론 조각이 있든 없든(고마워, 벌들!), 개미가 더 비옥한 흙을 만들어줬든(덕분이야, 개미들!), 내가 심지도 않은 꽃들이 피어나 아름다운 빛깔과 새소리가 가득한 정원이 되었든(새들에게 건배를!), 그저 그들이 잘 살아가는 모습을 보는 일 자체가 이웃으로서의 기쁨이자 자부심이었다. 이런 관계는 마치 친구 사이의 우정처럼 느껴졌다. 그들의 안녕을 그 자체로 기뻐할 수 있었고, 우리 사이에 오가는 선물 같은 호혜가 그저 고맙기만 했다.[8]

물론 벌과 토끼, 울새, 개미의 삶은 내 삶과 전혀 다르다. 그래서 그 차이를 존중하려면 정성껏 돌보는 일보다 한발 물러서서 그들이 존재하도록 그냥 두는 것이 중요했다. 흙을 개량하고 토종 식물을 심은 시기가 지나자 마당을 다른 생명들이 편히 살아갈 수 있는 터전으로 만드는 일은 결국 내가 하던 일을 멈추는 것, 그동안 당연히 해야 한다고 믿었던 불필요한 일들을 하지 않는 것이었다.

비료와 농약을 쓰지 않고, 정기적으로 물을 주지 않으니 잔디는 덜 무성해졌고, 그 자리에 토끼풀과 씨앗을 맺는 풀, 민들레, 들꽃

배고프고 아름다운 동물들

이 자라기 시작했다. 그 덕분에 곤충과 벌, 나비들이 살기 좋은 환경이 되었다. 낙엽을 자주 긁어내지 않고, 예초기나 제초제를 덜 쓰고, 계절마다 덤불을 치우지 않자 땅은 훨씬 더 풍성하고 평화로운 곤충들의 터전이 되었다. 그 위에서 토끼와 새들이 먹이를 얻고, 둥지를 틀 재료를 구했다. 포도에 살충제를 뿌리지 않자 울새들이 포도 넝쿨 사이에 둥지를 틀었고, 잘 익은 포도를 전부 따지 않고 남겨두니 밤마다 너구리와 주머니쥐가 놀러 오는 잊지 못할 장면이 펼쳐졌다. 반려견들을 마당에 내보내기 전에 창문을 몇 번 두드려 신호를 주면 뒷마당의 야생 친구들이 미리 피할 수 있었고, 울타리 아래에 있는 작은 구멍을 막지 않자 토끼, 다람쥐, 청설모가 맹금류나 길고양이의 공격을 피할 수 있었다.

길고양이 이야기가 나온 김에 분명한 진실 한 가지를 짚고 넘어가야겠다. 비건적 이상향을 꿈꾼다고 해서 모든 생명이 고통도 죽음도 없는 낙원에 살게 되는 것은 아니다. 우리가 그리는 새로운 비건 세계는 인간과 다른 종들 사이의 신체적 한계, 고통, 서로 다른 이해관계가 마법처럼 사라지는 유토피아가 아니다. 다만 불필요한 고통과 죽음을 가능한 한 줄이고 막기 위해 지속적으로 노력할 뿐이다.

새로운 비건 일상의 아름다움은 생명체로서의 한계를 초월하는 데 있지 않다. 그보다는 그 한계 안에서 더 아름답게 살아가려는 태도와 실천에 있다. 자신과 다른 생명들의 가능성을 파괴하고 약화하는 자기 파괴적 관습과 제도에서 벗어나, 모든 존재가 저마다의 방식으로 번영을 추구할 수 있도록 더 넓고 자유로운 공간을 열어가는 데 있다. 고통과 죽음은 인간에게도, 다른 생명들에게도 피할 수 없는 조건이다. 사실 우리가 살아 있는 몸으로 이 땅에서 애쓰고 성장하는 데 꼭 필요한 장치이기도 하다.(이 말이 의심스럽다면, 고통을 전혀 느끼지 못한 채 얼마나 오래 생존할 수 있을지, 몸의 기능이 멈춘 뒤에도 계속 의식이 깨어 있는 게 정말 행복할지 생각해 보라.)

비건으로 산다는 것은 인간이 더 풍요롭게 살아가는 하나의 길이며, 다른 생명과 지구의 번영에도 넉넉한 자리를 내주는 방법이지만, 그것이 모든 종에게 가능한 것은 아니다. 우리 집 벚나무의 무당벌레는 진딧물을 먹어야 하고, 개미는 그 무당벌레와 싸워서 진딧물이 수액을 빠는 동안 그들이 남긴 단물을 얻어야 한다. 이 세상 어딜 가도(설령 인간이 만들어낼 수 있는 가장 이상적인 비건 세상이라 해도) 올빼미는 올빼미답게, 범고래는 범고래답게, 고양이는 고양이답게 살아갈 것이다. 큰 고양잇과 동물들은 여전히 영양을 사냥해야 하고, 작은 고양잇과 동물들은 가끔 토끼 새끼를 물어다 놓을지도 모른다.(물론 그런 본능이 덜 발휘되도록 고양이 집사는 실내 생활을 좀 더 흥미롭게 만들어 주기는 해야 한다.)

다른 생명들의 주체성을 존중하며 대면한다는 것은 때로는 새끼 토끼의 죽음을 슬퍼하면서도 그 책임을 고양이에게 돌리지 않는 일일지도 모른다. 그리고 그것은 지구의 번영에 인간이 언제나 중심적인 역할을 하고 있다는 사실에 책임지되, 그 과정에서 다른 생명들의 주체성을 부정하거나 우리가 대신 소유하지 않는 섬세한 균형 감각을 요구한다. 실 코와 린드그렌 존슨 Lindgren Johnson은 이 긴장감을 다음과 같이 정교하게 설명한다.

배고프고 아름다운 동물들

인간에게 무거운 도덕성을 부여하는 것은 어떤 특별한 속성이나 능력, 특징 때문이 아니다. 오히려 인간이란 존재 자체가 인간의 도덕적 탐구의 대상이며, 그 행동이 다른 동물들(그리고 다른 인간들)까지 어떤 조건 속에서 살아가야 하는지를 결정짓기 때문이다. 그래서 우리는 반려묘 부르노에게 인간과 같은 도덕적 기준을 강요하지 않는다. 부르노가 '지적으로 결함이 있거나 공감 능력이 부족하다, 혹은 반사회적 성향을 지녔다'라는 식으로 판단하는 것은 적절하지 않다. 일부 인간에게는 그런 판단을 적용할 수 있을지 몰라도, 브루노는 인간과는 전혀 다른 삶의 형태에 속한 존재이기 때문이다. 그는 자기 종에 고유한 존재이며, 그 내적 세계는 우리에게 닫혀 있어 이해할 수 없다. 우리는 그것을 지적으로 점유하거나 인간의 사고 틀 속에 집어넣으려 해서는 안 된다.[9]

'인간이 특별하다'는 인식의 틀을 존재론적 우월성이 아니라 도덕적 책임의 깊이로 이해하는 관점은 우리 집 뒷마당에서 생명을 구하는 구체적인 지침이 되었다. 서로의 이해관계가 충돌해 그냥 내버려두는 것만으로 해결되지 않을 때, 이 태도가 나를 붙잡아 수었다. 예전의 나라면 목수개미가 처마 밑에 집을 짓거나 말벌이 현관에 둥지를 트는 모습을 보면, 즉시 침입자로 간주하고 독약을 뿌리거나 방역업체를 불렀을 것이다. 그러나 지금의 나는 그들을 같은 땅 위에서 살아가는 존재들, 즉 나와 마찬가지로 지구에서 살아남고 번성하기 위해 분투하는 동료 생명체로 본다. 그리고 내 안에 그들의 삶을 좌우할 만큼의 큰 힘이 존재함을 자각하며, 그 힘을 더 선한 방향으로 쓰고 싶다는 마음이 점점 커지고 있음을 느낀다.

경이로움이 이끄는 마음과 인터넷의 도움으로 알게 된 것도 있다. 이웃 생명들을 해치지 않고 다른 곳으로 떠나게 하는 방법은 그들이 누구인지, 무엇을 찾고 있는지, 그리고 나의 부주의한 생활 습관이 어떻게 그들을 불러들였는지를 알아내면 된다. 내게는 '침입'으로 보였던 일이 그들에게는 '초대의 수락'이었던 셈이다. 틈을 제대로 막지 않았고, 벽돌을 보수하지 않았으며, 소풍 후에 제대로 뒷정리하지 않았고, 단열재를 엉성하게 설치한 결과, 그들에게 거절할 수 없는 제안을 해버린 것이다. 결국 좋은 울타리가 좋은 이웃을 만든다.

모든 갈등이 물 한 컵, 실리콘 틈새 메우기, 강력 테이프 한 줄, 혹은 계피, 파프리카, 페퍼민트 오일 같은 간단한 처방으로 해결되는 것은 아니다. 하지만 놀랍게도, 조금의 관심과 존중만 있다면 이런 단순하고 값싼 방법들로 대부분의 문제는 충돌 없이, 혹은 아예 일어나지 않게 예방할 수 있다. 그 출발점에 서로를 존중하고 이로운 길을 찾으려는 마음만 있다면 말이다. 상대방을 비난하거나 제거하려는 충동을 내려놓는 대신 이해하고, 축복하며, 공간을 내어주려는 마음처럼. 그럴 때 찾아오는 마음의 변화는 말로 설명하기 어려울 만큼 섬세하고 깊다. 말벌들이 내게 '청소 좀 잘하라'고 일깨워주는 순간, 그들의 경이로운 집을 가까이서 본 적이 있다면 그 조언을 고맙게 받아들이게 된다. 그것은 정말로 아름다운 감정이다.

물론 내가 모든 사람을 대표하지는 않는다. 내 뒷마당이 세상의 축소판도 아니다. 미시간 서부 교외에 있는 작은 뒷마당 한 귀퉁이를 개선한다고 해서 지구 전체가 바뀌는 것은 아니다. 그래서 우리는 함께 이 아름다운 여정을 시작해야 한다. 각자 저마다의 방식으로 비건이 되는 길을 걷고, 자기 내면의 생태계를 다듬고, 자신이 살아가는 땅을 비옥하게 만들어가는 과정을 거쳐야 한다. 그곳이야말로 우리가 실제로 영향을 미칠 수 있는 자리이며, 누가 머물 수 있고 어떤 삶이 가능해질지를 결정하는 삶의 터전이기 때문이다.

나는 '토양 개량'이라는 비유를 좋아한다. 비건으로 살아가는 일이 우리 내면을 풍요롭게 한다는 점과 우리가 세계 어디에 있든지 새로운 비건 일상을 향해 나아가는 과정을 모두 담아낼 수 있기 때문이다. 인간은 수십억 명에 이르며, 각자는 수많은 결을 지닌 다층적인 존재다. 우리가 '집'이라 부르는 자리에서 어떻게 번영을 상상하고 추구하며, 그것을 실현하기 위해 어떤 공간을 마련하느냐는 모든 지구 생명체의 삶에 큰 영향을 미친다. 내면의 토양을 돌보든 발아래의 토양에 영양을 더하든, 비건으로 살아간다는 것은 번영을 향한 열망과 잠재력을 키우는 일이다. 그것은 각자가 저마다의 방식으로 지구에서 풍요롭게 살아갈 수 있도록 삶의 터전에 비옥함과 기회를 더하는 긍정적인 화학 작용을 만들어낸다.

새로운 비건의 기준에서 풍요로움을 그릴 때, 우리의 목표는 유토피아를 만드는 데 있지 않다. 그보다 모든 종이 서로 기대어 살아갈 수 있도록, 인류가 가진 독특하고 막대한 영향력을 존중과 배려의 방향으로 전환하려는 열망을 키우는 데 있다. 다시 말해, 착취하는 인간의 개입 없이 모든 '배고프고 아름다운 존재들'이 서로 의존하며 가장 온전한 삶을 살아갈 수 있는 공간을 열고, 지켜내는 것이다. 물론 이해관계가 충돌해 다른 생명에게 공간을 내어줄 수 없는 상황도 있다. 그럴 때 새로운 비건의 일상으로 나아가는 길은 내쫓긴 생명들을 위한 보금자리와 보호 구역을 만들고, 그들에게 안전한 피난처를 제공하는 것이다. 그리고 지금도 여전히 감각 있는 존재들의 번영을 파괴하거나, 그들의 고통을 전제로 수익을 내는 산업과 제도들은 새로운 비건 일상으로 나아가기 위해서는 폐지되어야 한다. 결국 그냥 존재하게 두는 것이 가장 이상적인 길이다. 그다음은 구해주는 것, 그리고 최소한의 도리는 해치지 않는 것이다.

솔직히 말해, 우리는 아직 새로운 비건의 기준을 사회적, 정치적으로 상상하고 구현하기 위한 복잡한 과정의 출발선에 서 있다. 결핍의 사고방식 안에서는 언제나 두려움과 의심, 그리고 아무것도 바뀌지 않을 것 같은 무력감이 고개를 든다. 하지만 풍요의 관점에서 바라보면, 지금 우리는 숨 막힐 듯 흥미롭고 커다란 가능성을 마주하고 있다. 우리에게는 지금 지구상의 수많은 생명들, 그리고 우리의 삶을 획기적으로 개선할 수 있는 변혁의 선두에 설 기회가 있다. 그동안 인류가 만들어온 가장 파괴적이고 굴욕적인 착취의 구조를 훨씬 더 아름답고 관대한 방식으로 바꿔나갈 수 있는 진짜 가능성이 우리 손에 있는 것이다.

세계가 더 나은 방향으로 변화하는 방식에는 놀라울 만큼 단순한 것들도 있다. 다른 생명체가 지닌 고유한 주체성과 행위 방식을

배고프고 아름다운 동물들

이해하고 존중할수록, 그들이 우리 곁에서 함께 살아가기 쉬운 도로와 건물, 에너지 인프라를 만들 수 있다. 고속도로에서 볼 수 있는 야생동물용 육교와 지하통로, 새들에게 안전한 유리창, 풍력 터빈은 내가 사랑하는 비건 세계관을 보여주는 단서들이다. 이러한 세계에서는 모든 종이 서로 연결되어 있다는 관점에서 서로 다른 존재 방식과 시선, 이동 방식이 하나의 건축 환경과 어떻게 만나는지 미리 고려해 모두를 위한 건축을 설계한다.[10]

다른 혁신들 가운데는 상상하기 어려울 만큼 복잡한 것들도 있다. 그 대표적인 예가 '대체 단백질' 혁신 경쟁이다. 이는 환경적으로 지속 가능하면서도 가격은 더 낮고, 맛은 같거나 더 뛰어나며, 영양은 더 풍부한 식품으로 동물성 단백질을 대체하려는 거대한 흐름이다. 이 움직임은 과학적·기술적·상업적·정치적·심리적 차원에서 흥미로운 과제를 던지고 있으며, 이미 의미 있는 진전도 이루어지고 있다. 식물성 단백질로 근육의 질감을 재현하고, 세포 배양 기술을 통해 동물 없이 '진짜 고기와 유제품'을 생산하며, 균류 단백질을 활용해 새로운 식품 자원을 창출하는 시도들이 활발히 진행 중이다. 하지만 대규모 생산 체계를 구축하고, 정부와 산업계가 연구 개발 빛 규제 설자를 신속히 지원하도록 설득하며, 일반 소비자들이 마음을 열도록 이끄는 일은 아직 큰 과제로 남아 있다. 이 모든 과제는 식량의 미래를 지키기 위해 협력적이고 통합적이며 학제적인 해결 능력이 필요하다는 사실을 분명히 보여준다.[11] 환경 운동가이자 베스트셀러 작가인 조지 몽비오George Monbiot는 이러한 도전을 감수할 가치가 있다고 말한다. "이러한 전환은 여섯 번째 대멸종을 막을 수 있는 최선의 희망일지 모릅니다. 우리는 현재 농경지로 사용되는 토지 대부분을 되살리고, 남아 있는 야생 지역도 보호할 수 있습니다."[12]

산업형 축산으로부터 땅을 되찾는 일은 인류 역사상 가장 혁명적인 토양 개량이 될 수 있다. 그 변화는 모든 지구 생명이 혜택을 누리는 지구 치유의 연쇄 반응을 일으킬 것이다. 온실가스 배출량이 크게 줄고, 탄소 격리량이 대폭 증가하고, 방목지에 새로운 숲이 생겨나 축산업으로 사라졌던 지역에 생물다양성이 회복될 것이다. 수십 년간 산업형 축산으로 훼손된 농촌에 깨끗한 물이 흐르고, 공기가 맑아지며, 더 안전하고 건강한 삶의 터전이 조성될 것이다.

이러한 세계적 변화는 거대한 정책의 결과이기도 하지만, 그 뿌리는 각 개인의 일상적 다짐과 선택에 있다. 우리 각자가 자기 삶의 번영을 향한 열망을 따라 자신이 속한 지역, 일터, 공동체 안에서 그 열망과 재능, 선의가 비옥한 변화를 일으키는 촉매가 될 때, 우리는 함께 사는 모든 생명과 공유하는 공통의 터전을 조금씩 바꿔나갈 수 있다.

새로운 비건의 일상으로 나아가는 일은 개인과 공동체 모두에게 최선의 이익이다. 그리고 이 비전이 지닌 아름다움은 모든 생명의 번영을 위한 강력한 동력이 된다. 이제 필요한 것은 그 아름다움을 우리 삶의 에너지로 바꾸는 일이다. 우리의 한계를 자각하며, 일상적인 선택과 실천 속에서 우리가 상상한 비건 세계를 현실로 만들어가는 것, 그것이 지금 우리가 해야 할 일이다.

배고프고 아름다운 동물들

3부

동기 부여

새로운 비전의 기준으로 잘 살아가기

HUNGRY
BEAUTIFUL
ANIMALS

7장

열망

자기 이해에서 출발하는 비건 목표

1984년의 월요일 저녁이면, 우리는 동네 이웃들이 집 앞에 내놓은 쓰레기 더미에서 쓸만한 보물을 건지느라 바빴다. 화요일은 쓰레기 수거일이었고, 동네 친구들과 나는 그 전날 밤마다 손수레를 끌고 버려진 물건들을 모았다. 그 물건들은 유토피아와는 거리가 먼, 아이들만의 문명을 만드는 데 쓰였다. 우리는 아무도 모르게 이웃집 뒤편 숲속 공터에, 쓰레기로 우리만의 비밀 왕국을 몰래 세워두고 있었다.

사람들 눈에는 깨진 빗 손잡이, 곰팡이 핀 매트리스, 젖은 합판, 고장 난 가전제품일 뿐이었지만, 우리 눈에는 씽쩔곤이 될 밀대기, 스턴트 장비가 될 스프링 매트, 요새의 벽이 될 판자, 자동 도르래의 부품으로 보였다. 우리에게 쓰레기는 자유와 모험의 재료였고, 그 평범한 잔해들은 모두 비범한 세계를 만드는 필수 조각들이었다. 상상력이라는 마법 덕분에 평범한 쓰레기는 순식간에 지루한 교외 생활에서 벗어나게 해주는 찬란한 탈출구로 변했다. 적어도 우리가 만든 임시 엘리베이터가 무너져 한 친구가 2층 높이에서 떨어지며 척추를 다치기 전까지는 말이다. 다행히 그 친구는 살아남았고, 잘 회복했다.

하지만 당시의 엉뚱한 놀이는 어린 내게 중요한 교훈을 남겼다. 아름답고 멋진 비전이라 해도 현실로 옮기는 일은 신중함을 요구한다. 자신의 능력치와 한계를 깊이 생각하지 않고, 개인과 공동체의 기대치를 제대로 조정하지 않으면, 깊은 실망이 따를 수 있고, 심지어 끔찍한 실패로 끝날 수도 있다.

운이 좋다면, 우리가 2부에서 함께 구상했던 비건 세상의 비전은 80년대 아이들이 폐품을 쌓아 올린 쓰레기 요새 프로젝트보다는 나을 것이다. 그렇지만 이 이야기가 주는 교훈은 여전히 유효하다. 주말에 열리는 비건 축제 웨이크업 위켄드가 끝난 뒤에는 언제나 월요일부터 금요일까지의 현실이 기다리고 있었으니까. 완벽한 비건 칠리를 맛보거나 기적의 거위 똥 세례 같은 신비로운 순간을 경험하는 일이 가끔 있을 수 있지만, 그런 순간들이 평범한 하루하루를 버텨내게 해주지 않는다. 고집 센 가족, 비아냥대는 직장 동료, 샐러드에서 치즈를 빼겠다고 사라지는 종업원을 매일 마주해야 하기 때문이다. 게다가 우리 안에는 언제든 일을 망칠 준비가 된 의심과 패배감, 자기합리화의 덫이 함께 살고 있다. 그러니 새로운 비건 일상이 아무리 아름답고, 그 실현을 간절히 바라는 이유가 아무리 많더라도, 각자의 상황에 맞는 현실적인 기대치를 설정하고, 각

배고프고 아름다운 동물들

자가 처한 여건에서 마주하게 될 어려움을 대비하는 것이 중요하다. 비건으로 살아간다는 것은 모두에게 똑같은 길이 아니라, 각자의 여건과 한계를 가진 개별적인 여정이기 때문이다.

이 균형을 찾아가는 일은 누구에게나 각자의 고유한 도전이며, 끊임없는 용기와 실험정신을 요구한다. 현실적인 목표를 세우기 위해서는 자신의 욕망을 분별하고 우선순위를 정할 만큼 자기 확신이 필요하지만, 함정과 오류를 예측하고 방향을 바꿀 줄 아는 겸손함도 필요하다. 목표를 향해 꾸준히 나아가려면, 자신의 최고를 끌어낼 수 있을 만큼 엄격하면서도 때로는 실패를 품어줄 수 있을 만큼 너그러운 자기 훈련이 필요하다. 그리고 여정 속에서 우리가 얼마나 발전했는지를 가늠하려면 작은 성취에도 칭찬을 아끼지 않는 자기애와 가장 큰 실패 앞에서도 웃어넘길 수 있는 회복력이 필요하다.

이 책의 3부에서는 비건을 지향하는 당신이 자기를 더 잘 이해하고, 꾸준히 단련하며, 더 사랑할 수 있도록 돕고자 한다. 내면의 토양을 다지는 초기에 필요한 동기부터 지속적인 실천을 통해 성장하는 과정, 그리고 노력이 결실을 거두는 순간까지의 여정을 지속 가능하게 만드는 힘을 기르는 것이다. 비건으로 살아가려는 우리의 욕망과 기쁨을 구체적인 목표와 실천으로 이어갈 전략을 그려 나간다면, 새로운 비건적 삶의 방식은 훨씬 더 현실적이고, 활력 넘치는 일이 될 수 있다.

여정의 마지막 구간에 들어서며 우리는 조금 더 낮은 고도로 내려가게 될 것이다. 1부에서 식량 체계의 비극을 마주하며 내면의 비건을 깨우는 정화의 과정을 거쳤고, 2부에서 변화된 세상의 가능성을 상상하는 환희를 맛봤다면, 3부에서 마주할 일상 속 실천의 문제들은 그에 비해 다소 평이하고 예측 가능하게 느껴질 수도 있다. 솔직히 말하자면, 극적인 사건은 없다. '거위의 똥 세례' 같은 깨달음도 등장하지 않는다. 책을 쓰거나 눈썹을 다듬는 일처럼 하고 있을 때보다 하고 난 뒤가 훨씬 즐거운 일에 가깝다. 그렇다고 이 단계를 건너뛰면 우리가 원하는 세상은 절대 완성되지 않는다. 바로 이 과정이 원하는 것을 현실로 만드는 방법이기 때문이다.

이 장의 목표는 자기 이해를 토대로 현실적이고 자신에게 맞는 비건 목표를 세우는 법을 배우는 것이다. 각자의 구체적인 삶 속에서 비건으로 살아가고자 하는 개인적 열망을 각자의 신체적 조건에 맞게 조율하는 것이다. 이 책을 시작하며 나는 당신에게 한 가지를 약속했다.

이 여정의 목적지는 누구에게나 열려 있고, 주체적이며, 서로를 포용하는 비건적 삶을 이해하는 것이다. 단번에 완벽한 비건 정체성을 확립하려는 비현실적인 목표를 내려놓고, 각자의 한계 안에서 불완전한 존재로서 기꺼이 할 수 있는 일을 실천하는 것이다. 더 진실하고, 더 아름답고, 더 나은 비건 세계를 향해 나아가려는 영감을 품되 현실적인 실천으로 모든 생명이 함께 번영할 수 있는 지구를 향해 나아가는 것이다. 비건으로 살아가려는 개인의 노력을 '완벽하게 잔혹함이 없는 상태'라는 획일적이고 비현실적인 틀에 가두는 대신, 비건으로 살아간다는 것을 하

배고프고 아름다운 동물들

나의 '여정'으로 바라볼 것이다. 그 여정은 각자의 삶의 조건과 공동체적 맥락 속에서, 자신이 느끼고 영감을 얻은 만큼 그리고 자신이 감당할 수 있는 방식으로 저마다 다른 모습으로 펼쳐질 것이다.

이제 우리는 '비건 세계를 향해 살아간다'라는 지구적 열망의 핵심이 무엇인지 더 명확하게 말할 수 있게 되었다. 그것은 모든 생명이 충분히 번영할 수 있는 풍요로운 터전을 함께 만들어가는 것이다. 또한 각자가 자기만의 방식으로 비건을 실천할 자유를 누려야 하는 이유도 더 분명해졌다. 그것은 자기 내면 생태계와 외부 세계의 관계 속에서 가장 풍요로운 협력을 이루어내며, 각자의 삶의 조건에 맞는 '새로운 비건의 기준'을 만들어가기 위해서다.

비건으로 살아가는 삶이 당신만의 고유한 환경을 더 좋은 쪽으로 바꾸어나가는 데 있어서 핵심은 획일성이 아니라 '맞춤화'다. 따라서 이 장에서는 '무엇'을 목표로 삼을지보다 '어떻게' 목표를 설정할지에 초점을 둘 것이다. 철학자로서 인간의 행복이 어떻게 자기 이해와 맞닿아 있는지에 대한 나의 통찰이 비건으로서 당신의 방향을 설정하는 데 도움이 되길 바란다. 하지만 내가 당신의 새로운 비건 기준이 어떤 모습이어야 하는지를 구체적으로 정해줄 수는 없다. 당신의 운동 플레이리스트를 내가 만들어줄 필요가 없는 것처럼 말이다. 우리 각자의 새로운 일상에는 공통점이 한두 가지쯤은 있을지 모르지만, 대부분은 놀라울 만큼 다를 것이다. 그런 다양성은 모두에게 다행스러운 일이다. 특히 더 아름답게 살고자 하는 우리의 열망이 실제 변화로 이어지기를 바라는 존재들에게는 더욱 그렇다.

이러한 깨달음에 이르기까지 나 역시 시간이 좀 걸렸다. 처음 비건이 되겠다고 결심했을 때, 당시 내가 비건의 정점이라고 믿었던 목표를 세웠다. 다시는, 절대, 어떤 동물성 제품도 먹거나 사용하지 않기! 두 번째 목표는? 다른 사람들도 나처럼 만들기였다. '순수함+전도+감시＝완벽한 비건!' 그때는 정말로 그렇게 믿었다.

모든 생물이 번영할 수 있는 새로운 식단에 관한 비전을 더 넓게 이해하게 된 뒤에야, 나는 완벽함이 종종 선함의 적이 된다는 사실을 깨달았다. 또한 비건으로 살아가겠다는 지속 가능한 다짐은 다른 모든 인간의 열망과 마찬가지로 각자가 처한 상황과 시대에 따라, 한 사람의 삶 안에서도 시기마다 달라질 수밖에 없다는 사실을 알게 되었다. 1970년대 버클리에는 두부나 쌀 음료처럼 아주 단순한 비건 음식밖에 없었지만, 2020년대 샌프란시스코에는 식물성 버거나 식물성 오믈렛에 이르기까지 첨단 기술이 결합한 대체 식품이 다양하게 등장한다. 지도상으로는 만灣 하나를 사이에 두었을 뿐이지만, 그사이에 긴 세월과 복잡한 변화가 흘렀다. 50년은 한 무정부주의 활동가가 기술 자본주의 기업가로 성장하기에, 혹은 소심한 수의사가 동물법 분야를 이끄는 교수가 되거나 다시 기업가가 무정부주의 활동가로 변모하기에도 충분한 시간이었다. 그리고 우리는 모두 그 과정에서 운명의 비바람을 맞으면서도 기쁨을 길어올리고, 때로는 길을 잃고, 다시 자신을 되찾는 여정을 계속 이어가고 있다.

배고프고 아름다운 동물들

우리 인간은 언제나 특정한 장소와 시간이 드리우는 그늘 속에서 자신을 이해하고, 필요와 욕구를 느끼며, 그 욕구를 충족하기 위한 목표를 세운다. 그 장소에는 두 가지 차원이 존재한다. 안으로는 오랜 세월 동안 우리의 사랑과 결함, 한계가 수십 년에 걸쳐 형성되고, 다시 다듬어지는 내면 생태계가 있다. 밖으로는 우리가 살아가는 집과 이웃, 일터, 상업과 여가 공간, 사회 제도, 종교적 공간이 있다. 이 외적 공간들은 상상의 지평과 물질적 환경을 해방하기도 하고 제약을 가하기도 한다. 우리가 진정한 '선'을 이루며 번영할 수 있는 순간은 내면의 욕망이 우리에게 주어진 외적 환경과 조화를 이루어 지루하지도 버겁지도 않은 절묘한 균형 속에서 우리의 가능성을 끌어내고 계속 성장하도록 자극할 때다. 이른바 '골디락스 존Goldilocks zone이라는 너무 쉽지도, 너무 어렵지도 않은 그 지점에서 우리는 자신만의 속도와 방식으로 삶의 목표를 향해 나아간다.

하지만 우리의 삶이 이렇게 우연과 시간의 흐름에 크게 의존하기 때문에 목표를 설정하는 일은 그만큼 어렵고 복잡하다. 우리는 누구도 자신이 태어날 내면이나 외부 환경을 선택하지 못한다. 그저 존재 속으로 던져진 채로 어느 순간 자신을 발견할 뿐이다. 저마다 재능과 결함, 개인적·사회적 소건 속에서 이미 선행적으로 빚어진 존재로서 살아간다. 역사의 유산은 어떤 이들에게는 관대하고, 어떤 이들에게는 가혹하다. 우리의 내저·외적 지형은 성별, 인종, 성적 지향, 장애 유무, 나이, 계층, 국적 등 우리가 통제할 수 없는 수많은 요인에 따라 불평등하게 분배된 기회와 장애물로 가득하다. 우리의 운명은 하루하루, 순간순간 변덕스럽게 다가온다. 요람에서 무덤에 이르기까지 우리가 하는 모든 일에 우리의 개인과 공동체 역사의 흔적들이 항상 우리보다 앞서가며 우리가 존재하고, 이해하고, 행동하는 방식의 지평을 그려놓는다.

이쯤 되면, 당신은 이렇게 생각할지도 모른다. "좋아요, 인생이 복잡하고, 유한하고, 상황에 따라 달라진다는 뻔한 성찰, 참 고맙네요. 그런데 그게 비건으로 살아가는 것과 무슨 상관이죠?"

맞다. 이렇게 당연한 인간의 조건들을 굳이 다시 상기해야 한다는 게 이상하게 느껴질 수 있다. 하지만 놀랍게도 나를 포함한 많이 사람이 '비건으로 산다'는 것은 한순간도 어기지 않고 완벽하게 동물성 제품을 먹지도, 쓰지도 않는 절대적 일관성을 유지하는 것이라 믿는다. '비건이 된다'는 것은 끔찍한 어떤 일을 단번에 멈추고, 완벽한 이상을 위해 흔들림 없이 헌신하는 것이라 여긴다.

그러나 이런 생각은 인간에 대해 우리가 알고 있는 사실과 완전히 어긋난다. 완벽하게 일관성을 유지할 수 있는 인간은 없다. 행동에서도 그렇고, 내면에서는 더더욱 그렇다. 그리고 사실 그건 다행스러운 일이다. 우리의 내면은 인지와 감정, 도덕적 직관, 사회적 욕망, 육체적 조건이 얽혀 있는 헤아릴 수 없이 복잡한 생태계다. 우리가 사는 환경과 함께하는 사람들은 늘 제멋대로 우리를 돕거나 방해한다. 이런 '아름답지만 고통스러운 세상' 속에서 자신답게 살아간다는 것은 언제나 진행 중인 과제. 특히 음식처럼 개인의 습관과 깊숙이 닿아 있는 문제라면 이야기는 훨씬 더 복잡해진다. 식습관을 바꾸는 일은 누구에게나 쉽지 않지만, 어떤 사람에게는 다른 누구보다 훨씬 힘든 도전일 수 있다.

배고프고 아름다운 동물들

생활비를 스스로 벌어서 쓰는 성인이면, 무엇을 먹을지 비교적 자유롭게 선택할 수 있다. 하지만 어린이, 청소년, 노인, 장애인 혹은 수감 중인 사람이라면 그 자유는 거의 없다고 봐야 한다. 임신 중이거나 모유 수유 중이라면 다른 사람은 겪지 않는 영양상의 어려움에 부딪힐 수도 있다. 게다가 사회가 강요하는 성 역할의 규범은 '고기를 탐하는 남성'과 '샐러드를 먹으며 미소 짓는 여성'이라는 고정관념을 만들어내며 상황을 더욱 복잡하게 만든다.[1]

소득이 높은 사람은 산지 직송의 신선한 농산물과 최신 기술로 만든 최고의 대체 단백질 식품, 유행하는 채식 레스토랑을 즐길 수 있지만, 소득이 낮은 사람은 그렇지 못하다. 오히려 신선한 식품 접근성이 떨어지는 '푸드 사막' 같은 지역에 살 확률이 높다. 흥미롭게도 최근 갤럽 조사에 따르면, 이런 현실에도 불구하고 저소득층이 고소득층보다 채식 혹은 비건을 선택할 확률이 두 배 이상 높다고 한다.[2]

도시에서 사는 사람이라면 비건처럼 전통적인 생활 방식에서 벗어나 다른 선택을 해도 대체로 인정받거나 존중받지만, 시골에 산다면 비건 공동체를 찾기가 더 어렵다. 가축 사육이나 사냥, 낚시처럼 농물과 직접 관계 맺는 일이 가족이나 친구의 생계이자 여가 활동으로 자리 잡고 있기 때문이다.

자기 외모나 건강 상태에 전반적으로 만족한다면, 식단을 바꾸는 일은 비교적 부담 없이 즐길 수 있는 작은 도전으로 느껴질 수 있다. 하지만 몸과의 관계가 복잡하거나 섭식 장애를 겪고 있다면, 식단을 제한하거나 새로운 규칙을 더하는 것은 음식과의 관계가 충분히 회복되기 전까지는 현명하지 않은 선택일 수 있다.

　요리에 익숙한 사람이라면 값싸고 맛있는 채식 요리를 통곡물 재료로 얼마든지 만들어낼 수 있을 것이다. 하지만 즉석식품이나 외식에 의존하는 사람이라면 비건 식단으로 바꾸는 과정에서 비용을 줄이기가 더 어려울 수 있다.

　금식과 축제를 중요하게 여기는 종교를 믿고 있다면 전통의 방식에 따라 비건 전환이 더 어려울 수도 있고 더 쉬울 수도 있다. 다른 종교를 믿거나 종교가 없는 친구들과는 달리, 그 공동체의 전통이 어떤 관점을 취하느냐에 따라 제약을 받기도 하고 지지를 받기도 하기 때문이다. 나는 메노나이트 기독교인으로서 아무 거리낌 없이 동물성 식품을 먹으며 자랐기에, 처음에는 비건 식단이 맛있을 수 있다고 도무지 상상하지 못했다. 그래서 다른 생명에 대한 배려가 좀 더 분명하게 드러나는 식문화를 지닌 자이나교, 힌두교, 유대교, 제칠일안식일예수재림교 신자들, 그리고 1년의 절반 이상을 식물성 식단으로 지내는 정교회 신자들이 조금은 부럽기도 했다.

　식단을 바꾸는 일이 당신에게 아주 쉬운 일이라고 해도(어쩌면 너무 쉽게 느껴질수록) 겉으로 보이는 완벽함 때문에 새로운 어려움에 직면할 수 있다. 자신이 옳다는 자만심, 왜 다른 사람들이 힘들어하는지 이해하지 못하는 무지, 그리고 그런 이해 부족에서 오는 공감 능력의 결핍. 냉장고 안에 동물성 식품이 없으니 더는 노력할 필요가 없다고 착각하는 순간, 비건의 본질은 흐려진다. 비건의 중요한 측면인 '인간 사회의 억압 구조에 대한 인식 확장'이나 '환경 정의의 긴급한 과제' 역시 시야에서 멀어진다. 비건을 단 하나의 이슈로만 바라보는 편협하고 평가적인 태도로 빠지는 순간, 비건 운동은 본래의 힘을 잃는다. 이런 태도는 다른 사회운동의 잠재적 동맹을 밀어내고, 오히려 반대 세력에게 힘을 실어주며, 의도치 않게 동물권 운동의 대의를 훼손할 수 있다.[3]

우리는 누구나 어떤 면에서는 훌륭하고, 어떤 면에서는 엉망이며, 전체적으로는 그저 그런 평범한 사람일 뿐이다. 솔직하게 들여다보면 스스로 그 사실을 알게 된다. 하지만 괜찮다. 삶이란 늘 그런 식으로 복잡하고 모순된 것들이 뒤섞여 있으니까.[4]

이처럼 각자의 다양한 환경과 제각각인 성향을 고려할 때, 모두에게 똑같이 적용되는 '완벽한 비건 계획'을 세워 그걸 따르겠다는 목표는 현명하지도, 지속 가능하지도 않다. 오히려 의욕을 꺾고, 더 나아가 그런 목표를 자신에게 강요하는 것은 잔인한 일일 수 있다. 이런 목표는 애초에 불가능하고 부조리하다. 특히 우리가 지구에 사는 80억 명의 배고프고 아름다운 인간들에게 영감을 불어넣어 새로운 비건의 세계로 초대하려 한다면, 그런 완벽주의는 어떤 설득력도 가질 수 없다.

그러나 목표를 개인화해야 하는 이유는 단지 우리의 나약함을 보완하기 위해서만은 아니다. 각자가 가진 고유한 시간과 장소, 열정과 전문성, 영향력을 발휘하여 새로운 비건 세상의 풍요로움을 주변 사람들에게 확장하기 위함이다.

비건으로서 우리의 취약함과 불완전함을 이해하고 받아들이면, 자신만의 비건적 흐름을 실험하고 발견할 자유가 열린다. 그 과정에서 불안은 줄어들고, 열정은 커지며, 도전을 완주한 자리에서 더 나은 자신을 마주하고자 하는 열망이 자연스럽게 이어진다. 애쓰지 않아도 삶이 잘 흘러가고 있다는 감각, 그것은 초월적인 경험이자 기쁨이다.

꿈꾸는 세상에서 어떤 사람이 되고 싶은지를 생각할 때, 우리는 먹는 것 말고도 비건으로 살아가며 누릴 수 있는 기쁨이 얼마나 많은지를 쉽게 잊는다. 물론 식단을 바꾸는 일은 '새로운 비건 기준'을 향한 우리의 열망을 드러내는 가장 상징적이고도 실질적인 방법이다. 그만큼 당신의 목표에 반영해야 하며, 게다가 그 여정은 대체로 맛있기까지 하다. 그러나 우리가 함께 추구하는 목표가 '모든 생명이 풍요롭게 공존할 수 있는 공간을 여는 일'처럼 방대하고 눈부신 것이라면, 하루 동안 당신이 무엇을 먹었는지 혹은 먹지 않았는지는 그 거대한 열망을 표현할 무수한 기회 중 하나일 뿐이다.

당신이 따뜻한 환대와 배려로 손님을 기쁘게 하는 걸 좋아한다면, 그것은 정말 멋진 일이다! 우리는 식물성 요리를 새로운 차원으로 끌어올릴 집밥 요리사, 셰프, 레스토랑 경영자가 필요하다. 이들은 이미 비건인 사람들에게 맛있는 음식을 제공할 뿐 아니라, 비건을 궁금해하는 모든 사람에게 식물성 식단의 풍요와 기쁨을 선사할 것이다. 또한 마을 잔치나 바비큐, 생일잔치마다 등장해 제일 먼저 바닥을 보일 비건 요리를 내놓을 사람들도 필요하다.

당신에게 사람들이 지적, 정서적, 도덕적 역량을 키워가며 새로운 것을 배우도록 돕는 데 재능이 있다면? 그것 또한 훌륭하다! 우리에게는 예술가, 교사, 교수, 연구자, 사서, 그리고 용감한 가족과 친구들이 필요하다. 그들은 다른 동물들의 삶, 그리고 우리의 식량 시스템이 지닌 복잡성과 결과에 대해 더 많은 사람이 배우고 깨닫게 함으로써, 우리 시대에 가장 중요한 환경적·윤리적 문제들을 하나의 맥락으로 연결하는 다리가 되어줄 것이다.

당신이 농업 비즈니스, 농사, 사냥, 낚시, 덫사냥 같은 분야를 잘 알고, 그 관행들에 의존해 살아가는 지역사회에 깊은 애정을 지닌 사람이라면, 더할 나위 없이 좋다! 우리에게는 식량 시스템의 전환이 가져올 기회를 보고, 동료들과 산업 전체가 그 비전을 품을 수 있도록 영감을 줄 통찰력 있는 농업인과 신세대 농부들이 필요하다. 또한 인간과 다른 생명들 사이의 단절된 듯한 인식의 벽을 넘어 그 사이를 이어줄 경험 많고 공감 능력이 뛰어난 사람들이 필요하다.

당신에게 사람들이 건강을 향상하고 유지하도록 격려하는 재능이 있다면, 정말 대단한 일이다! 우리에게는 식물이 지닌 성장·강화·치유의 힘을 잘 이해하고, 그 풍요로운 혜택을 환자와 고객이 누릴 수 있도록 두려움 없이 영감을 불어넣을 간호사, 의사, 영양사, 트레이너, 코치들이 필요하다.

당신이 다른 사람들과 더불어 영적 충만함을 향해 나아가라는 부름을 느끼고 있다면, 이 또한 멋진 일이다! 우리에게는 비구, 구루, 이맘Imam, 판디트Pandit, 목사, 신부, 랍비 같은 종교 지도자들이 필요하다. 이들은 인간과 동물의 경계를 넘어 모든 생명체의 번영이라는 큰 비전을 밝혀줄 경전과 종교 전통에 담긴 풍성하지만, 많은 사람이 잘 알지 못하는 지혜를 새롭게 펼쳐 보일 것이다.

당신이 사람들에게 세상을 바꾸는 용기와 영감을 불어넣는 일을 좋아한다면, 이 역시 훌륭하다! 우리에게는 활동가, 변호사, 정치인, 자선가들이 필요하다. 이들은 인간에 대한 정의와 다른 생명에 대한 정의를 서로 충돌하지 않는 서로 연결된 하나의 목표로 바라보고, 우리가 식탁에 앉을 때마다 그 두 가지 정의를 동시에 진전시킬 새로운 사회 변혁의 길을 개척할 것이다.

아직도 어떻게 해야 할지, 어떤 활동에 참여해야 할지 모르겠는가? 괜찮다. 지극히 자연스러운 일이다. 당신의 심장을 뛰게 하는 일을 하는 사람이나 단체를 찾아, 당장 시간을 내기 어렵다면 작은 후원으로 그들을 응원하는 방법도 좋다. 그러면서 언젠가, 어디에, 어떤 방식으로 당신의 시간과 재능을 투자할지 천천히 정하면 된다.

당신이 과묵하고 강인한 사람이든, 대담하고 거침없는 사람이든, 세련되고 활동적인 사람이든, 성공을 중시하는 현실주의자든, 자유분방한 사람이든, 단정하고 규범적인 사람이든, 신앙심이 깊은 사람이든, 회의적인 이성주의자이든 다 괜찮다. 레고 오덕후, 평범한 회사원, 건강음료 애호가, 애주가, 아이돌 팬, 매사에 긍정적인 사람, 절대 타협하지 않는 사람, 연인이 있는 사람, 싱글인 사람, 비혼주의자, 화려한 네온으로 꾸민 차를 모는 사람, 트럭 운전자, 온종일 해변에서 시간을 보내는 사람, 슬로푸드 애호가, 패스트푸드 애호가, 혹은 자신의 성향을 밝히고 싶지 않은 사람이라도 괜찮다. 당신이 어떤 모습이든, 어떤 리듬으로 살아가든 당신과 비슷한 사람들은 반드시 있기 때문이다. 그들은 자신이 있는 그대로의 모습으로 존중받고, 이해받고, 사랑받고 있다는 확신을 얻을 때라야 비건으로 살아가는 자신을 상상할 수 있다.

배고프고 아름다운 동물들

새로운 비건의 기준이 안전하게 뿌리내리려면 우리 모두의 열정과 에너지가 필요하다. 육체적·사회적·감정적·지적·도덕적 욕구의 모든 차원에서 비건의 아름다움과 풍요, 가능성을 보여주어야 한다. 그렇다고 우리가 모든 면에서 완벽하게 일관성을 유지할 필요는 없다. 그저 각자만의 고유한 공간과 시간 속에서 빛이 스칠 때마다 반짝이는 모자이크 한 조각이 되는 것으로 충분하다.

우리는 자신이 세운 포부와 약속 앞에서 깊은 몰입의 순간이 비판이나 판단 없이 자신의 연약함을 솔직하게 받아들이게 돕는다는 사실을 너무 자주 잊는다. 이런 포부 어린 약속에 실패한다고 해서 그 포부 자체가 사라지는 것이 아니다. 우리가 완벽하게 이루지 못했다고 해서 그 열망이 줄어드는 것은 아니다. 삶의 지침으로 삼았던 노력을 멈추거나, 그 방향으로 나아가는 진전을 멈추는 것도 아니다. 실패하는 순간이 있다면 대개는 그때의 상황이 유난히 어렵거나, 그때의 내가 평소처럼 힘을 발휘하기 어려운 이유가 있기 때문이다. 목표를 포기했기 때문이 아니다.

특히 근본적으로 우리의 삶을 형성하는 가장 큰 열망, 예를 들어 관대한 사람이 되는 것, 상대방을 지지하는 파트너가 되는 것, 아이에게 사랑을 주는 부모가 되는 것, 훌륭한 신앙인이 되는 것 같은 열망을 품으면서도 우리는 상황에 따라 일이 잘 풀릴 수도, 잘 안 풀릴 수도 있음을 너그럽게 받아들인다. 아무리 자책이 심할 때라도, "진짜 화난다. 난 불교 신자가 아니었나 봐!", "원수를 사랑하는 건 못 하겠어. 난 주님을 따를 자격이 없어!", "아이에게 큰 상처를 줬으니 이제 부모로서 자격이 없어!"라고 단정 짓지 않는다.

오히려 진심으로 그 열망에 다가가고자 할 때, 우리의 부족함은 더 깊이 이해하는 계기가 된다. 그 실패는 목표와 능력을 다시 바라보게 하고, 문제 해결의 방식을 다듬게 하며, 무엇보다 자신을 용서하고 다시 나아가게 한다. 우리는 때로 기대에 미치지 못한 그 순간에 가장 빛난다. 넘어졌음을 인정하고, 자신에게 잠시 숨 돌릴 틈을 주며, 그 사실을 받아들인 채 다른 방식으로 계속 빛을 낼 때, 우리는 은총의 그릇이 되어 우리처럼 불완전함 속에서도 이 아름다운 삶을 사랑하고 그 속에서 최선을 다해 살아가려 애쓰는 이들에게 희망을 전한다. 우리의 불완전함은 자신을 더 관대하게 이해하게 하고, 다른 이들에게는 시도해도 괜찮다는 용기를 준다. 모든 것을 완벽하게 갖추거나 처음부터 확신하지 않아도, 심지어 강하게 원하지 않더라도 무언가를 목표로 삼아 진지하게 노력하며 나아갈 수 있다는 확신을 준다. 철학자 타일러 도게트Tyler Doggett와 앤디 이건Andy Egan의 말처럼, "때로는 완벽하지 않아도 거기서 얻을 수 있는 것들이 생각보다 많다."[5]

비건으로 사는 일도 이와 다르지 않다. 모든 종이 함께 살아가며 번성할 수 있는 풍요로운 세상처럼 아름답고 복합적인 비전을 품었다면, 가죽 신발을 신었다고 해서, 특별한 날 잠시 원칙이 풀어졌다고 해서, 해외에서 유학 중이거나 수입이 끊긴 시기에 상황에 따라 동물성 식품도 섭취하는 플렉시테리언flexitarian으로 지낸다고 해서, 심지어(어디까지나 가정이지만) 비건 전환을 더 수월하게 해내는 연인을 향한 반발심에 패스트푸드점 주차장에서 몰래 치킨을 뜯었다고 해서 좌절할 필요는 없다. 비건으로 살아간다는 것은 결국 각자

배고프고 아름다운 동물들

가 자신의 연약함과 흐름을 조율해 가는 과정이다. 처음부터 어쩌면 영원히 완전한 비건으로 살지 못하더라도, 그 이유로 그 열망을 포기할 필요는 없다. 게다가 자기 자신에게 인내와 친절을 베풀 때 생겨나는 기쁨과 즐거움은 다른 사람들을 전염시켜 아직은 마음속에 잠든 '비건이 될 누군가'에게 가장 따뜻한 초대가 된다.

그러니 이제 나와 함께, 우리가 '하지 않는 일'로 비건의 열망을 규정해 오던 불안하고 열정을 갉아먹는 패러다임에서 해방되었음을 선언하자. 할렐루야를 외쳐도 좋고, 우주에 감사를 전해도 좋다. 세이지를 한 묶음 태워도 된다. 눈시울이 젖었다면 곁에 있는 동물 친구의 윤기 나는 털에 얼굴을 묻어도 좋다(함께 사는 가족이 사람이라면 셔츠면 충분하다). 무거운 짐을 내려놓았음을 당신만의 방식으로 기념하라. 비건으로 사는 일이 당신의 한계를 넘어서는 일이라는 두려움은 이미 지난 일이다. 지금 남아 있는 약간의 긴장감은 당신이 사랑하는 일에 최선을 다하도록 이끄는 설렘의 에너지일 뿐이다. 무대에 오르기 전, 관객을 사로잡을 솔로 연주를 앞둔 순간에 느끼는 떨림처럼!

이제부터 비건으로 살아간다는 것은 끔찍한 어떤 일을 단번에 멈추는 것이 아니라, 아름나운 무언가를 시삭하는 일이다. 그리고 상황이 허락하는 만큼 더 잘해보려는 과정이기도 하다. 그런 순간들이 쌓여 자신감이 붙을수록 우리는 계속해서 더 나은 선택을 향해 나아갈 수 있다. 이제 우리는 '다시는 동물성 제품을 먹지 않겠어. 절대!'라는 좁고 엄격하며 결핍을 두려워하는 목표에서 벗어나, 지금 우리가 할 수 있는 최대한으로 모든 생명이 번영할 공간을 만들어가겠다는 넓고 유연하며 풍요를 지향하는 목표로 집단적 열망을 바꾸려 한다. 그 공간은 식탁 위에만 머물지 않는다. 치열하면서도 연약한 마음과 생각, 몸을 지닌 존재들이 저마다의 방식으로 살아내려 애쓰는 모든 자리에도 필요하다. 이러한 공동의 열망을 따르더라도, 그 안에서 각자가 세워야 할 목표는 자기 삶을 세심하고 다정하게 살피는 데서 찾아야 한다. 특히 우리의 취약함 속에서 불가피한 불완전함 때문에 '나는 비건이 될 자격이 없어'라고 느껴질 때가 있다. 그러나 그런 순간이야말로 자신의 상황과 마음을 깊이 들여다보아야 할 때임을 잊지 말아야 한다.

내가 당신에게 어떤 목표를 세우라고 정해줄 수는 없다. 내가 할 수 있는 최선은 소크라테스처럼 "너 자신을 알라!"라고 말해주는 것뿐이다. 만약 당신이 가장 조화롭고, 생기 있고, 세상과 깊이 연결된 자신을 발견하도록 길이 열려 있다면, 그 길은 어떤 모습일까? 물론 여기서 말하는 '자신'은 무엇이든 해내고, 무엇이든 할 수 있으며, 광고 수익으로 모든 것을 꾸려나가는 야심 찬 인스타그램 속의 새로워진 나, 완벽한 자아가 아니다. 이제 그 자아는 축복하며 놓아주자. 사랑스러운 존재지만 보내줄 때가 되었다.

나는 당신의 일상적인 자아, 한정된 에너지와 소박한 생활 공간에서도 상황이 잘 맞아떨어진다면 놀라운 회복력으로 작지만 위대한 일들을 해낼 수 있는 보통의 당신을 말하고 있다. 시인 데이비드 화이트David Whyte가 아름답게 그려낸 바로 그 자아 말이다.

인간은 성취를 이루거나 어떤 최종 목적지에 도달한다고 해서 자신의 본질을 발견하지 않는다. 자신이 어떤 방식으로 길을 가고 싶은지, 두 발을 딛고 서 있는 땅과 나아가고자 하는 지평선 사이에서 어떤 대화를 이어가는지에 가까이 머무를 때 비로소 자신을 발견한다. 사실 우리는 언제나 궁극의 비밀 가까이에 있다. 우리가 도달할 수 있는 어떤 목적지보다, 길을 찾고자 하는 단순한 바람 속에서 오히려 더 진실한 존재가 된다. 그리고 그 사실을 이해하지 못하던 상태에서 이해로 넘어가는 그 한 걸음이, 행복에 가장 가까이 다가가는 지점이다.[6]

비건으로 살아가겠다는 목표를 세울 때도, 지금의 자신에게 어울리는 소박하고 단순한 바람으로 생각하기를 권한다. 너무 거창하거나 지나치게 인생을 뒤흔들거나 영원히 고정된 목표는 오히려 좋지 않다. 내년 이맘때 비건으로서 당신의 여정이 어디쯤 서 있을지를 가늠하는 것은 너무 이르다. 그보다 지금 당신의 내면 생태계 속을 흐르는 비건을 향한 소망은 무엇인가? 가정에서, 친구 관계에서, 일터에서, 그리고 세상 속에서 당신이 바라는 변화는 어떤 모습인가?

처음 시작할 때는 이 단순한 바람들 중 몇 가지에만 집중하는 것이 좋다. 너무 많은 것을 한꺼번에 바라면 불안이나 두려움이 생겨, 아직 뿌리내리지도 못한 비건의 씨앗이 말라버릴 수도 있기 때문이다. 특히 가족이나 친구, 동료들이 비건에 우호적이지 않다면, 처음에는 조용히 혼자서 내면의 토양을 가꾸는 일에 집중하는 것이 현명하다. 자신의 신체적·정서적 욕구를 돌아보고, 지적·도덕적 자원을 다져서 자신을 설득할 만한 이유와 확신을 기르는 것이다. 차한 잔이나 커피, 인터넷, 도서관, 그리고 새로운 요리책 몇 권만 있다면 이런 실험들은 꽤 즐거운 경험이 될 것이다.

이렇게 신중하면서도 영감을 잃지 않고 나아간 접근이 내가 비건으로 전환하는 데 성공할 수 있었던 핵심 비결이다. 비건으로 살아가려면 신체적·지적·정서적으로 감당해야 할 일이 많다는 것을 알고 있었고, 그만큼 내면의 준비가 필요하다는 것도 알고 있었다. 하지만 그렇다고 내 미숙한 생각을 그 누구보다 비판적인 청중으로 가득한 철학계에 서둘러 내놓을 마음은 없었다. 게다가 친구와 가족 중에는 비건이 거의 없었고, 대부분이 자기 생각이 분명한 지식인들이라 비건에 관한 내 작은 바람조차 쉽게 꺼내기 어려웠다.

하지만 나에게 이 길을 한번 시도해 보자고 제안한 호기심 많고 용감한 학생들과 함께라면 비건이라는 새로운 세계를 안전하게 탐험할 수 있을 것 같았다. 운 좋게도 아내 수전은 주방에서 새로운 도전을 즐기는 사람이었다. 그리고 나는, 숨이 멎을 만큼 맛있는 티라미수 없는 인생은 상상할 수 없는 사람이었다.

그때 나의 바람은 아주 단순했다. '동물 윤리' 수업을 열어보고, 그 경험이 어디로 나를 데려가는지 지켜보는 것. 3주 동안 식물성 식단을 실천해 보고, 몸과 마음이 어떻게 반응하는지 느껴보는 것. 그리고 세상에서 가장 풍미 깊은 비건 티라미수 레시피를 찾아내는 것. (스포일러: 성공했다! 부록 2 참고.)[7]

당신의 바람이 무엇인지는 알 수 없지만 단언컨대 그것이 당신만의 연약함과 흐름의 리듬을 헤아린 바람이라면, 비건으로 살아가기 위한 목표를 세우는 그 자체로도 해방감을 느낄 수 있을 것이다.

배고프고 아름다운 동물들

'완벽한 비건'이 되어야 한다는 자기 압박은 이제 내려놓아도 좋다. 추구할 가치가 있는 유일한 이상은 오직 당신 자신의 것이기 때문이다. 그리고 성공하든 실패하든, 그 모든 경험이 가능성의 경계를 넓히며 새로운 기쁨과 도전을 향한 다음 단계를 열어줄 것이다.

자신에 대한 이해가 길을 이끌도록 하라. 당신의 강점을 디딤돌 삼아 앞으로 나아가면, 그 과정에서 약점을 보완할 수 있는 긍정적인 에너지가 생기고, 여정을 이어가는 동안 그 비전을 더 충실히 실천할 여유와 자신감도 생긴다.

그리고 평가와 비교의 습관을 흘려보내라. 자신이나 타인의 방식, 성공, 실패에 매달리기보다 우리가 함께 추구하는 집단적 변화의 큰 흐름을 보라. 이것이야말로 참으로 아름다운 일이다. 자신을 늘 실패 직전의 '불완전한 존재'로 느끼게 하는 엄격한 이상 대신, 당신의 목표가 당신을 자유롭게 하도록 하라. 함께 그려가고 실천하는 '새로운 비건 일상' 속에서 당신이 가장 되고 싶은 사람으로 살게 하라. 현명한 활동가 패트리스 존스^{Pattrice Jones}의 말처럼, "당신이 가진 것과 세상에 필요한 수많은 일 사이에서 가장 잘 맞는 지점을 찾아라."[8]

어쩌면 당신은 음식으로 사람의 마음을 여는 따뜻한 미식가가 될지도 모른다. 매번의 식탁에서 맛있는 요리로 사람들의 생각과 마음을 부드럽게 여는 사람 말이다. 혹은 창의력과 비즈니스 감각으로 새롭고 더 나은 제품으로 시장을 개척하는 친환경 기업가일 수도 있다. 과학적 사실과 영적인 통찰을 통해 비건 세계의 가능성을 학생들에게 보여주는 따뜻한 교육자, 불의에 맞서 인간 본성의 선한 면을 일깨우는 해방의 예언자, 불완전한 제도 속에서도 조금씩 나은 변화를 만들어내는 점진적 실용주의자, 잘 알려지지 않은 아름다운 길의 경이로움을 일깨우는 예술 옹호자, 노동 착취·동물 학대·식품 불평등이 얽힌 구조를 허무는 식량 정의 운동가, 사랑받을 자격이 있는 생명들에게 영원한 보금자리를 찾아주는 동물 구조 활동가, 몸과 마음의 통합적 치유를 전하는 건강 전도사, 기후 위기의 최전선에서 싸우는 기후 행동가, 혹은 이 모든 모습이 뒤섞인 오직 당신만이 그려낼 수 있는 낯설고도 멋진 존재일 수도 있다. 당신이 성공할 때마다, 우리가 함께 짊어지고 있는 짐은 조금씩 가벼워진다. 그리고 당신이 실패하더라도, 다른 누군가가 그 일을 이어갈 것이다. 다시 일어설 준비가 되면, 이번에는 자신에게 가능한 것이 무엇이고, 언제, 왜 가능한지를 더 깊이 이해한 채로 새롭게 시작하면 된다.

결국 비건으로 잘 살아가기 위한 목표를 세운다는 것은 고대 철학이 말한 세 가지 해방의 왕관을 쫓는 일과도 같다. 세상의 무게를 내려놓을 때 찾아오는 마음의 평화, 자신에게 무엇이 좋은지 아는 데서 오는 자율성, 그리고 큰 그림 속에서 자신이 맡은 몫을 다하면서도 전체를 잊지 않는 우주적 자각이다. 즉, 헛된 걱정에서 벗어나는 자유, 자기 방식으로 번영할 자유, 그리고 자신의 번영을 지구 생명체 전체의 번영과 조화롭게 맞추어가는 자유다.

자기 이해는 이 모든 아름다운 길에서 현명한 바람을 품도록 돕는 출발점이 되어준다. 하지만 그 바람을 현실로 만들기 위해서는 약간의 자기 훈련이 필요하다.

배고프고 아름다운 동물들

HUNGRY

BEAUTIFUL

ANIMALS

8장

자기 수련

비건으로 살아가기 위한 영적 훈련

종이 두 장을 정교하게 접어서 만든 광선총을 상상해 보자. 이 무기의 보이는 면(그리고 안쪽 접힌 몇 부분까지)인 총구에서 손잡이까지 손으로 그린 버튼과 빽빽한 설명이 적혀 있다. 이 총에는 사용자가 어떤 곤경에 처해도 거뜬하게 헤쳐 나갈 수 있도록 상상할 수 있는 모든 기능이 있다. 기절 모드, 갈고리, 송수신기, 번역기, 신호 교란기, 박쥐 떼, 갓 세탁한 속옷까지 없는 게 없다.

나는 늘 걱정이 많은 아이였다. 내가 어렸을 때는 불안감이 높은 아이들이 선택할 수 있는 것들이 많지 않았기에, 나는 늘 계획을 세우고 있어야 했다. 비상 계획, 그 비상 계획의 예비 계획, 그리고 재난이나 실수로 바지에 실례할 경우까지 대비한 계획을 세울 정도로 집착했다. 그래서 내가 처음으로 스위스 군용 칼을 선물로 받았을 때의 기쁨은 말로 표현할 수 없었다. 무려 열세 개의 도구가 달린 커다란 다용도 칼로, 워낙 크고 화려해서 웬만한 명품 시계보다 눈에 띄는 그런 칼이었다.[1] 여러 개의 칼날과 미니 톱, 육각 렌치 같은 도구들을 허리띠에 달고 있으면 어떤 괴롭힘이든, 제멋대로 뻗은 나뭇가지든, 작은 녹슨 볼트든, 갑작스럽게 화장실에 가야 하는 비상 상황이든 내 자신감과 평온함을 방해할 수는 없을 거라 상상했다. 종이를 접어서 만든 광선총으로 세상의 위협을 막아내야 했던 시절은 이제 끝났다고 나는 믿었다.

하지만 내 기대와는 달리 거대한 칼집은 데이트 상대에게 인상적이지 않았다. 만능 칼을 향한 내 열정은 중학교 말기에 마음속 어딘가로 숨어버렸고, 고등학교 4년 동안 점점 커진 가슴둘레와 창업하고자 하는 열망으로 옮겨갔다. 헬스장 왕이자 실크스크린과 에어브러시로 만든 티셔츠 제왕이 되는 것이 청소년기 내 상상력의 전부였다. 근육질이고 부자가 되면 불안은 자연스럽게 사라질 거라고 생각했다.

고등학교를 졸업한 후 내 꿈은 10주년 동창회에 최고급 스포츠카인 부가티Bugatti를 타고 나타나 그 차를 불태우는 장면을 연출하는 것이었다. 백만 달러가 넘는 자동차 정도를 아무렇지 않게 버려도 흔들리지 않을 만큼 안정적인 내 모습을 과시하고 싶었다. 하지만 2년이 채 지나지 않아, 처음에는 달갑지 않았던 필수 교양과목 덕분에 나는 대학에서 철학을 공부하게 되었고, 진정한 안정은 삶의 복잡성에 정직하고 단호한 의지로 맞서는 데서 온다는 사실을 깨달았다. 가능성으로 가득한 세상 속에서 살아 있다는 기쁨을 느끼며, 비록 내가 그 전체의 아주 작은 일부에 불과하더라도 그 세계

배고프고 아름다운 동물들

를 사랑하고 축복하려 애쓰는 데 삶의 의미가 있음을 알게 되었다.

나는 철학을 추상적인 학문이 아니라 삶을 아름답게 살아가기 위한 실천적 훈련으로 배울 수 있었던 것을 내 인생에서 받은 가장 큰 선물 가운데 하나로 여긴다.[2] 그 가르침은 도저히 거부할 수 없을 만큼 매력적이었다. 매일 영적 훈련을 통해 자신을 더 깊이 이해하고, 상상력을 확장하며, 무엇보다 회복력 있게 앞으로 나아가도록 이끄는 내적 동력을 키운다면, 돈·명성·지위처럼 덧없는 것들을 좇는 헛된 욕망에서 벗어나 좀 더 영원한 진리·아름다움·선善을 향한 기쁨과 치유의 여정을 걸을 수 있다는 것이었다.

철학은 내가 어린 시절부터 꿈꿔왔던 영혼의 만능 도구였다. 세상을 향해 종이 광선총을 들던 아이에게 그것은 진짜 영혼의 광선총이자 만능 칼이었다. 철학에는 내가 떠올릴 수 있는 모든 실존적 위협에 맞서는 데 도움을 주는 훈련이 존재했다. 게다가 약간의 창의력을 더하면 여러 훈련을 조화롭게 연결해 자신의 강점을 최대한 끌어내고, 약점을 보완하며, 동시에 삶의 다양한 영역에서 성장의 폭을 넓혀갈 수도 있었다.

지난 30년 동안, 나는 철학을 삶 속에서 지혜를 실천하는 영적 훈련으로 바라보는 관점 덕분에 용기가 흔들릴 때마다 다시 길을 찾을 수 있었다. 그 힘으로 대학원 시절을 통과했고, 철학자로서의 자리를 찾고 유지했으며, 25년이 넘는 결혼생활을 이어갈 수 있었고, 지금도 매일 아침 부모로서 다시 힘을 내며 시작할 용기를 얻는다. 그리고 20년 넘게 나는 학생들에게 철학이 삶의 한 방식으로서 얼마나 아름다운지 스스로 발견하도록 돕는 일에 큰 자부심을 느끼고 있다. 내 교육의 원동력은 언제나 영적 훈련이 지닌 변혁의 힘이다.

비건으로 살아가려는 나의 열망을 실천하는 데 이런 영적 훈련의 중요성은 아무리 강조해도 지나치지 않다. 내가 경험한 바로는 비건으로 살아가는 일상 자체가 매일 끊임없이 진화해 가는 실험적인 영적 수행의 과정이었다. 그 실험들은 언제나 나에게 새로운 활력을 주었고, 생명의 번영이라는 더 크고 넓은 비전을 향해 계속 나아가도록 영감을 주었다. 그 비전은 오래전 한 새끼 불도그의 눈빛에서 처음 반짝였고, 20년이 지난 지금도 여전히 나를 놀라게 하고 기쁘게 한다.

이 장의 목적은 당신이 자신만의 영적 훈련 프로그램을 만들도록 영감을 주는 데 있다. 그 훈련을 일상에서 꾸준히 실천하다 보면, 비건으로 살아가는 삶의 고유한 가치를 깨달아갈수록 세상을 축복할 수 있으리라는 확신이 무르익고, 그만큼 새로운 가능성이 계속해서 열릴 것이다.[3] 여기서 가장 중요한 과제는 최선을 다하되 완벽주의의 절망에 빠지지 않고, 자기합리화의 안일함에 휘둘리지 않도록 그 사이에서 균형을 잡는 것이다.

훈련 중인 운동선수나 수학 경시대회 참가자들처럼 비건으로 살아가는 최적의 균형점을 찾는 일은 자신의 강점을 강화하고 약점을 다듬으며, 지치지 않으면서도 자신의 한계를 조금씩 넓혀가는 목표를 세우는 데 달려 있다는 것을 곧 알게 될 것이다. 그러니 준비하라. 이제 곧 당신은 그 어떤 것보다 완벽하게 당신에게 맞춤으로 설계된 궁극의 비건 만능 도구를 갖게 될 테니까.

배고프고 아름다운 동물들

먼저 '영적 훈련'이라는 용어에서 '영적'이라는 표현이 얼마나 유연하고 포용적인지 살펴보자. 이 단어는 거대한 천막처럼 폭넓은 의미를 담고 있다. 하늘에서 불의 수레가 내려오는 환상적인 체험부터, 산꼭대기에서의 명상, 타로 해석, 현대 심리 분석에 이르기까지 모두를 품을 수 있다.

전통적인 종교적 세계관만큼 풍부한 해석에 끌리든, 현대의 심리치료처럼 간결하고 실용적인 해석을 받아들이든 상관없다. 여기서 중요한 것은 낯선 개념이 아니라 우리에게 아주 익숙한 열망이다. 즉, 복잡한 내면 생태계를 더 자유롭고 조화로운 상태로 이끌어 세상과 더 기쁘고 가볍게 관계 맺고자 하는 마음이다. 이런 맥락에서 어떤 실천이 '영적'이라 불리는 기준은 세상과 인간에 대한 근본적 신념의 차이가 아니라, 나의 선^善을 세상의 선과 조화시켜 모든 생명체의 번영을 추구하려는 의식적인 의도에 있다.

그리고 분명히 말할 수 있는 것은 어느 시대 어느 자리에서든 당신과 같은 누군가가 영적 훈련을 통해 자신을 자유롭게 하고, 세상을 더 나은 곳으로 만드는 아름다운 삶을 살아왔다는 사실이다. 내가 학생들과 '좋은 삶을 살기 위한 접근 방식'을 주제로 이야기를 나누며 가장 인상 깊게 느끼는 점은, 이 여정이 얼마나 넓고 포용적인가 하는 것이다. 누구나 우리와 같은 사람들을 찾을 수 있다. 내가 진행하는 '철학적 변용 세미나'에서는 인류가 남긴 방대한 전통 가운데 극히 일부만을 다룬다. 그런데도 우리는 노자에서 성 아우구스티누스, 노리치의 율리아나, 마하트마 간디, 시몬 베유, 코넬 웨스트에 이르기까지 26세기에 걸친 저작들을 함께 읽는다. 또한 자이나교, 도교, 스토아학파, 유대-기독교, 미국의 초월주의가 제시해 온 변화와 성장의 통찰을 탐구한다. 영적 훈련은 시대와 문화를 넘어 인류의 거의 모든 전통 속에 일관되게 흐르고 있다.

인류의 역사 속 어디에나 존재해 온 많은 것들이 그렇듯, 이런 훈련이 어떻게 작동하는지를 이해하기 위해 철학사를 알아야 할 필요는 없다. 우리는 모두 숨 쉬는 법을 알고, 먹는 법을 안다. 그리고 우리의 삶이 풍요로워지기 위해서는 어떤 행동을 되풀이하고 또 되풀이해 습관이 될 때까지 실천해야 한다는 것도 안다.

아기였을 때는 부모가 우리를 억지로 엎드려 놓는 일이 얼마나 싫었는지 모르겠지만, 그 시간이 없이는 커다란 머리를 들거나 몸을 뒤집는 법을 배울 수 없다. 단어를 외우지 않고는 스페인어 시험을 통과할 수 없고, 문제집을 풀지 않고는 대수학을 배울 수 없다. 호흡 연습을 완벽히 해내지 않으면 최고의 랩을 선보일 수 없고, 스윙이 몸에 배지 않으면 골프 핸디캡도 낮출 수 없다. 칼질이 늘지 않으면 양파도 제대로 썰 수 없고, 사이먼 코바르^{Simon Kovar}의 《바순을 위한 24가지 일일 연습》을 숙달하지 않으면 오케스트라에서 완벽하게 바순을 연주할 수 없다. 누구나 아는 사실이다. 기본적인 생활 기술을 익히는 데뿐만 아니라, 큰 목표를 이루는 데도 반복적인 연습은 필수다.

이처럼 반복 훈련을 통해 어떤 기술을 익히고 목표를 향해 나아가는 과정에는 익숙하면서도, 정작 가장 근본적인 목표인 세상 속에서 무엇을 하든 차분하고 자신감 있게 다른 존재와 조화롭게 살아가기 위한 내면 생태계를 돌보는데 이를 적용하는 경우는 드물다. 영적 훈련이란 바로 그 목적을 위해 수행하는 실천이다. 우리의 내면을 조화롭게 다듬어 개인의 번영이 전체의 번영과 잘 맞물리도록 하는 훈련이다.

이 틀을 비건적 삶의 실천과 연결해 보면, 그 정밀함은 놀랍도록 잘 맞아떨어진다. 비건으로 살아간다는 것은 단지 바순 연주나 축구, 유리 공예처럼 단순히 하나의 기술을 익히는 일이 아니라, 세상을 바라보는 방식은 물론 그 안에서 '어떤 존재로 살아가고 싶은가'라는 욕망 자체를 새롭게 방향 짓는 일이기 때문이다. 여전히 많은 이들이 비건으로 산다는 것을 단순한 식습관 문제로 생각하지만, 이제 우리는 그것이 훨씬 더 깊은 전환임을 안다.

우리가 음식과 맺는 관계는 그저 아무거나 입에 넣는 단순한 행위보다 훨씬 복잡하다. 돼지 바비큐가 종교의식이 되고, 칠면조의 죽음이 감사의 상징이 되며, 스테이크가 남성다움의 상징이 되고, 닭 날개는 파티의 주인공이 되며, 닭고기 수프가 어머니의 사랑으로 읽히는 세상에서 단순히 고기를 식물성 재료로 바꾸는 일만으로 모든 것이 해결될 거라 기대하는 것은 순진한 생각이다. 물론 유치원 수준의 기본 윤리만으로도 내면에 잠들어 있는 비건을 향한 호기심을 일깨우고, 어쩌면 결심까지 이끌 수 있다. 그리고 각자의 뒷마당에서부터 북극권과 아마존에 이르기까지 개인과 집단의 노력으로 온 생명이 함께 번성하는 세상을 그려 나간다면, 그 비전은 변화를 향한 깊은 열망을 강렬하게 불러일으킨다. 또한 우리는 이미 이 열망을 지나치게 몰아붙이지 않고 현실적인 '작은 소망'들로 만들어, 각자의 연약함과 흐름을 존중하며 새로운 비건 기준을 만들어갈 준비를 마쳤다.

하지만 그 작고 소박한 소망조차 현실에서 이루기 위해서는 변화를 향해 꾸준히 나아가려는 자기 훈련이 필요하다. 비건이 일상이 되려면 우리는 오래된 사고방식과 감정의 습관, 익숙한 관계의 방식을 벗어던지고, 그 자리를 새로운 습관들로 채워야 한다. 식단을 바꾸는 것만으로는 이 전환을 완성할 수 없다. 그러나 영적 훈련으로 구성된 자신만의 맞춤형 프로그램을 마련한다면, 비건으로 살아가는 과정에서 마주할 육체적·사회적·정서적·지적·도덕적 도전들 속에서 우리의 태도와 행동을 변화시켜, 마침내 새로운 습관으로 자리 잡게 될 것이다. 그럴 때 우리는 더 이상 대단한 의지력이나 비장한 결단, 혹은 존재하지도 않는 '환상적 힘'에 의존하지 않아도 된다. 대신 상황마다 꺼내 쓸 수 있는 '비건 전용 만능 도구'를 영적 훈련을 통해 스스로 만들어갈 수 있다.

스트레스 없는 추수감사절 주말을 보내고 싶다는, 겉보기엔 단순한 소망 속에도 얼마나 많은 복잡함이 숨어 있는지 생각해 보자. 당신은 이제 막 비건으로 살아간 지 여섯 달째. 가족 대부분은 잡식성이고, 당신을 사랑하는 것만큼이나 '비건이 실패하는 모습'을 즐긴다.

어머니는 거의 모든 요리를 맡고 있고, 대체로 당신을 지지한다. 하지만 충돌을 싫어하고, 전통적인 메뉴에서 너무 벗어나고 건 불안해하며, 무엇보다 당신의 삼촌, 키스를 자극할까 봐 전전긍긍한다. 그는 투지 넘치는 변호사이자 열정적인 사냥꾼이며, 취미로 비단뱀을 기른다. 그의 딸, 그러니까 당신이 가장 좋아하는 사촌 이마니는 노동 정의에 열정을 가진 사회학과 대학원생이다. 그녀는 비건에 호기심이 많지만. 그 사실을 공개적으로 드러내는 건 아직 조심스러워한다. 특히 어머니인 안토니아 숙모가 최근 철인 3종 경기에서 더 나은 기록을 내겠다며 육류 중심의 고단백 훈련 식단을 강력히 옹호하고 있기 때문이다. 이마니의 남동생 제일런과 당신의 여동생 새미는 주말 내내 플레이스테이션 게임과 미식축구 중계를 즐기며, 맥주와 버팔로 윙을 앞에 두고 당신 그리고 아버지와 함께 신학적 토론을 이어갈 것이다. 아버지는 전기 기술자이지만 언젠가 목사가 될 것으로 믿었던 사람이다. 지금도 여전히 목회자처럼 읽고 생각하는 사람이다. 제일런과 새미는 틈만 나면 베이컨 농담을 던지며, 닭 날개 한 개만 먹어보라며 유혹할 것이다. 슬프게도 그 유혹은 꽤 강력할 것이다. 하지만 당신을 가장 불편하게 하는 건 그런 장난이 아니다. 아버지가 마음속으로 '비건이 되겠다는 건 가족의 신앙 전통을 거부하는 것'이라 걱정한다는 점이다.

당신은 이 사람들을 정말 사랑한다. 하지만 이번 추수감사절은 그야말로 엉망진창이 될 만한 조짐으로 가득하다. 키스 삼촌, 모두의 입맛을 맞추려 애쓰느라 전전긍긍하는 엄마, 자기 부모를 신경써야 하는 유일한 아군인 이마니, 베이컨과 윙을 들이미는 제일런과 새미, 그리고 당신이 가족의 신앙을 배신했다고 의심하는 아버지까지. 이 모든 불안 요소에 비건으로 새롭게 살아보겠다는 당신의 열정과 불안정한 마음까지 더해지면, 이 주말은 사적인 감정 폭발과 공개적인 무너짐 사이에서 위태롭게 버텨야 할 상황이 된다. 한 가지 위안이 있다면, 적어도 이제는 공개적인 비건으로 살아가고 있으니 지나치게 눈치를 살피며 조심할 필요는 없다는 점이다. 하지만 최악의 경우, 눈물범벅이 된 얼굴로 자리를 일찍 뜨게 될지도 모른다. 어쩌면 그럴 가능성이 꽤 높다.

하지만 영적 훈련이 있다면 이야기가 달라진다!⁴ 11월 내내 추수감사절이 즐겁기를 바라는 작은 소망이 이뤄지지 않을까 두려워하는 대신, 당신은 미리 준비하기로 한다. 그 방법은 '의식적인 관찰 훈련', 즉 외부에서 일어나는 어려운 상황에 자신의 내면 생태계가 어떻게 반응하는지(혹은 어떻게 반응할지) 끊임없이 세심하게 관찰하는 훈련이다. 그 첫걸음으로 긴 연휴를 앞두고 자신이 품은 기대와 두려움을 차분히 점검한다. 머리와 가슴 사이의 긴장이 바로 느껴질 것이다. 이 생각과 감정 사이의 긴장은 앞으로의 대화뿐 아니라 당신의 신체적·정서적 균형에도 영향을 미칠 수 있다.

당신의 이성은 강하게 원한다. 사랑하는 사람들에게 비건이 된 이유를 솔직하게 나누고 싶고, 어머니에게는 비건식으로 만든 추수감사절 음식이 얼마나 맛있고 만들기 쉬운지를 보여주고 싶다. 이마니에게는 비건의 가치가 그녀가 열정을 쏟는 노동 정의 운동과 얼마나 깊이 맞닿아 있는지 알리고 싶고, 안토니아 숙모에게는 고기 위주의 식단이 건강에 어떤 위험을 주는지, 식물성 식단이 운동 능력을 어떻게 높일 수 있는지 알려주고 싶다. 그리고 무엇보다 아버지에게 이해받고 싶다. 비건이 되면서 오히려 더 강해진 무조건적 사랑과 타인을 향한 헌신은 그가 평생 당신에게 보여준 삶의 본보기 덕분임을 말이다. 결국 당신이 이런 길을 걷게 된 것도 아버지의 가르침인 '말한 대로 실천하라'라는 삶의 교훈을 따랐기 때

배고프고 아름다운 동물들

문이다.

하지만 당신은 아직 이러한 열정을 드러낼 준비가 되어 있지 않다. 가족들의 못마땅한 시선이 두렵고, 어머니와 이마니에게 괜한 부담을 주고 싶지 않다는 도덕적 망설임도 크다. 설령 키스 삼촌의 비난을 받아내고, 제일런과 새미의 장난까지 견딜 강단이 있다고 해도, 어머니에게는 최악의 추수감사절을 겪게 할 것이고, 사촌 이마니에게는 어느 편도 들 수 없는 난처한 상황을 강요하게 될 것이다. 게다가 당신 내면의 한편에서는 맥주를 너무 많이 마신 끝에 치킨 날개를 폭식할지 모른다는 부끄러움을 이미 예감하고 있다. 그리고 다른 한편에서는 그 폭식을 부추길 맥주를 마음껏 들이켜고 싶은 마음도 꿈틀거린다. 그래서 눈에 띄지 않게 조용히 지내고, 아무 일도 없는 것처럼 행동하며 주어진 음식을 아무거나 먹어버리고 싶은 유혹을 느낀다. 어차피 긴 시간도 아니고, 연휴 며칠만 버티면 되니까.

이러한 감정적 위험에 주의를 기울이고, 자기 내면의 대화를 주의 깊게 듣다 보면, 아무리 유혹적이라 해도 가족들을 속이는 방식은 지적으로도, 감정적으로도, 신체적으로도 불가능하다는 사실을 깨닫게 된다. 다른 사람들의 기분을 상하지 않게 하려고 자신이 아닌 다른 사람인 척하는 것은 소중한 관계를 대할 때 가장 해서는 안 되는 행동이며, 최악의 경우는 당신 자신과 사랑하는 이들에게 정직하지 못한 비겁한 행동이기도 하다. 결국 이런 부정직함은 누구에게도 도움이 되지 않는다. 신뢰와 친밀감은 금이 가고, 자기 존중감은 떨어지며, 당신이 어떤 사람이 되고자 애쓰는지 가족에게도,

자신에게도 보여주지 못한 결과만 남을 뿐이다.

그리고 이런 고상한 원칙을 제쳐놓더라도, 진실을 숨기는 일은 당신의 몸을 먼저 망가뜨릴 것이다. 몰래 먹고, 눈치 보며 먹을 수 있는 부분만 슬쩍 골라 먹으며, 간식으로 버티고, 먹고 나서 후회할 음식들까지 삼키며 보내는 긴 하루들은 몸을 떨리게 하고 머리를 지끈거리게 만들며 나를 엉망진창으로 몰아갈 것이다. 그런 몸 상태로는 밤늦도록 이어지는 보드게임도, 위스키 한 잔씩 나누며 벌이는 탁구 시합도, 추수감사절 때마다 이미 수십 번 본 영화[5]를 다시 보는 일도 버텨낼 수 없을 것이다.

당신의 소망과 두려움은 이제 분명해졌다. 당신은 사랑하는 사람들과 의미 있는 시간을 보내되, 지적으로나 감정적으로 자기 자신에게 진실하면서 동시에 그들을 존중하는 방식이기를 바란다. 그러나 너무 강하게 주장을 내세워 거부감을 불러오거나 갈등을 만들까 봐 걱정되고, 반대로 지나치게 조심스럽게 굴다가 친밀함을 놓치거나 자기 자신에게 실망할까 봐 두렵다. '의식적인 관찰'은 확실히 성과가 있었다.

이제는 당신이 계획한 다른 영적 훈련을 점검하고, 소망을 최대한 실현하면서 두려움이 당신의 결심을 약화하거나 경험을 망치지 않도록 맞춤 프로그램을 구성할 차례다. 이를 위해서는 서로 보완적으로 작동하는 세 가지 능력을 키우는 실천이 필요하다. 첫째는 당신이 상황을 통제할 수 있을 때는 지혜롭게 생각하고 행동하는 자신감, 둘째는 당신이 상황을 통제할 수 없는 때는 품위 있게 대응하는 평정심, 셋째는 언제나 공동체 전체의 이익을 위해 사려 깊게 행동하고 반응하는 조화로움이다.

이제 해야 할 첫 번째 일은 사람들과 진정성 있게 나누고 싶은 당신의 지적·감정적 바람과 불필요한 혼란을 만들고 싶지 않은 사회적 바람 사이에서 적절한 균형을 찾는 전략을 세우는 것이다. 당신은 어머니와 이마니, 아버지와의 대화는 잘만 접근하면 편안하게 이어질 가능성이 크니 이들과의 상호작용에 대비해 자신감을 키워야 한다고 판단한다. 키스 삼촌, 안토니아 숙모, 제일런, 새미와의 상호작용은 예측할 수 없고 때로는 날 선 분위기가 될 수 있으니 평정심으로 대응할 준비를 한다. 그리고 어머니, 이마니, 아버지와 나눌 대화를 미리 생각해서 다른 가족들과의 관계에 불필요한 긴장이 생기지 않도록 조화로움을 기르는 연습을 해둔다. 가족들이 모이는 자리에서 '모두가 알고 있지만 입 밖으로 꺼내지 않는 보이지 않는 코끼리'를 만들어 서로 대화를 피하거나 갑자기 대화를 끊는 것만큼 불안을 키우는 일도 없다.

당신은 타인의 소망과 두려움, 경험에 공감하고 이를 배우는 '경청 훈련'을 활용해 추수감사절 3주 전에 어머니에게 전화를 걸어 명절 메뉴에 관해 이야기하는 것도 좋은 방법이다. 어머니는 당신의 세심한 배려에 한껏 안도하며 감동한다. 어머니와 통화하며 이번 가족 모임을 어떻게 그리고 있는지, 또 당신이 도울 일이 있는지를 묻는다. 어머니는 당신을 최대한 지지하고 싶지만, 칠면조나 베이컨을 넣은 콩 요리를 메뉴에서 완전히 빼는 건 너무 큰 결단이라고 걱정한다. "키스가 분명 첨리(삼촌이 아끼는 반려 비단뱀)를 풀어서 나를 물게 할지도 몰라!" 어머니는 농담 반 진담 반으로 웃으며 말한다. 그러면서 칠면조와 베이컨 요리는 그대로 두되, 나머지 모든 보조 메뉴는 식물성 버터와 두유를 써서 비건으로 만들면 어떠냐고 묻는다. "네 삼촌한테 비건 으깬 감자예요, 비건 크림소스예요 같은 말만 하지 마. 그러면 얘기가 달라져." 어머니는 안도와 걱정이 뒤섞인 웃음을 터뜨린다.

이번에는 책임감을 기르는 영적 훈련(자신에게 기대하는 바를 실제 행동으로 실천하는 훈련)을 적용해, 다음 주 안으로 어머니가 사용하기 좋은 제품 목록을 보내겠다고 약속한다. 그 사이 당신이 먹을 만한 맛있으면서도 눈에 띄지 않는 비건 요리를 시도해 보고, 모두가 좋아할 만한 근사한 디저트도 만들어 보겠다고 다짐한다. 바로 당신이 요즘 공들여 만드는 비건 티라미수를 완성해서 공개할 절호의 기회다.[6] 또한 어머니의 부담을 덜 수 있도록 다양한 비건 간식도 넉넉히 가져가기로 한다.

하지만 계획을 미리 세우는 걸 좋아하는 어머니와 달리, 이마니와 아버지는 가족 모임 전에 '비건'이라는 단어가 오르내리는 것 자체로도 스트레스받을 것이다. 그들에게 미리 걱정거리를 안겨주고 싶지 않기에, 비건 이야기는 주말 동안 상황에 맞게 자연스럽게 대화를 열어가는 편이 낫겠다고 판단한다. 그래서 이번에는 영적 수행 중 하나인 '탐구하기' 훈련을 활용하여 자신의 안녕과 번영에 얽힌 타인의 안녕과 관련된 영역을 탐색하며, 이마니와 아버지가 공감할 수 있는 언어로 당신의 열망을 자신 있게 표현하는 데 도움이 될 만한 책과 팟캐스트를 찾아보기 시작한다.

당신의 열망을 이마니와 나누기 위해 두 가지 소박한 바람을 품고 있다. 첫째, 비건이 노동자 정의에 어떻게 보탬이 되는지 더 잘 설명하도록 준비하고 싶다. 둘째, 이마니가 어머니의 육식 위주의 훈련 식단을 걱정하고 있으니 식물성 식단으로 훈련하는 철인 3종 선수들에 관한 좋은 자료도 함께 알아보고 싶다. 그리고 이는 당신의 비건 실천을 더 굳건히 만들어줄 것이고, 그 신념을 사촌에게 더 명확하게 전달할 수 있게 하며, 가족 모임의 분위기를 해치지 않으면서도 숙모를 생각하는 마음을 간접적으로 표현할 방법이기도 하다.

비건 철인 3종경기 선수와 관련된 자료를 찾다 보면, 초인적인 인내를 보여준 리치 롤Rich Roll의 유명한 저서 《파인딩 울트라Finding Ultra》를 만나게 된다.[7] 보너스로 리치 롤이 진행하는 흥미로운 팟캐스트 시리즈도 발견한다. 그 안에는 음식으로 삶을 바꾸는 법(바베트 데이비스Babette Davis 셰프), 영적 미니멀리즘(라이트 왓킨스Light Watkins), 고기 없는 고기 혁신(브루스 프리드리히Bruce Friedrich), 아놀드 슈워제네거 이야기까지 비건과 관련된 거의 모든 주제가 다 있다.[8] 자료를 찾다 보니 어느새 자정이 되었고, 힘을 얻기 위해 시작한 탐구는 순수한 즐거움으로 바뀌어 있다. 이 순간, 여가활동 역시 기쁨을 찾고 자신만의 흐름과 놀입을 유지하는 데 중요한 영적 훈련이라는 사실을 다시 한번 깨닫는다.

노동자 정의에 관한 자료로는 크리스토퍼 카터Christopher Carter 박사의 저서 《스피릿 오브 소울 푸드The Spirit of Soul Food》를 선택한다.[9] 그중에서도 2장 '식품 피라미드의 함정'에서는 국내외 식품 정책이 농업 노동자에게 빈곤, 환경 불평등, 식품 차별, 그리고 기아와 같은 기존 문제를 어떻게 악화시키는지, 특히 이러한 문제가 어떠한 방식으로 유색인종 공동체에 차별적인 영향을 미치는지 간결하게 설명한다. 게다가 카터의 종교적 성향은 뜻밖의 보너스로 작용한다. 본문과 각주 곳곳에 아버지가 흥미를 느낄 만한 신학자와 철학자들의 연구가 풍부하게 인용되어 있고, 적어도 아버지의 입장을 헤아리며 대화를 이어가는 데 도움이 되는 자료들로 가득하기 때문이다.

이제 당신은 주의 깊게 살피기, 경청, 책임 맡기, 탐구, 재충전이라는 영적 훈련의 도움을 받아 어머니, 이마니, 아버지와 함께 추수감사절을 즐겁게 보낼 준비가 충분히 되었다고 느낀다. 어머니와는 서로를 이해하며 구체적인 계획을 세웠고, 사촌과 아버지에게는 어떻게 자연스럽고 부담 없는 방식으로 비건 이야기를 나눌지 천천히 생각하면 된다. 이마니와 긴 산책을 하다가 자연스러운 순간이 올 수 있고, 다른 가족들이 비디오 게임에 열중하고 키스 삼촌이 첨리에게 밥을 주는 동안 아버지와 조용히 이야기를 나눌 수도 있다. 하지만 이런 대화가 실제로 이루어지지 않더라도, 이를 위한 준비가 되어 있다는 그 자체로도 당신은 해방감과 안도감을 느낀다.

다음 과제는 키스 삼촌, 그리고 삼촌의 친구들과 대화하며 상황이 어려워졌을 때 품위 있게 대응할 수 있도록 평정심을 기르는 연습을 하는 것이다. 삼촌을 대할 때는 인내가 필요하리라 예상하며 삼촌과 함께 보냈던 시간 중 가장 좋은 추억을 떠올리고, 그 따뜻한 감정으로 이번 추수감사절을 맞이하겠다고 다짐한다.

이마니와 함께 빈백 소파에 파묻혀 키스 삼촌의 대머리 위에 똬

배고프고 아름다운 동물들

리를 튼 아기 첨리를 보며 킥킥대던 장면이 떠오른다. 운동화를 신은 두 발 사이로 보름달과 듬성듬성 잔디가 보이는 풀밭이 흔들리고, 당신은 부모님이 지켜볼 때보다 훨씬 높이 날아오르는 그네의 스릴을 즐긴다. 손가락 사이로 첨리가 알에서 깨어나는 그 무시무시한 기적을 훔쳐보며 기뻐하는 삼촌의 감정에 함께 물드는 당신의 모습을 떠올린다. 그 순간, 비단뱀을 기르는 키스 삼촌에 대한 혐오감이 잠시나마 그의 내면에도 비건의 씨앗이 있을지 모른다는 호기심으로 바뀌는 것을 느끼자 따뜻하고 행복한 감정이 밀려온다.

당신은 미처 깨닫지도 못하는 사이에 눈물을 흘리며 새로운 질문을 떠올린다. "이번 추수감사절에 어떻게 하면 키스 삼촌이 부끄러움을 느끼거나 방어적인 태도를 보이지 않고 호기심과 기쁨을 느끼게 할 수 있을까?" 그가 비건 육포를 먹어본다든가, 요란한 가짜 헛구역질 없이 당신의 티라미수를 맛볼 것이라 기대하지는 않는다. 다만 그의 내면에 잠든 비건을 존중하며 관계를 맺을 수 있으리라는 희망만으로도 마음이 차분해지고, 그런 관계를 향해 첫발을 내딛는 일은 해볼 만한 목표처럼 느껴진다.

삼촌을 너그럽게 대하는 마음은 분명 도움이 될 것이다. 그러나 새롭게 품은 열망과 가족에 속하고자 하는 기대 사이에서 힘겨워질 테니, 자기 자신에게도 너그러워야 한다는 사실 역시 깨닫는다. 비건이 되고자 하는 당신과 가족의 기대 속에서 살아온 당신이 같은 생태계 안에서 함께 살아갈 넉넉한 공간이 생길 때까지 이 압박을 버티기 위해서는 전면적인 자기 수용이 필요하다. 그 과정에서 새미의 끈질긴 유혹에 못 이겨 치킨 날개뼈 더미에 얼굴을 파묻게 되거나, 제일런이 엉뚱한 타이밍에 던진 베이컨 농담에 홧김이 '시체 먹는 사람'이라고 소리치는 일이 벌어진다고 해도 말이다.

이러한 압박을 견디기 위해서는 자신감, 평정심, 조화로움이라는 세 가지 힘이 한데 어우러져야 한다. 자신의 열망을 향해 나아가고 있다는 확신이 필요하고, 가족 안에서 반복적으로 발생하는 문제들도 담담하게 받아들일 수 있어야 한다. 그리고 당신과 사랑하는 사람들이 각자의 모습 그대로 함께 살아갈 수 있는 따뜻하고 여유로운 공간을 마련하는 넉넉한 공간을 마련하는 방향으로 당신의 열망을 펼쳐나가야 한다.

이 만만치 않은 과제를 감당할 최강의 도구는 단 하나, 명상이다. 명상은 문화와 종교, 학문을 초월하여 인류 역사 곳곳에서 사용되어온 다재다능한 영적 훈련이기에 《옥스퍼드 명상 핸드북(The Oxford Handbook of Meditation)》조차 명상의 가능성을 개괄하는 데 뇌과학, 의학, 재활심리학, 종교학 등 다양한 분야의 전문가 40여 명의 참여와 무려 1,000쪽 분량이 필요했다.[10]

평온하고 사색적인 존 윅(영화 〈존 윅〉의 주인공)이 최후의 결전을 앞두고 무수한 명상 비책 중에서 적절한 장비를 선택하듯 우리도 의도 명상, 자애 명상, 일기 명상을 선택해 조화로움, 평정심, 자신감이라는 세 겹의 방탄조끼를 만들어 입는 것이다.

'의도 명상'은 하루 동안 우리가 마주할 과제에 어떻게 대처할지 목표를 설정하고, 필요할 때 그 목표를 돌아보며 영감을 얻는 영적 훈련이다. 이 명상을 통해 이번 만남에서 이루고 싶은 개인적인 목표와 관계의 목표를 늘 마음에 두게 된다. '자애 명상'은 신뢰하는

배고프고 아름다운 동물들

친구나 내면의 가장 지혜롭고 너그러운 자아로부터 아낌없는 응원과 격려를 받는 모습을 상상하는 훈련이다. 이러한 상상은 뇌에 긍정적인 화학 물질을 활성화해 건강한 위험을 더 대담하게 감수하도록 용기를 주고, 좋지 않은 결과에서 더 빠르게 회복하도록 돕는다. 그리고 '일기 명상'은 하루의 성공과 실패, 깨달음을 짧게 기록해 그 기록을 다음 날의 목표를 정하는 데 활용하는 훈련이다. 이 과정을 통해 자신의 강점은 키우고, 약점은 보완하며, 과감하게 새로운 일을 시도할 자신감을 기를 수 있다.

우리는 지금까지 이러한 명상 훈련이 가족이라는 외적인 관계에 얼마나 도움이 되는지에 초점을 맞췄지만, 우리 내면의 여러 자아의 관계를 조화롭게 만드는 데도 대단히 효과적이다. 예를 들어, 가족들과 대화하고 설득하기 위한 '탐구'는 감정이 먼저 앞서간 결심에 이성적 확신을 보태 균형을 잡아준다. '자애 명상'은 베이컨이 들어간 콩 요리를 그만 몰래 한입 먹고 말았을 때, 도덕적 자아가 신체적 자아를 꾸짖기보다 따뜻하게 품을 수 있게 한다. '의도 명상'은 어떤 상황에서 지성이 주도해야 할지 혹은 감정이 앞서야 할지, 도덕적으로 어려운 상황을 앞두고 간식을 미리 먹어서 몸의 화학 균형을 안정시켜야 할지를 현명하게 판단하도록 도와준다.

물론 이상적인 이야기라는 것을 안다. 아무리 계획을 잘 세워도, 감정이 와르르 무너지는 순간은 얼마든지 찾아올 수 있다. 어쩌면 너무 피곤하거나 바빠서 애초에 계획조차 세우지 못할 수도 있다. 키스 삼촌이 박제된 동물을 들이밀며 놀려대고, 당신은 복수하겠다고 양념한 두부를 삼촌의 배낭 가장 깊숙한 주머니에 쑤셔 넣을지도 모른다. '진짜 음식도 아닌 것 같다'는 조롱과 그에 따른 모욕을 피하려고, 사람들이 모두 잠든 한밤중에 호박 치즈케이크가 슬그머니 사라지는 일도 있을 것이다.

하지만 약간의 계획과 연습, 그리고 운이 따라준다면 추수감사절을 평온하고 즐겁게 보내고 싶다는 당신의 소박한 소망은 영적 훈련 덕분에 이루어질 가능성이 훨씬 커진다. 작은 승리들이 하나둘 쌓이고, 이 훈련을 다양한 상황에 적용할수록 당신은 비슷한 상황에서 어떤 방법이 가장 효과적인지 알게 된다. 예상치 못한 상황 앞에서도 더 현명하게 대처할 수 있는 지혜를 얻게 된다.

비건으로 살아가기 위한 이러한 훈련들이 비건 생활에만 국한될 필요는 없다는 사실을 눈치챘을 것이다. 비건을 실천하는 일이 우리 내면의 생태계와 그 안에 얽힌 복잡한 관계들에 얼마나 큰 과제와 변화를 불러오는지, 그리고 그 잠재력이 얼마나 거대한지를 직접 경험하고 있는 지금이라면, 이는 지극히 자연스러운 일이다. 하지만 비건 여정을 시작할 때, 처음부터 비건에만 매달리기보다 내면을 전반적으로 가꾸는 데서 출발한다면 뜻밖의 보너스를 얻게 된다. 그 과정에서 쌓이는 자신감과 평정심, 조화로움이라는 풍성한 결실이 오히려 비건에 특화된 훈련들까지 훨씬 수월하게 실천하도록 돕기 때문이다.

예를 들어, 욕구를 줄이고 외식비를 아끼며 영양의 밀도를 높이기 위해 비건 실천으로 맛있는 채식 요리를 배우고 있다고 해보자. 주의 깊게 관찰하고, 잘 듣고, 책임을 맡고, 탐구하고, 재충전하고, 좋았던 기억을 떠올리고, 사랑으로 자신을 돌보는 습관이 자리 잡

배고프고 아름다운 동물들

혀 있다면, 채식 요리를 배우는 일이 훨씬 덜 부담스럽지 않을까?

비건 공동체를 만드는 일 또한 마찬가지다. 비슷한 가치와 마음을 지닌 사람들을 찾아 비건으로 살아가는 기쁨과 어려움을 함께 나눈다면, 그 일이 얼마나 수월해질지 상상해 보자. 이러한 영적 훈련들은 관계에서 우리를 소외시키거나, 고립시키거나, 외롭게 만드는 것이 아니라 지금 곁에 있는 사람들과의 관계를 유지하고 더 단단하게 다지는 데 도움을 준다. 당신이 사랑하는 사람들과 여전히 좋은 관계를 유지하고 있다면, 새로운 비건 친구를 사귀기 위해 조심스럽게 한 발 내딛는 일도 훨씬 수월해진다. 비건 교육, 지지 활동, 모범 사례 본받기, 비건 단체 후원처럼 다른 비건 실천도 마찬가지다. 자신감, 평정심, 조화로움이 커질수록 당신의 활동은 다른 사람들에게 더 매력적이고 덜 부담스럽게 다가갈 것이다.

이처럼 열정은 높이고, 불안은 낮추는 이중 효과는 비건을 지속하는 데 강력한 동력이 된다. 우리의 의욕을 꺾는 과거의 실패에 대한 후회와 미래의 실패에 대한 두려움으로부터 우리를 보호해 주기 때문이다. 후회와 두려움은 가능성으로 충만한 현재를 짓누르고, 바꿀 수 없는 과거와 통제할 수 없는 미래에 끝없이 매달리게 한다. 하지만 영적 훈련을 통해 눈앞에 있는 도전에 자신 있게 맞서고, 역경 앞에서도 흔들리지 않으며, 공동체 전체의 번영을 위해 행동할 수 있게 내면 생태계를 단련해 두면, 우리는 세상을 축복하려는 가장 깊고 간절한 소망을 우선순위에 두고 더 나은 자신이 되기 위해 나아갈 용기를 얻는다.

영적 훈련을 위한 프로그램을 구성할 때, 이 깊은 열망이 주도적으로 이끌어야 한다. 자신만의 흐름과 취약함을 고려해서 맞춤형 계획을 설계해야 한다. 이 훈련들은 당신이 선택하고 다듬어 갈 수 있는 강력한 변화의 도구이며, 새로운 비건 일상을 향해 진실과 아름다움, 선함으로 나아가고자 하는 당신의 소박한 바람을 분명하게 담고 있다. 이것이 우리가 진정으로 바라는 변화다. 그러니 이제, 그 변화를 향해 기꺼이 나아가자.

만약 의지가 너무 쉽게 느슨해지는 사람이라면? 자신을 적당히 몰아붙일 수 있는 훈련을 찾아보자. 반대로 기준을 너무 엄격하게 지키려 하고, 벗어나는 순간 자기 자신을 가차 없이 깎아내리는 편이라면, 조금 더 긴장을 풀 수 있는 훈련을 찾아보자. 당신이 나와 비슷하다면, 내면에 여러 다른 부분들이 공존해서 상황마다 각기 다른 훈련이 필요할 수도 있다. 어떤 부분은 지나치게 몰아붙이고, 또 어떤 부분은 너무 쉽게 빠져나갈 구멍을 내준다. 내면의 가족 구성원들은 각기 다른 열망을 지니고 있음을 기억해야 한다. 지적·정서적·도덕적·사회적·신체적 강점과 한계를 모두 존중하되, 강점은 강화하고 약점은 보완하며, 예상할 수 있는 실패를 미리 막아내는 방향으로 조화를 이루게 해야 한다.

이상적으로는 이러한 노력이 작은 성공을 거듭 낳고, 그 경험들이 자신감과 회복력으로 이어질 것이다. 그렇게 쌓인 힘은 더 버거운 과제 앞에서도 다시 한번 나아갈 수 있도록 영감을 불어넣어 준다. 하지만 이렇게 자신을 다듬어 가는 과정은 시행착오를 동반하며, 쉽지 않을 것이다. 훈련이 제대로 자리 잡게 하려면 연습이 필요하고, 그것이 자연스럽게 몸에 배어 매끄럽게 작동하기까지는 더

배고프고 아름다운 동물들

긴 시간이 걸린다.

하지만 이 과정이 고역이어서는 안 된다. 그렇게 느껴진다면 아직 자신에게 맞는 훈련을 구성하지 못했다는 신호이니 다른 구성을 시도해 봐야 한다. 나에게 이 훈련들을 조율하는 과정은 어쩔 수 없이 해야 하는 의무가 아니라 내면의 에너지를 조화롭게 유지하며 세상을 바꾸는 일에 참여하는, 삶에 생기를 불어넣는 취미에 가까웠다. 심지어 나는 가장 좋아하는 TV 프로그램인 '트윈 피스Twin Peaks'를 보는 일조차 소외감을 단단한 평정심으로 바꾸는 영적 훈련으로 만들어냈다.[11]

조금만 창의력을 보태고 게임처럼 접근한다면, 비건으로 살아가는 일은 나무배를 만들거나, 밴을 캠핑카로 멋지게 개조하거나, 정원을 아름답게 가꾸거나, 완벽한 향신료 장을 꾸리거나, 산 정상에 오르거나, 좋아하는 TV 프로그램을 주제로 한 터무니없는 웹사이트를 익명으로 운영하는 일처럼 재미있는 활동이 될 수 있다. 다만 배도, 밴도, 정원도, 산도, 웹사이트도 바로 '당신 자신'이라는 점이다.

이 영적 훈련의 과정은 그 자체로도 아름답고 당신을 한층 더 성장시켜 주지만, 진짜 비밀은 그 과정을 사랑하는 법을 배우는 것이다. 훈련은 일단 몇 번이라도 시도하기만 하면 어느새 깊은 몰입으로 이어진다. 당신은 이미 이 사실을 알고 있을 것이다.

나는 일주일에 최소 네 번은 이 사실을 다시 배운다. 유산소 운동 기구인 일립티컬 위에서. 1분 전까지만 해도 자기혐오에 빠진 패배자이자, 제발 운동 좀 하라는 가족들의 잔소리를 듣는 한심한 인간이었다. 하지만 몇 분 지나지 않아 어느새 체육관에 흐르는 음악의 리듬에 몸이 반응하고, 머릿속에서는 샤워하고 먹을 오트밀만큼이나 확실하게 성공한 나의 미래가 영화처럼 펼쳐지기 시작한다. 어떤 날은 세상을 뒤흔드는 변화를 이끄는 사람이 되었다가, 다른 날은 세상을 구하기 위해 날아다니는 영웅이 되어 있다. 여기서 중요한 것은 우리 뇌 속에는 우리가 잘되기를 바라며, 무언가를 시도하기만 해도 화학 반응으로 아낌없이 보상해주는 작은 약국이 있다는 사실이다.

그러니 시도해 보자. 변화가 우리를 기다리고 있다.

배고프고 아름다운 동물들

HUNGRY

BEAUTIFUL

ANIMALS

9장

변화

비건으로 잘 살아가기

나는 울보다. 슬퍼도 울고, 기뻐도 울고, 화가 나도 운다. 어둠을 밝히거나 밝음을 뒤흔들거나 평범한 순간을 아름답게 만드는 예술 작품을 마주할 때도 눈물이 난다. 드라마나 노래가 감정을 너무 정확하게 건드려 목과 귀까지 달아오를 때도 운다.[1] 누군가의 용서가 부끄러움을 다시 자신에 대한 사랑으로 바꿔놓을 때, 친구에게 건넨 위로의 말이 오히려 내 안에 숨어 있던 상처를 어루만질 때도 눈물이 난다. 아주 오래전에 잊힌 감성이 불현듯 아이의 어떤 표정 하나로 되살아날 때도 운다. 비관적인 예측이 보기 좋게 빗나가 기쁨이 차오를 때도 나는 운다. 그리고 장막이 얇아지는 순간, 그러니까 모든 게 잘되기를 바라는 내 바람과 이 아름다운 공간으로 들어오고자 하는 다른 이들의 바람 사이를 가로막던 경계가 투명하게 사라질 때, 나는 울고 만다.

눈물은 잠시나마 거대한 신비에 자신을 내려놓는 일이 얼마나 아름다운 경험인지, 동시에 나 자신으로 존재할 기회가 있다는 것이 얼마나 큰 행운인지를 일깨워 준다. 오직 나만이 할 수 있는 방식으로 존재의 수수께끼를 눈물로 체현할 때야 비로소, 나와 닮았으면서도 전혀 다른 불완전하고도 아름다운 존재들의 고유한 모습을 바라볼 수 있다는 사실을 말이다. 고통에 단련되고 기쁨에 단단해진 마음과 손발로, 완전히 내 삶이면서도 어떤 경계를 넘어선 순간에는 온전히 타인의 삶에 닿아 있는 이 삶을 품고 나아갈 수 있다는 것이 얼마나 큰 행운인지.

이처럼 감정이 파도처럼 밀려오는 순간들이 있지만, 그 신호가 결국 점액과 물과 기름이 섞여 나오는 눈물샘이라는 사실은 내가 아무리 초월적인 경험을 하더라도 결국 하나의 생명체, 배고프고 아름다운 동물에 지나지 않음을 다시 깨닫게 한다. 나는 작은 나의 길을 더 크고 위대한 길에 잇고 싶어 하는 소박한 소망을 품은 존재다. 그리고 나와 세상을 가르던 얇은 경계가 순간적으로 희미해지는 그 찰나를 알아차리라고, 또 각막을 보호하라고 매년 15~30갤런의 눈물이 주어진 존재다.

삶의 의미를 안다고 말할 생각은 없다. 하지만 내 경험상 삶의 기쁨은 이 경계를 가능한 한 자주, 가능한 한 얇게 만드는 데서 온다. 나와 세계 사이의 벽이 무너져 삶의 진실을 보고, 그 아름다움을 맛보고, 세상의 풍요와 나 자신의 풍요 속에서 잘 살아가게 될 때 찾아오는 기쁨이다. 이 기쁨은 마치 보이지 않는 어떤 힘이 지금 이 순간, 모든 것을 한 번에 아주 미세하게라도 더 나은 쪽으로 기울여

주는 듯한 느낌이다. 내가 세상에 건네는 사소한 관심과 수용의 몸짓들이 세상을 아주 조금이나마, 그러나 분명히 더 환하게 만든다는 감각이다.

비건으로 살아가는 일이 한동안 몸에 익고 나면, 가장 놀라운 변화는 삶의 전반에 걸쳐 장막이 얇아지는 것이 일상화된다는 것이다. 생각하고, 느끼고, 경험하고, 배우고, 먹고, 소비하고, 지지하고, 협력하는 방식이 천천히, 하지만 확실하게 이기심과 근시안적 시야를 벗어던지고 모든 존재와 더 깊이 공명하는 방향으로 바뀐다. 우리가 그렇게 선택하기만 한다면, 작아 보이는 수많은 소망이 영적 훈련을 통해 실행되고 확장되며 결국에는 조금씩 세상에 좋은 변화를 일으키는 수십억 개의 작은 선물로 바뀔 수 있다. 이 조그만 몸짓들은 마치 반죽 속의 이스트처럼 서로의 힘을 더해 기하급수적으로 확장하는 힘을 지니고 있다. 작은 소망이 작은 선물을 낳을 때, 큰 변화가 일어난다. 열망에 훈련이 더해지면 변화가 시작된다. 우리는 아주 작고 미미한 존재지만, 비건으로 살아가는 일은 자신과 다른 존재들에게 그리고 우리가 함께 살아가는 공동체에 거대한 변화를 일으킬 수 있다.

이 장의 목적은 비건을 지향하는 삶 속에서 이런 전인적 변화가 어떤 실제적 효과로 나타나는지 알아보고, 우리 내면의 열망을 조율하여 각자가 지닌 고유한 상승 에너지를 어떻게 세상을 더 아름답게 만들려는 공동의 열망으로 이끌어갈 수 있는지 살펴보는 것이다. 7장의 핵심 질문이 '비건으로 살아가기 위한 목표는 어떻게 세워야 하는가?'였다면, 8장은 '영적 훈련은 비건 실천을 어떻게 단

런시키는가?'였다. 이제 우리가 마주해야 할 질문은 '비건으로 살아가는 일은 시간이 흐르며 우리의 일상을 어떻게 변화시키는가?'이다. 좋은 비건 생활은 어떤 모습이며, 인간으로서 피할 수 없는 좌절과 시행착오 속에서도 우리는 어떻게 자신이 앞으로 나아가고 있음을 알아차릴 수 있을까?

많은 사람이 백만분의 일의 확률로 찾아오는 즉각적인 변화, 모든 것이 단번에 새로워지는 극적인 각성을 바라지만 대부분은 전혀 다른 길을 걷는다. 변화는 여러 영역에서 들쑥날쑥하게 찾아오고, 어떤 부분은 빠르게, 어떤 부분은 천천히, 또 어떤 부분은 거의 느껴지지 않거나 심지어 퇴보하는 것처럼 보이기도 한다. 이 여정은 예측 불가능하고 돌아가는 길처럼 느껴지기 때문에, 무슨 일이 진행되고 있는지 알아보는 눈이 없으면 변화 자체를 알아차리기 어렵다.

우리의 내면 생태계에서 일어나는 변화든 바깥세상에서 일어나는 변화든, 우리와 같은 배고프고 아름다운 동물들은 욕망과 한계가 번영을 사이에 두고 끊임없이 협상하는 장면을 마주하게 마련이다. 우리의 내·외적 환경은 매우 복잡하고 맥락에 따라 달라질 뿐 아니라 시간이 지나며 종종 극적으로 변하기 때문에, 변화의 '진전'이 어느 날 뜻밖의 방식으로 나타났다가 사라지고, 다시 돌아오기를 반복한다. 이 과정에서 성공과 실패의 경계는 흐려진다.

특히 비건으로의 전환처럼 내면과 외부의 변수가 많은 여정을 시작할 때는 더욱 그렇다. 머리로는 이해가 되고, 마음도 어느 정도 따라오는데, 정작 사회적 관계에서는 여전히 삐걱거릴 수 있다. 혹은 이성적인 사고가 감정을 누르거나 밀어내지 않고 그 이야기에 귀 기울이기 시작하자, 내면의 힘의 균형이 달라지면서 그 변화가 낯설고 불안정하게 느껴질 수도 있다. 비건 요리에서 새로운 열정을 찾았지만, 정작 옷장 속의 신발·벨트·가방 같은 소품들을 자신이 원하던 스타일에 맞게 비건으로 바꾸는 일은 전혀 진척이 없을 수도 있다. 다락방에 다람쥐가 난입하거나 갑작스레 지네가 등장해 상황이 순식간에 뒤집힐 수도 있다. 속으로는 식량 불평등이나 공장식 축산에 맞서 더 큰 목소리를 내고 싶지만, 건강상의 이유로 비건을 선택했다고 말하는 것이 더 편하게 느껴질 수도 있다.

하지만 변화는 이러한 긴장들 속에서 활발히 일어난다. 당신은 복잡한 체계 속에 용기 있게 변화를 도입했다. 그 변화가 처음에는 불안정하게 느껴져도 시간이 지나면 예기치 못한 방식으로 아름다운 결실로 나타나곤 한다. 만약 이 모든 변수를 한꺼번에 바로잡으려 애쓴다면, 사실은 전환기의 성장통일 뿐인 순간을 돌이킬 수 없는 실패로 오해하고 절망 속에서 포기하게 될 가능성이 커진다. 하지만 약간의 인내심과 호기심만 있다면, 이렇게 복잡한 도전들조차 견딜 만해지고, 심지어 즐길 수 있게 된다. 그러다 보면 예상과 다르게 흘러가더라도 결국 당신의 기쁨을 향해 꾸준히 진화하는 새로운 비건 일상에 자연스럽게 안착하게 될 것이다. 언제나처럼, 에이드리언 마리 브라운의 지혜는 우리에게 큰 위안을 준다.

"변화는 선형적으로, 적어도 우리가 항상 알아차릴 수 있는 방식으로는 일어나지 않는다. 변화는 순환하고, 모이고, 폭발하는 속에서 일어난다. 실패라는 틀을 내려놓으면 우리는 반복되는 순환 속에 존재함을 깨닫고, 자기 자신에게 계속해서 묻게 된다. 여기서 나는 무엇을 배울 수 있을까?"[2]

실패의 틀에서 벗어나는 가장 좋은 방법은 사랑이 행하는 조율을 받아들이는 것이다. 사람은 어떤 어려움도 선한 방향으로 바꿔놓는 힘이 있다. 사랑은 미래의 결실을 지금 이 순간에 미리 깃들게 하여, 마치 이미 모든 것이 잘 되어 있는 것처럼 현재를 살아가게 하기 때문이다. 사랑은 우리가 되고자 하는 모습을 미리 내다보고, 현재의 한계에도 우리에게 존엄과 아름다움을 아낌없이 부여한다. 그래서 부끄러움 없이 노력할 수 있는 공간을 열어주고, 시련을 견디게 하며, 넘어져도 다시 일어설 수 있도록 치유의 공간을 만들어 준다.

주말마다 교회에서 배운 가르침들이 지난 40년 동안 내 삶에 그대로 이어지지는 않았다. 그러나 '사랑'만큼은 오랫동안 그 본질을 탐구해 왔고, 여러 전통의 지혜가 담긴 문헌들을 살펴보며 사랑이 어떻게 작동하는지를 추적해 왔다. 사랑이 지닌 섬세한 감각은 낯설고도 경이로운 순환과 만남, 폭발의 순간들을 가장 정확하게 감지한다. 사랑은 우리의 열망과 한계가 지닌 미세한 결들을 풍성하게 받아들이고, 동시에 우리가 진정 원하는 것을 왜곡하거나 우리가 지켜야 할 경계를 무너뜨리는 번영의 장애물들을 부지런히 걸러낸다.[3]

한번 생각해 보자.

배고프고 아름다운 동물들

- 사랑은 인내하기에 힘겨운 과거, 불안정한 현재, 예측할 수 없는 미래를 견디게 한다.[4]
- 사랑은 친절하기에 어떤 고난도 배려와 연민으로 맞이하게 한다.
- 사랑은 시기하지 않기에 타인의 성공을 기뻐하고, 격려하며, 축하할 수 있다.
- 사랑은 자랑하지 않기에 성취를 가볍게 여기고, 앞으로의 성공에 불안이나 과한 기대 대신 따뜻함과 영감을 보낸다.
- 사랑은 교만하지 않기에 누구와도 너그럽게 어울리고, 자신의 부족함과 실수도 웃어넘길 수 있다.
- 사랑은 타인을 모욕하지 않기에 사람들은 자유롭게 시도하고 실패해도 부끄러워하지 않는다.
- 사랑은 자기 방식만을 고집하지 않기에 서로 다른 방식의 노력, 분투, 흐름에도 위협을 느끼지 않고 협력할 수 있다.
- 사랑은 쉽게 화내지 않기에 누구도 깨진 유리 위를 걷듯 조심할 필요가 없다.
- 사랑은 잘못을 담아두지 않기에 관계를 지탱하는 내적 외적 토양은 원망이라는 독 대신 경험이라는 퇴비로 비옥해진다.
- 사랑은 불의가 아닌 진리에 기뻐하기에 우리를 멸망으로 이끄는 무지와 불의에 과감히 맞서고, 정의를 회복하는 일에 두 배로 기쁨을 느낀다.
- 사랑은 절대 실패하지 않기에 사랑의 눈이 현재를 바라보며 가장 구원적인 미래를 희망하는 그 순간, 열망과 성취 사이를

가로막던 장막은 거의 사라진다. 그때 현재의 나와 앞으로 더 올라가야 할 아득한 목표 사이에 놓인 실패라 부르던 발판, 그 부끄러운 틀은 그저 힘을 잃고 무너져 사라질 뿐이다.

하지만 너무 들뜨지는 말자. 프레드 로저스^{Fred Rogers}(미국의 유명 어린이 교육 프로그램 진행자 – 옮긴이)가 말했듯, "사랑은 '완벽한 돌봄' 상태가 아니다. 투쟁처럼 끊임없이 움직이는 능동적인 명사다."[5] 사랑은 언제나 시련, 상실, 풀리지 않은 과제, 미완의 일들, 충분히 심지 못한 작은 소망들, 시들어버린 작은 결실들 앞에서 끊임없이 시험받는다. 이 중 일부는 일상적 의미에서 '실패'라 불러도 무방하다. 지나치게 둔감하거나 감상적일 필요는 없다. 하지만 중요한 것은 우리가 일반적으로 생각하는 성공과 실패의 범주가 사랑의 영역을 규정하는 잣대는 아니라는 점이다. 사랑의 목표는 우리의 한계를 있는 그대로 인정하면서도, 자기 자신과 타인을 가장 풍요로운 방식으로 지금의 모습 그대로 받아들이는 법을 배워가는 데 있다. 로저스는 이번에도 옳았다.

"사랑은 귀 기울여 듣는 데서 시작된다. 먼저 자기 자신에게, 그 다음에는 이웃에게 귀 기울이는 것이다. 누군가를 사랑한다는 것은 그 사람을 지금 있는 그대로 받아들이려고 애쓰는 일이다. 사랑스러운 모습과 그렇지 못한 모습, 강한 면과 약한 면, 거짓과 진실이 뒤섞인 모습까지 모두 포함해서 말이다. 그리고 이러한 사랑을 실천하려면, 먼저 자신을 있는 그대로 받아들일 수

배고프고 아름다운 동물들

있어야 한다."[6]

로저스가 사는 마을에서는 주민들이 이 지혜를 실천하며 함께 살아
가고자 했다.[7] 우리 대부분도, 그리고 많은 이웃도 어떤 방식으로든
이 지혜를 실천해 왔다. 적어도 인생의 가장 좋았던 순간에는 말이
다. 내면의 장막이 얇아질수록 바깥의 장막도 얇아진다. 그러니 조
율하고 주의를 기울이며 받아들이자.

이것이 비건으로 살아가는 여정에서 만나게 될 변화다. 우리 자
신과 다른 존재, 그리고 세상을 동물처럼 대상화하고 이용하며 소
비하게 만드는 결핍·두려움·억압의 관점에서 벗어나, 풍요·기
쁨·해방으로 나아가는 것이다. 이 길 위에서 우리는 자신과 모든
존재의 번영을 함께 돌보는 방법에 점점 더 집중하고, 우리의 연약
함을 받아들이면서도 자신만의 '흐름'을, 세상을 더 부드럽게 변화
시키는 힘을 발견하고자 한다.

시인 체슬라브 밀로즈Czeslaw Milosz의 반짝이는 시처럼, "세상을 사
랑으로 보는 사람은 자기 마음에 깃든 온갖 병을 자신도 모르는 사
이에 치유한다. 그리고 새와 나무가 속삭인다. '친구여' 하고." 이
것이 바로 사랑이 지향하는 바다. 모두가 '아름답게 성숙해 가는 빛
속에 함께 설 수 있도록' 우리 자신과 세상을 향해 그렇게 살아가는
것이다.[8]

나에게 이 변화의 여정에서 반복적으로 찾아온 순환과 만남, 폭
발 같은 순간들, 즉 비건 축제에서의 각성, 훈제 갈비 냄새 속에서
번쩍하는 깨달음, 거위 배설물이라는 폭탄은 내가 상상하지 못했던

분별력, 자신감, 회복력, 기쁨이라는 선물로 이어졌다. 이제는 이 선물들 없이는 '잘 산다'라는 감각 자체가 불가능할 만큼 말이다. 당신에게 찾아올 순환과 만남, 그리고 폭발은 아마도 또 다른 굽이진 길로 당신을 이끌 것이다. 나보다 운이 좋아 거위 똥으로 얼룩진 구간이 더 적기를 바랄 뿐이다.

하지만 나는 당신의 길 역시 우주의 선물을 안겨줄 거라 감히 장담한다. 그 선물의 효과는 오직 당신만의 고유한 화학 작용을 통해서만 일어날 것이다. 당신이 자신을 사랑하는 마음으로 이 여정을 걸어간다면, 당신 내면의 구성원들이 가장 애틋하게 사랑하는 가족들만큼이나 자주 보살핌을 받는다고 느끼게 살아간다면, 비건으로 향하는 모험은 다음과 같은 방식으로 당신을 빚어갈 것이다.(변화란 이 순간에도 계속되는 과정이기에 이 여행기를 현재 진행형으로 서술하려 한다.)

당신의 분별력이 눈에 띄게 자라면서 내면 생태계에 얽힌 복잡한 열망과 한계를 더 깊이 들여다볼 수 있을 뿐 아니라, 사회적 관계를 유지하고 지역 사회에 봉사할 수 있는 사회적 능력 또한 함께 성장하고 있다. 처음에는 비건이 되면서 신체적·사회적·정서적·지적·도덕적 자아 전반에 파장이 일어나 그 변화가 마치 저주처럼 느껴졌을지도 모른다. 그러나 지금은 오히려 큰 축복으로 바뀌고 있다. 늘 바랐지만 어떻게 도달할지 방법을 알지 못했던, 균형 잡힌 전체적인 삶의 방식으로 나아갈 기회가 열린 것이다. 돌이켜보면 너무나 당연한 일이다. 당신의 에너지를 어떻게 쓰는지 살피고, 다른 존재의 안녕에도 세심하게 마음을 기울이는 것, 다시 말해 자신과 공동체의 번영을 함께 지탱하는 일은 잘 살아가는 데 가장 기본이 되는 토대다. 그러니 이 두 영역이 만나는 지점에 매일 의식적으로 주의를 기울이는 일이 삶 전체를 더 의미 있고 충만하게 하는 존재론적 보상으로 이어지는 것도 당연하다.

비건으로 살기 전에는 당신의 내면 가족들이 어디서 힘을 얻고 어디서 소진되는지에 크게 신경 쓰지 않았을 것이다. 비교할 기준이 없기에, 지금 돌이켜보면 당신의 안녕을 얼마나 흔들고 깊은 욕망을 얼마나 좌절시키고 있었는지도 모른 채, 그 상태를 당연하게 여겼다. 그러나 이제 당신은 비건으로 살아가는 삶이 당신 내면의 다양한 모습을 하나로 모으고, 삶에 새로운 활력을 불어넣는다는 사실을 직접 목격하고 있다. 몸이 가벼워지고 살아나는 느낌을 또렷하게 느끼고 있다. 지적·정서적·도덕적 자아가 더 진실하고 조화롭게 협력하는 기쁨을 체험한다. 당신을 둘러싼 관계들은 한층 깊어지고, 새로운 방식을 자연스러운 일상의 습관으로 만들어가는 영리한 전략들을 하나둘 찾아내고 있다. 놀랍게도 이 모든 변화는 단지 몇 가지 작은 소망, 몇 가지 영적 훈련, 그리고 작고 사소한 실천을 꾸준히 이어온 데서 비롯되었다.

자기 내면을 읽는 지혜가 한층 깊어지면서 자신감도 눈에 띄게 커진다. 자신이 얼마나 복잡한 존재인지 깨닫고 놀라면서도, 그 사실이 기쁘고 자랑스럽다. 많은 것을 포용하는 태도가 관대함으로 이어진다는 사실도 알게 된다. 자신의 복잡한 내면을 깊이 이해할수록 다른 복잡한 존재들에게도 더 친절해질 수 있기 때문이다. 자신이 누구인지, 무엇을 믿는지, 어떤 감정을 느끼는지, 무엇을 원하는지를 점점 더 또렷하게 알게 되면서, 그 인식에 따라 결정을 내릴 수 있게 된다. 이는 자기 의심과 마주할 때도 훨씬 담대해지고, 건설적인 비판을 더 열린 마음으로 받아들일 수 있게 되었음을 의미한다. 이제 당신은 비건으로 살아가면서 반복되는 순환 패턴, 촉발 요인, 피드백이라는 주기에 익숙해졌다. 가끔 새로운 패턴이 나타나더라도 이제는 크게 부담되지 않는다. 내면에서도 외부 관계에서도, 이제 당신은 누구를 믿을 수 있는지, 누구에게 조금 더 너그러움이 필요하고, 누구를 매우 특별하게 배려해야 하는지도 점차 분명해진다.

점점 자신감이 붙는 당신의 모습에서 가장 놀라운 점은, 그 자신감이 의지력이나 완벽함 같은 데 묶여 있지 않다는 사실이다. 비건으로 산다는 것은 '성과'가 아니라 '조율'과 '수용'의 문제라는 사실을 점점 더 깨달아간다. 자기 내면과 다른 존재들의 목소리에 귀 기울이며, 그들을 있는 그대로 받아들이려 애쓰고, 때로는 그냥 공간을 내주는 것만으로도 그들에게 힘이 될 수 있음을 배우는 것이다. 결핍을 전제로 한 세계에서 자신감은 대개 지배력을 높이거나 완벽함을 추구하는 강박적 추진력으로 나타난다. 하지만 당신의 자신감은 '풍요'에서 오고 있다. 더 큰 힘이나 더 큰 완벽함에서가 아니라 자신의 흐름이 언제, 어디에서 가장 필요한지 깊이 조율하는 능력에서 비롯된 자신감이다. 당신은 점점 더 자신을 신뢰하고 받아들이게 된다. 자신을 증명하거나 약점을 보완하려고 과도하게 애쓸 필요도 없다. 그리고 이 내면의 변화는 공동체에 더 큰 겸손과 너그러움으로 전해진다.

배고프고 아름다운 동물들

당신이 늘 모든 것을 다 잘 해내는 것은 아니다. 오히려 그렇지 않을 때가 더 많다. 하지만 괜찮다. 날로 커지는 자신감이 당신의 회복력을 한층 더 키우고 있으니까. 당신의 내면 생태계는 점점 더 유기적으로 기능하는 생태계로 바뀌고 있다. 예전에는 버거웠던 일들을 이제는 자동으로 알아서 처리해 당신이 힘들다고 느끼지도 못할 만큼 눈부신 자기 회복 능력을 보여주고 있다. 이 변화는 특히, 공격적인 반대자들(고기를 들이대며 놀리던 이들, 베이컨 농담으로 장난치던 이들, 단백질은 충분하냐며 감시하듯 묻는 이들, 회의적인 태도로 계속 찔러대던 이들)을 대하는 태도의 변화를 돌아보면 더욱 분명해진다. 처음에는 두려웠고, 결심이 단단해질수록 화가 났고, 그들의 유치한 무지에 연민이 생기기 시작했고, 이제는 무너져 내리는 방어선 뒤에서 비건이 되려는 내면의 작은 씨앗을 살짝 내비치는 그들이 사랑스럽게 느껴지기까지 한다.

이 놀라운 회복력은 여전히 서툴고 힘겨운 자기 내면을 예전보다 더 인내하며 돌보는 데서 나온다. 왜 예전에는 그렇게 회복력이 약했는지 이제는 분명히 알 수 있다. 결핍의 논리에 갇혀 살았을 때는, 규칙을 벗어나는 순간 길을 잃고 혼란에 빠졌고, 그때마다 수치심과 절망이 한꺼번에 밀려오곤 했다. 한 번만 흔들려도 모든 것이 무너지고 처음부터 다시 시작해야 할 것만 같은 두려움 속에서, 나는 나 자신을 믿을 수 없었다. 하지만 지금은 어떤 어려움도 내면의 여러 자아와 바깥 세계가 함께 새로운 방식으로 협력할 기회로 느껴진다.

실패라 여겼던 순간들이 배움의 시간으로 바뀌어 갈수록, '지금의 나'와 '되고 싶은 나' 사이의 장막은 점점 더 얇아지고, 당신은 점점 더 단단해지며, 몰입의 흐름은 쉽게 깨지지 않게 된다. 전반적으로 상황은 좋아지고 있지만, 그렇지 않을 때도 번영의 상태에 훨씬 가까이 다가가 있다. 당신은 이제 이전보다 힘들이지 않고도 자신의 열망을 온전히 받아들이며, 현재의 수준에 머무르려는 유혹도 줄어들고 있다. 그리고 놀랍게도 비건으로 살아가는 여정에서 가장 짜릿한 순간들은 바로 당신이 세워둔 원칙에서 잠시 벗어나는 순간에 찾아온다. 친구의 집에서 평소라면 절대 시도하지 않았을 음식을 맛보는 순간, 아이가 생일 케이크를 맛있게 먹는 모습을 흐뭇하게 바라보는 순간, 친구 결혼식에서 평소라면 입지 않았을 옷을 기꺼이 입어주는 순간에 당신은 한 가지를 알아차리게 된다. 바로 이러한 순간에까지 자신의 부족함을 몰아붙이는 태도가 누군가의 내면에 숨어 있는 비건이 되려는 씨앗을 오히려 질식시킬 수도 있다는 사실을 말이다.

이 회복력이 당신을 원칙을 무시하는 사람으로 만드는 것은 아니다. 오히려 영적 훈련을 꾸준히 실천하면서 다져온 역량이 당신을 이 자리로 이끈 것이다. 그래서 이제는 스스로 세운 규칙만으로는 담아낼 수 없는 더 큰 사명이 다가올 때도, 우주가 당신을 악기로 삼아 연주하도록 그 흐름에 온전히 자신을 맡길 수 있게 되었다. 마치 24개의 바순 연습곡이 결국 모차르트 바순 협주곡의 압도적인 연주로 완성되는 것처럼. 그 순간이야말로 장막이 가장 얇아지는 자리다. 훈련된 자기 사랑과 세상을 향한 넉넉한 사랑이 완벽하게 조화를 이루는 그 순간, 그 짧은 스침 속에서 당신의 작은 실천

배고프고 아름다운 동물들

은 마치 '모든 것을 움직이는 힘'을 얻은 듯 확장된다.

이런 경험은 말로는 다 표현할 수가 없다. 기쁨은 이런 순간을 맞이할 준비를 하게 하고, 그 자리를 지나 다시 세상을 향해 나아가게 하는 우리 존재의 한 방식이다.

하지만 당신의 기쁨은 내가 대신 말해줄 수 없다. 당신이 스스로 발견할 일이고, 세상이 당신을 통해 알게 될 것이다. 내가 말할 수 있는 것은, 비건으로 사는 것이 내 기쁨의 유일한 원천은 아닐지라도 내 삶에서 가장 풍요로운 기쁨을 주는 원천 가운데 하나였다는 사실이다. 매일같이 장막을 얇게 만드는 특별한 화학 반응을 일으키고, 그 덕분에 나는 내 안과 밖의 모든 존재를 더 따뜻하게 끌어안게 되었다. 식탁에서, 옷을 고를 때, 이웃과 마주칠 때, 집 앞마당에서 매 순간 의식적인 작은 배려를 자연스러운 삶의 방식으로 만들어주는 삶. 그 일상의 리듬이 삶 전체에 스며들어 먼 미래로 이어지며 더 많은 존재에게 도움이 되는 삶. 이보다 더 자주, 더 깊이 우리의 마음을 끌어올리는 삶이 또 있을까.

오늘의 세상은 비건을 금욕, 결핍, 자기 폄하, 배제, 결핍의 여정으로 묘사한다. 하지만 이제 우리는 안다. 장막은 이미 얇아졌고, 그 뒤에서 반짝이는 내일의 세계가 모습을 드러내고 있기 때문이다. 그 세계는 말한다. 우리의 기쁨은 다른 존재들의 번영, 그리고 우리가 함께 살아가는 지구의 번영을 외면한 채로는 온전히 충만해질 수도, 지속될 수도 없다고. 내면의 치유, 공동체의 정의, 모든 종의 연대, 그리고 지구의 회복이야말로 우리가 추구해야 할 진리의 아름다움이라고. 그리고 마지막으로, 생물학적인 한계가 허락하는 만큼의 가장 충만한 풍요를 누릴 권리는 모든 '배고프고 아름다운 동물들'에게 주어진 타고난 몫이라고 덧붙인다.

이러한 내일의 세상이 보여주는 기쁨을 품고 오늘을 살아가기에, 우리의 기쁨은 충만하게 차오른다.

이 책을 읽는 모두에게 문장마다 스며 있는 감사의 마음이 전해졌
으면 한다. 20년간의 자아 발견, 공동체 형성, 세상을 넓혀준 수많
은 협업의 순간들은 내 인생에서 가장 큰 축복이었기 때문이다. 고
마운 사람이 너무 많은데, 시간을 들여 한 분 한 분에게 감사 인사
를 전하고자 한다. 내게는 그저 벅차고 기쁜 감사의 표현이 독자들
에게도 조금이나마 즐거웠으면 한다.

　가장 먼저, 친애하는 독자 여러분에게 감사를 전한다. 내가 비건
으로 살아오며 배운 것들의 일부라도 당신이 가장 진실하고, 아름
다우며, 최선의 삶을 살아가는 데 조금이나마 도움이 되기를 바라
는 마음으로 이 책을 썼다. 이 책을 읽어주고, 또 도움이 될만한 사
람들에게 권해준 것에 대해 진심으로 감사드린다. 어떤 부분이 도
움이 되었고, 또 어떤 부분이 그렇지 않았는지 공유하고 싶거나, 궁
금한 점이 있다면 언제든 질문해 주길 바란다. 철학자로 살아오며
건설적인 비판만큼 훌륭한 선물도 드물다는 사실을 깨달았지만, 그
래도 이 책이 당신에게 단점보다 장점이 더 많았기를 진심으로 바

란다.

학자를 작가로 성장하게 해준 나의 에이전트 자일스 앤더슨과 그의 비서 케이트 애덤스에게 감사를 전한다. 두 사람의 전문적인 안내 덕분에 훌륭한 논픽션 기획안을 구상하고, 정리하고, 작성하고, 세상에 내놓을 수 있었다. 내가 그들의 도움 없이 썼을 제안서와 그들의 도움을 받고 나서 쓴 제안서의 차이만큼 이루 말할 수 없이 감사하다.

이 책을 위해 최고의 공간을 만들어준 편집자 TJ 켈러허에게도 감사를 전한다. 온전히 함께하는 존재감, 시간, 감정적 헌신, 내가 이 일을 해낼 수 있다는 확신을 북돋우는 따뜻한 격려까지 이 모든 것이 책을 쓰는 과정에 깃들어 있다. 나는 깊은 결핍감에서 비롯된 불안한 마음으로 시작했지만, 우리의 만남이 이어질수록 책을 쓰는 기쁨을 알아갔다. 처음에는 만남 후 며칠씩 기쁨이 이어졌지만, 어느 순간부터는 책을 쓰는 내내 그 기쁨이 나를 완전히 사로잡으며 꾸준히 이어졌다. TJ는 자신의 역할이 '매우 어려운 일을 조금 덜 어렵게 만드는 것'이라고 말하지만, 그는 이 책을 쓰는 경험 자체를 온전한 즐거움으로 만들어주었다.

모든 세부 사항을 완벽하게 잡아준 베이직북스 팀에도 진심으로 감사를 전한다. 이 프로젝트를 믿어주고 일정이 흔들리지 않도록 이끌어준 발행인 라라 하이머트, 3~4장 편집 방향에 도움을 준 엠마 베리, 원고가 제작 단계로 넘어가는 과정을 꼼꼼히 챙겨준 크리스틴 킴, 작은 요소 하나하나가 큰 차이를 만든다는 사실을 보여준 제작 편집자 멜리사 베로네시와 교정 편집자 릴리언 더건, 이 책을

배고프고 아름다운 동물들

더없이 훌륭하게 홍보하고 마케팅해준 리즈 웨첼과 제시카 브린 및 그 팀원들, 독자가 책을 펼치기도 전에 나의 비전을 매력적으로 전달할 수 있게 도와준 디자인팀의 친이 라이와 앤 키르히너에게 감사를 전한다.

책날개에 실린 저자 사진은 훌륭한 사진작가 마이클 뉴스테드의 작품이다. 그는 사진 마감 며칠 전, LA에서 그랜드래피즈를 마침 방문 중이었고, 그 덕분에 촬영이 성사되었다. 한때 비건 축제의 공식 사진작가였던 그는 4장의 서사를 다시 구성하는 데 도움이 된 많은 장면을 찍어주기도 했다. 마이클 특유의 따뜻함과 에너지는 여러 모습으로 이 프로젝트를 한층 더 빛나게 했다.

집필 막바지에, 힘찬 질주가 아니라 겨우겨우 완주선을 넘을 듯 비틀거리던 시점에 카루나 재단은 책 출간을 위한 대중 학술 활동 캠페인을 지원하고자 매칭 펀드를 제공했다. 그리고 이를 위해 마이클 베클리와 에체멘디아는 아낌없이 후원했다. 이들의 도움 덕분에 이 책이 세상과 만날 준비를 갖추어가는 모습을 생생하게 그려볼 수 있었고, 다시 호흡을 가다듬고 집필을 마무리할 수 있었다. 이 자리를 빌려 다시 한번 깊은 감사를 전한다.

그리고 이후 여정을 함께해준 동물정의기금(Justice for Animals Fund), 데이브&이본 비숍, 톰&트린다 비숍, 앤드루 치크넬, 조엘 패런, 짐&세인 홀트만에게 무한한 감사를 전한다.

이 책의 탄생에 빠질 수 없는 베터푸드재단(Better Food Foundation)에도 감사를 전한다. 보조금을 받기 위한 프로젝트를 함께 고민하고, 후원자를 연결하며, 집필에 집중할 수 있도록 강의 부담을 줄이는 데 필요한 자금을 지원하고, 이 책을 홍보하는 대중 학술 캠페인까지 동행해 준 제니퍼 채닌, 애런 그로스, 우니 남부디리파드에게도 감사의 마음을 전한다.

20년 넘게 나의 터전이 되어준 캘빈대학교에서는 동물 윤리와 식품 윤리 연구를 꾸준히 지원해 주었다. 캘빈 리서치 펠로십 프로그램, 윌리엄 해리 젤레마 석좌교수, 캘빈 기독교 장학센터 글쓰기 협동조합의 지원에 감사를 전한다. 철학과 학과장이자 동료, 친구인 케빈 팀프는 내가 모든 방법을 살펴볼 수 있도록 격려하고, 그 기회를 잡을 수 있도록 아낌없이 도와주었다. 이 프로젝트가 계획대로 진행될 수 있도록 연구비와 연구 안식년을 승인해 준 베니타 월터스-프레들런드 학장, 데이비드 분더 학장, 노아 톨리 교무처장에게도 진심으로 감사를 전한다.

특히 철학과 동료들에게 고마움이 크다. 학계의 벽을 넘어 세상의 번영을 돕는 집필을 포용하는 수준을 넘어, 적극적으로 장려하고 함께 기뻐하는 분위기를 만들어준 코리 베커, 데이비드 빌링스, 케빈 코코런, 레베카 코닌다이크 드영, 조 신, 제임스 K. A. 스미스, 제프 스내퍼, 케빈 팀프에게 감사의 마음을 전한다. 케빈 코코런의 《오늘날의 교회(Church in the Present Tense)》, 레베카 코닌다이크 드영의 《유혹적인 악습들(Glittering Vices)》, 제임스 K. A. 스미스의 《사랑이 당신을 만든다(You Are What You Love)》, 케빈 팀프의 《장애와 포용의 공동체(Disability and Inclusive Communities)》 같은 책들이 먼저 길을 닦아주지 않았다면, 이 책은 그 험난한 숲을 헤쳐 나가기 어려웠을 것이다. 나의 동료들은 늘 세상의 번영에 관해 진지

배고프고 아름다운 동물들

하게 고민하고, 철학을 타인을 위한 봉사의 한 형태로 실천한다는 것이 무엇인지 보여주었다. 이들의 뛰어난 재능과 우정, 동료애는 2003년부터 지금까지 나에게 영감과 동기, 기쁨을 주는 원천이 되어왔다.

캘빈대학교의 또 다른 동료이자 내 친구, 그리고 글쓰기 멘토인 크리스틴 코베스 뒤 메즈는 말 그대로 이 책이 세상에 나오도록 길을 열어주었다. 크리스틴은 에이전트를 연결해 주었고, 제안서를 완성하도록 끊임없이 나를 격려했으며, 학문적 훈련을 대중 출판의 영역으로 옮기는 그 낯선 과정의 모든 단계를 헤쳐 나가도록 도와주었다. 크리스틴의 격려와 지지가 없었다면 나는 이 기회를 잡지 못했을 것이며, 더 나아가 끝까지 이뤄내지도 못했을 것이다.

더불어 이 책에 담긴 비전과 전략에 영감을 불어넣고, 지난 20년간 이 접근 방법을 함께 시험하며 내게 열정과 자신감을 심어준 캘빈대학교 학생들에게도 깊이 감사한다. 2004년, 나는 현재 캔자스 주립대학교 철학과 교수인 아멜리아 힉스의 부탁으로 동물 윤리 강의를 맡게 되었다. 나는 2005년 1월 처음으로 '평화로운 왕국(Peaceful Kingdom)' 수업을 열었고, 그 특별한 세미나에 참석했던 학생들은 몇 달 후 '자비로운 삶을 위한 캘빈학생회(Calvin Students for Compassionate Living, SCL)'를 만들었다. 베서니 버타펠, 조던-카데브라이스, 메리 카-데브라이스, 아멜리아 힉스, 사라 보드빌, 로엘스, 에밀리(슈뢰어) 터코트가 보여준 열정은 깊은 감동을 주었고, '우리가 바라는 변화를 내가 먼저 살아보자'라고 결심하게 만든 동력이 되어주었다.

SCL과 더불어 캘빈대학교 동문이자 동물권 운동에 앞장서는 그라시아 페이 엘우드의 도움으로 비건 축제 '웨이크업 위켄드'와 '동물과 하나님의 나라'라는 강연 시리즈를 만들었다. 두 프로젝트는 이 책의 비전을 형성하는 데 지대한 영향을 미쳤다. 지난 몇 년 동안 SCL 공동대표를 맡아준 브리엘라 커밍스, 베스 도티, 안드레아 크루디, 노아 프람스마 등 학생들의 활동은 내게 지속적인 영감을 주었고, 그 가운데 상당수는 지금도 이 일을 계속하고 있다. 2024년 4월, '책임 의료를 위한 의사회(Physicians Committee for Responsible Medicine)'의 영양교육 코디네이터로 일하는 노아 프람스마 (이학석사이자 미국 공인 영양사)가 '평화로운 왕국' 수업에 초청 강사로 와서 식물성 식단과 영양에 관한 강의를 했다. 교육자로서 제자가 교사가 되는 모습을 지켜보는 것보다 더 큰 기쁨은 없기에, 동물 윤리 강의 20주년을 맞은 내게 이 강연은 최고의 선물이었다. 노아의 이야기는 이 책의 부록에서 자세히 소개한다.

나에게 가르칠 기회를 주고, 철학이 삶의 방식이 될 수 있음을 해마다 새롭게 일깨워준 모든 제자에게 감사를 전한다. 특히 2023년 봄 학기의 '철학적 변용(Philosophical Transformation)' 세미나를 수강한 사라 브라운, 웨스턴 필즈, 레이첼 가버, 에이던 힐먼, 조지 홈스, 코디 허스티드, 티안롱 린, 마리아 푸르텐가, 디에고 리베라, 잭 로저스, 아냐 롭, 조시아 라이언, 요한 신, 레이건 비스커, 가브리엘 우드에게 특별히 고마움을 전한다. 이들은 중요한 마감 직전에 내게 큰 영감을 불어넣어 주었다.

은사님들께도 깊이 감사드린다. 대학생 시절 브루스 엘리스 벤

슨의 수업, 대학원 시절 스티븐 H. 왓슨의 지도 덕분에 '미학이 좋은 삶을 이해하고 추구하는 데 얼마나 중요한지' 깊이 깨달을 수 있었다. 세상의 아름다움에 마음이 움직이는 경험이 진리와 선을 따르는 삶으로 나아가는 힘이 될 수 있다는 내 오랜 소망은 두 분에게서 받은 유산이다.

나는 서른 살이 되어서야 동물 문제가 얼마나 긴급하며, 그 존재들이 얼마나 아름다운지 깨달았다. 다행히도 내게 동물 의식을 기르고 비건으로 살아가는 방법을 가르쳐 주신 분들은, 내가 비건이 되기 전에 보였던 무관심함을 마주하지 않아도 되었다.

반려견이자 나의 스승이었던 거스(2003~2015년), 찰리(?~2015년), 쿠퍼 할트먼은 매일 내 의식을 확장할 기회를 주었고, 내 내면 생태계의 여러 영역 사이에서 뛰어난 조정자 역할을 해주었다. 그 덕분에 돼지, 범고래, 거위, 토끼, 울새, 너구리, 주머니쥐, 개미, 진딧물, 꿀벌, 종이말벌을 내 교육의 주체로 자리를 잡을 수 있는 공간이 열렸다. 또한 거스의 수의사이자 불도그라는 종이 타고난 선천적 어려움이 무엇인지 알려주고, 인간이 아닌 존재에게 공감할 수 있게 도와준 리셀 스미스 박사에게도 감사를 전한다.

나에게 동물 윤리 수업을 열어보라며 교육자로서 도전을 제안했고, 내가 그 도전을 받아들였을 때 수업에 활용할 풍부한 자료를 아낌없이 제공해 준 철학자이자 좋은 친구인 네이선 노비스에게도 감사를 전한다.

이 분야에 몸담은 지 오래되지 않았던 시절, 내 연구를 발표하고 책을 소개할 기회를 주었던 철학자이자 비건 지지자 마일런 엥겔

주니어에게도 깊이 감사한다.

옥스퍼드 동물윤리센터의 연구원으로 나를 맞아주었고, 수십 년 동안 종교 공동체와 대화를 이어온 본인의 사명을 나누며 나 역시 이 어려운 과제를 계속 이어갈 수 있도록 격려해 준 앤드루 린지에 게도 감사의 마음을 전한다. 그가 지난 50년간 개척해 온 덕분에 나 같은 사람들이 그 뒤를 따라갈 수 있게 되었다.

어느 날 온라인에서 내 강의를 발견해 영향력 있는 사람들에게 공유하고, 그 이후로 지금까지 내 활동을 꾸준히 지원해 준 매튜 스 컬리에게도 깊이 감사한다. 동물 정의를 다루면서도 아름답고 명료 한 문장으로 쓰인 매튜의 글들은 내 강의에 큰 힘이 되었고, 철학자 로서 안주하지 않도록 끊임없이 영감을 주었다.

미국 휴메인 소사이어티(Humane Society of the United States)의 '신 앙과 동물 보호' 시리즈에 동물 윤리를 주제로 한 내 첫 글을 실을 기회를 준 크리스틴 굿리번에게도 감사한다. 내가 쓴 '창조 세계를 돌보는 자비로운 식사(Compassionate Eating as Care of Creation)'를 세 상에 알리겠다는 그녀의 비전 덕분에 이 책도 탄생할 수 있었다.

비건으로 살아가는 일을 거대한 의무가 아니라 아름다운 기회 로 바라보게 해준 브라이언트 테리에게도 진심 어린 감사를 전한 다. 브라이언트가 내게 준 선물에 대한 깊은 감사는 4장에서 확인 할 수 있다.

나의 멘토이자 친구인 캐럴 J. 애덤스에게도 감사를 전한다. 그 녀는 '인간/동물 이분법' 연구 전반에 대한 내 이해의 폭을 넓혀주 었고, 내 강의와 연구에 더 온전한 정의관을 적용하도록 도와주었

배고프고 아름다운 동물들

으며, 특히 폭넓은 독자를 대상으로 책을 쓰는 일의 어려움과 기쁨을 이해하도록 이끌어주었다. 그녀는 누구보다 훌륭한 비건 요리법을 많이 알고 있으며, 요리와 환대를 향한 넘치는 열정은 비건으로 사는 일을 그 어느 때보다 기쁜 여정으로 만들어준다.

이 책의 초기 아이디어는 비건 축제 '웨이크업 위켄드'에서 비롯되었다. 참가자들이 어느 방향으로 돌아서든 뱃속, 눈, 마음이 모두 풍성해지는 비건 세계의 아름다움을 경험하게 해보자는 실험이었다. 이 실험을 위해 수많은 활동가와 학문에 몸담은 지지자들이 매년 각지에서 그랜드래피즈까지 찾아왔다. 우리 행사가 턱없이 부족한 예산으로 운영된다는 사실을 알고 선의로 방문해 준 경우가 많았다. 네키샤 알레이나 알렉시스, 콜린 앨런, 해럴드 브라운, 찰리 카모시, 라이언 카펠레티, 브렛 콜리, 렉시 크로스웰, 벤 드브리스, 브리앤 도널드슨, 존 던, 애덤 듀랜드, 후안 가르시아, 노아 기텔, 에리카 제인, 니콜 르네 매튜스, 사라 맥민, 로라와 스티븐 맥멀런, 로라 멀더, 리사 올리버 킹, 게일 필빈, 매트 풀, 마이클과 메간 드마그 로드리게스, 마일로 런클, 매튜 러셀, 폴 샤피로, 콜린 스미스, 애니 스몰린스키, 크리스틴 스몰린스키, 레나 스파다센, 신디와 조디 탈버트, 브라이언트 테리, 카렌 트레이시에게 진심 어린 감사를 전한다. 4장에서 이미 함께한 공모자들, 애덤 울파와 미셸 로이드-페이지에게 고마움을 표했지만, 이들에게는 아무리 감사해도 모자랄 정도다.

많은 대학, 교회, 비영리단체가 나를 강연자로 초청하고, 피드백을 나눌 수 있는 기회를 준 덕분에 이 책은 더 풍성해졌다. 다음 기관들의 너그러운 환대와 도움에 깊이 감사드린다. 미국 종교 아카데미 동물 및 종교 그룹, 미국 철학회 중부 지부, 앤드루스 대학교, 캘빈대학교, 섬기는 교회(그랜드래피즈, 미시간), 데이비슨 칼리지, 이스턴 애비뉴 기독개혁교회(그랜드래피즈), 페리스버그 커뮤니티 교회(페리스버그, 미주리), 산타바버라 자유감리교회, 굿푸드 인스티튜트, 고센 칼리지, 그랜드밸리 주립대학교, 호튼 칼리지, 코스털 캐롤라이나 대학교 윤리·가치 교육센터, 이웃사랑 공동체(켄터키주 루이빌), 미시간 주립대학교, 모어하우스 칼리지, 노스웨스트 나사렛 대학교, Plant Based Roots(그랜드래피즈, 미시간), 프린스턴 대학교, 세인트 메리 칼리지(노트르담, 인디애나), 세인트 크리스토퍼 성공회교회(채텀, 메사추세츠), 세인트 클라우드 주립대학교, 세인트조셉 칼리지, 세인트 피터 클라버 가톨릭 워커(사우스벤드, 인디애나), 트리니티 개혁교회(그랜드래피즈, 미시간), 노스 텍사스 대학교, 노트르담 대학교, 버몬트 대학교, 웨스트민스터 장로교회(그랜드래피즈, 미시간), 휘튼 칼리지(휘튼, 일리노이), 영 해리스 칼리지.

원고를 발전시키는 과정에서 초고를 읽어주고, 기억과 경험을 확인해 주고, 각자의 전문 분야에서 조언과 지지를 보내준 많은 분께도 감사드린다. 조너선 발콤, 제시카 바나섹, 조안나 보어, 소피 카나데, 멜라니 챌린저, 제니퍼 채넌, 앤드루 치그넬, 데이비드 클라우, 안나 다이닝, 타일러 도겟, 루시 엥겔만, 브루스 프리드리히, 캐시 하게도른, 다라 호머, 스티브 카우프먼, 리사 케머러, 실 코, 에이미 러브조이, 미셸 로이드-페이지, 로리 마리노, 노엘 메이휴, 보니 나잠, 엘리자베스 니엠치크, 루스 벨 올슨, 론다 M. 루다, 제

배고프고 아름다운 동물들

임스 K. A. 스미스, 게일 스팍, 앤 설리번, 조녀선 스윈들, 패트리샤 스윈들, 브라이언트 테리에게 진심 어린 감사를 전한다. 더 넓은 독자를 위한 책을 어떻게 써야 하는지 방법을 가르쳐 준 캐롤 J. 애덤스와 조녀선 발콤, 정기적으로 조언과 지원을 제공해 준 데이비드 클라우와 아론 그로스, 항상 도움이 필요한 바로 그때 연락해 준 앤드루 치그넬과 타일러 도겟, 각주와 부록을 구성하는 데 훌륭한 제안을 해준 노엘 메이휴, 나에게 내면 생태계 치료를 소개하고 책을 쓰는 모험을 하는 동안 내 내면의 가족이 잘 지낼 수 있도록 도와준 크리스티나 비어데만에게는 특별한 감사를 전한다.

이 책에 깊은 영향을 준 내 동생 할트먼 즈바르트에게 특별한 찬사를 전하고 싶다. 그녀는 훌륭한 철학자로서 함께 나눈 대화와 협업을 통해 이 책의 전반에 깊은 영향을 끼쳤다. 또한 내 여동생으로서 '채식으로 가야 한다'고 일찌감치 말해줬던 사람이기도 하다. 나는 그 말을 한동안 흘려들었고 베이컨 농담으로 놀려먹기도 했지만, 그녀는 그런 농담을 다 용서해 주었다. 우리가 함께 나눈 혈육으로서의 경험과 함께 공저 작업을 하며 발전시킨 여러 생각들은 이 책의 토대가 되었고, 책 곳곳에서 그녀의 빛나는 존재감을 발견할 수 있다.

이 책을 쓰는 동안 나와 우리 가족에게 든든한 친구가 되어주고 도움을 준 많은 이들에게도 감사한다. 아나 이모, 브리디, 빌, 메이브 베레자, 비베와 조안나 보어, 킴 브래드쇼, 제시카 브래디, 짐 쿠퍼, 맷, 그레타, 지그 드래프트, 조이스, 릭, 헤이즐, 샘, 거스 프랭클린, 캐시, 조시, 소렌, 나디아 하게도른, 미란다 한나, 게일, 마이크, 엘리너 롱, 미셸 로이드-페이지와 대럴 페이지, 마이클, 메간, 루이스 드마그드 로드리게스, 헤더, 태드, 엘리엇, 펠릭스 솔터에게 무한한 감사를 전한다. 앤드루 치그넬은 늘 적절한 시기에 그랜드 래피즈를 찾아와 웃음을 선사해 준 친구다. 마틴 레인은 긴 산책을 하며 대화를 나누거나 정성껏 만든 술을 나눠 마시며 글쓰기의 피로를 풀게 해주었다. 타일러 골은 수분을 충분히 섭취하라고, 결핍이 아니라 풍요로움 속에서 글을 쓰며 살아야 한다고 끊임없이 상기시켜준 고마운 친구다.

　마지막으로 나는 사랑하는 가족에게 모든 것을 빚지고 있다. 이 책의 비전을 떠받치는 모든 가치, 특히 '다른 존재를 돌보는 봉사'가 삶을 더 아름답게 만든다는 생각은 부모님인 짐과 제인 할트먼에게서 영감을 받았고, 특별한 방식으로 내 삶에 깊이 스며들었다. 늘 사랑과 전적인 지지를 보여준 나의 장인, 장모 원과 잰 맥코슬랜에게도 감사한다. 장인과 장모님의 초대로 교회에서 작업 중인 작품을 발표하는 비건 작가가 몇 명이나 될까? 메그, 제프, 리, 제임스와 함께하는 비건 추수감사절 식사와 비건 생일 메뉴부터 사회적 거리두기를 하며 차고에서 먹던 비건 도넛, 그리고 더그, 줄리, 이선, 에블린과 함께하는 정글짐 핫소스 원정대에 이르기까지. 멋진 가족들 덕분에 우리는 있는 그대로 사랑받고, 풍성하게 식탁을 차릴 수 있었다.

　이 책을 쓰는 내내 수전, 앤드루, 엘리너가 보내준 지지와 격려, 그리고 오랜 시간 보여준 인내심에 대한 감사는 말로 다 표현하기 어렵다. 이들은 힘겨운 순간에도 내가 가장 좋은 모습을 드러낼 수 있도록 이끌어주는 사람들이다. 바깥 공동체에서 가장 가까운 가족인 이들과 함께 하루하루를 살아가는 기쁨은 나의 내면 가족이 사랑받고 활기를 되찾아 다시 세상을 향해 나아가도록 힘을 북돋워준다.

2024년 8월,
미시간주 그랜드래피즈에서
매튜 C. 할트먼

식물성 영양 섭취를 위한 자료

지난 20년간 식물성 식단이 내 신체적 건강과 정신적 안정, 그리고 보험료 할인에도 크게 기여했다고 확신하고, 그동안 읽어온 책도 이를 뒷받침한다. 그렇더라도 나는 영양 섭취에 관해 조언할 자격을 갖춘 사람은 아니다. 이 분야에는 훨씬 뛰어난 전문가들이 이미 길을 잘 닦아놓았고, 비건 식단의 영양적 타양성 역시 여러 곳에서 충분히 검증되었기에, 비건 식단의 영양학적 근거를 자세히 다루지는 않았다. 다만 곳곳에서 그 근거가 매우 탄탄하다는 사실만을 언급했다.

그런데도 비건 식단이 영양학적으로 적절한가에 대한 우려가 비건의 가능성에 관심을 보이는 많은 사람에게 실제로 큰 걸림돌이 되기 때문에, 식물성 영양학에 관한 몇 가지 기초 자료를 소개하고자 한다. 물론 이 자료는 나보다 훨씬 더 전문적인 자격을 갖춘 노아 프람스마(이학석사, 미국 공인 영양사)의 도움을 받아 정리한 것이다.

'책임 있는 의료를 위한 의사회'의 영양교육 코디네이터인 노아는 우리 같은 사람들이 식물성 식단을 예방 의학의 중요한 도구로 이해하도록 돕고 있다. (그의 경력이 궁금하다면, www.pcrm.org/about-us/

staff/noah-praamsma) 그의 친구이자 그를 가르쳤던 교수로서 나는 이 문제를 교육하는 데 노아보다 더 믿음직한 사람은 없다고 확신한다. 그러니 안심해도 좋다. 다만 최첨단 자료를 활용한 연구라 해도 그것이 의학적 조언을 대체할 수는 없다는 점을 명심해야 한다. 그러니 식단에 중요한 변화를 줄 계획이라면 반드시 먼저 의사와 상담해서 자신의 상황에 맞는 가장 건강한 방식을 찾기 바란다.

이제부터 소개하는 내용은 자연식품에 기반한 식물성 식단이 우리의 삶에 어떤 도움을 줄 수 있는지 알아보기 위한 노아의 추천 자료들이다.

자연식품과 식물성 식단이 건강에 얼마나 좋은지는 이미 잘 알려져 있으며, 연구자·임상의·대중 모두가 이를 통해 건강 목표를 달성할 수 있다는 데 점점 더 많은 공감대를 형성하고 있다. 미국영양학회는 이러한 이점을 채식 및 비건 식단에 관한 공식 성명에서 다음과 같이 정리한다.

미국영양학회는 다음과 같은 견해를 밝히고 있다. 비건을 포함한 적절하게 계획된 채식 식단은 건강에 이롭고, 영양학적으로 충분하며, 특정 질환을 예방하고 치료하는 데 도움이 될 수 있다. 이러한 식단은 임신·수유기, 유아기, 아동기, 청소년기, 노년기, 운동선수에 이르기까지 모든 생애주기에 적합하다. 식물성 식단은 동물성 식품 중심의 식단보다 더 적은 천연자원을 사용하고 환경에 미치는 부정적 영향도 훨씬 적기 때문에 환경 차원에서 지속 가능하다. 채식인과 비건은 허혈 심장질환, 제2형

당뇨병, 고혈압, 일부 암, 비만 등 여러 질환의 발병 위험이 낮다. 포화지방 섭취를 줄이고 채소, 과일, 밭곡식, 콩류, 콩 가공품, 견과류, 씨앗류처럼 섬유질과 식물성 화학물질이 충분한 식품을 많이 섭취하는 것이 채식과 비건 식단의 특징이다. 이러한 식단은 총콜레스테롤과 저밀도(LDL) 콜레스테롤 수치를 낮추고, 혈당 조절을 개선하며, 그 결과 만성질환의 위험을 줄이는 데 기여한다. 비건은 비타민 B12를 충분히 섭취하기 위해 B12가 들어 있는 식품이나 보충제를 꾸준히 먹어야 한다.[1]

채식·비건 영양에 관한 이해가 2000년 이후 크게 발전할 수 있었던 것은, 이 분야를 개척해 온 선구적 연구자들과 그들의 저술 덕분이다. 그들의 작업은 연민을 가지고 음식을 선택하려는 이들에게 도덕적 근거뿐 아니라 매우 탄탄한 영양학적 논거까지 제공했다. 여기에는 딘 오니쉬Dean Ornish 박사의 심장질환 되돌리기 프로그램(Program for Reversing Heart Disease)과 생활 습관과 심장질환 연구(Lifestyle Heart Trial)), 닐 바너드Neal Barnard 박사의 당뇨 되돌리기 프로그램(Program for Reversing Diabetes)과 다수 연구 및 저서, T. 콜린 캠벨T. Colin Campbell 의 《무엇을 먹을 것인가》, 존 로빈스John Robbins 의 《육식:건강을 망치고 세상을 망친다》, 마이클 그레거Michael Greger 박사의 《죽지 않는 법(How Not to Die)》과 영양 관련 저서, 콜드웰 에셀스틴Caldwell Esselstyn 박사의 콜레스테롤과 심장질환 연구, 존 맥두걸John McDougall 박사의 《어느 채식 의사의 고백》, 마이클 클라퍼Michael Klaper 박사의 《비건 영양(Vegan Nutrition)》, 댄 뷰트너Dan Buettner 의 《블루존》 등이 있다.

배고프고 아름다운 동물들

최근에 비건 영양을 다루는 자료가 폭발적으로 늘어나고 있다. 유방암 전문의 크리스티 펑크 박사[Kristi Funk]는 《유방 사용설명서(Breasts: The Owner's Manual)》에서 유방암 예방과 치료 과정에서 식물성 식단을 활용할 수 있도록 돕는다. 윌 불시비츠[Will Bulsiewicz] 박사는 저서 《최강의 식물식》에서 장 건강이라는 흥미로운 세계를 탐구한다. 공인 영양사 브렌다 데이비스[Brenda Davis]는 《비건으로 살아가기(Becoming Vegan)》에서 비건 식단을 건강하게 실천하기 위한 혁신적이고 포괄적인 지침을 제공한다. 비만 수술 전문의 가쓰 데이비스[Garth Davis] 박사의 《비만의 종말》은 미국 사회의 '단백질 집착'이 낳은 문제를 비판적으로 살핀다. 운동선수라면, 리치 롤[Rich Roll], 브렌던 브라지어[Brendan Brazier], 립 에셀스틴[Rip Esselstyn]이 쓴 책과 팟캐스트가 경기력 향상에 도움을 줄 것이다.

디지털 자료도 풍부하다. 그레거 박사의 NutritionFacts.org는 여드름에서 유구조충까지 다양한 주제를 다루는 유익하고 방대한 자료를 꾸준히 제공한다. 약 50년간 영양 교육과 지지 활동을 이어온 비영리 단체 '책임 있는 의료를 위한 의사위원회(PCRM)'도 여러 분야의 자료를 폭넓게 배포하고 있다. 웹사이트는 물론 영양학계 여러 전문가가 참여하는 인기 팟캐스트 'The Exam Room'을 주 2회 발송하고, 앱 '21-Day Vegan Kickstart'과 Food for Life이라는 교육 프로그램을 통해 맛있는 식단 계획과 오프라인·온라인 요리 강좌를 제공한다.

마지막으로 다큐멘터리 역시 식물성 식단을 탐색하는 데 중요한 길잡이 역할을 한다. 〈Forks over Knives〉는 좋은 시작점이 될 작품이다. 〈What the Health〉 〈The Game Changers〉 〈Diet Fiction〉

〈The Invisible Vegan〉〈Eating You Alive〉〈Food Choices〉〈PlantPure Nation〉 등이 있으며, 각각 식물성 식단에 대한 독특하고 설득력 있는 관점을 제시한다.

캐슈-코코넛 크림 티라미수 레시피(비건)

미리 양해를 구하지만, 이 레시피는 꽤 손이 많이 가는 편이다. 완벽한 결과를 얻으려면 어느 정도의 노력이 필요하지만, 와! 이건 진짜 기가 막힌다. 이 티라미수는 그만한 가치가 있다. 그리고 이름을 '캐슈-코코넛 티라미수'라고 붙이긴 했지만, 마스카포네 치즈와 달걀 대신에 캐슈넛과 코코넛을 사용한다고 해서 맛이 캐슈넛이나 코코넛처럼 느껴지지는 않는다. 이 두 가지 재료는 맛보다는 식감을 담당할 뿐이며, 완성된 티라미수는 우리가 사랑하던 그 진하고 풍부한 커피와 커스터드 크림, 스폰지 케이크의 꿈 같은 맛 그대로다.

레이디핑거 케이크

1. 좋아하는 레시피로 9x13인치 크기의 비건 바닐라 케이크 한 판을 굽는다. 나는 Isa Chandra Moskowitz의 '골든 바닐라 컵케이크' 반죽을 만들어 기름칠한 9x13 베이킹 팬에 붓고 22 분간 굽는다. 가장자리가 팬에서 살짝 떨어지고, 중앙에 이쑤시개를 찔러 반죽이 묻어나오지 않으면 완성이다.

   (www.veganpeace.com/recipe_pages/recipes/GoldenVanilla-Cupcakes.htm.)

2. 케이크를 완전히 식힌다.

3. 케이크를 1x3x1.25인치 크기의 레이디핑거 모양으로 자른 뒤, 각 조각을 수평으로 반 갈라 개수를 두 배로 만든다.

4. 케이크의 수분이 조금 날아가도록 실온에서 몇 시간 말린다.

커피 혼합물 만들기

레이디핑거를 전부 적실 만한 넓은 접시에 아래의 재료를 섞는다.

- 에스프레소 또는 진한 커피 4큰술
- 커피 리큐어 3큰술
- 라이트 럼 3큰술
- 다크 럼 3큰술

정통을 고집하는 사람들은 주마르살라 와인이나 코냑을 선호하겠지만, 캐슈-코코넛 크림과는 럼이 훨씬 잘 어울린다.

캐슈 – 코코넛 크림

1. 캐슈넛 2컵, 두유 1컵, B등급 메이플 시럽 3큰술을 블렌더에 넣고 완전히 매끄러워질 때까지 간다. (엄지와 검지로 문질렀을 때 입자가 느껴지지 않아야 한다. 고성능 블렌더가 없을 때는 몇 시간 불려두면 더 부드럽게 갈린다.)

2. 차갑게 보관한 코코넛 크림 2캔의 단단한 크림 부분만 떠서 그릇에 옮겨 담는다.(차갑게 두면 2/3는 하얗게 굳은 크림, 1/3은 물이 된다.) 물은 버리고 크림만 사용한다.

3. 코코넛 크림에 바닐라 2작은술을 넣고, 뿔이 살짝 생길 때까지 저어준다. 휘핑크림처럼 단단해지지 않아도 된다. 냉장 숙성 과정에서 레이디핑거에 스며들어 완벽한 질감이 나온다.

4. 캐슈넛 크림을 코코넛 크림에 조심스럽게 섞는다. 너무 세게 저으면 질감이 무너질 수 있으니 천천히 조심스럽게 섞는다.

담기

1. 원하는 용기를 준비한다. 트라이플 스타일은 유리 볼, 개별 서빙은 9x13 팬이나 비슷한 크기의 접시가 좋다. 나는 정사각형으로 담는 것을 좋아해서 9x13 크기로 만든다.

2. 레이디핑거를 커피 혼합물에 반쯤 적신 뒤, 그릇에 한 층 깐다. 크림이 틈 사이로 스며들 수 있도록 약간의 공간을 남겨둔다. (커피 혼합물에 완전히 잠겨도 괜찮지만, 너무 축축해지면 식

감에 영향을 줄 수 있고, 접시에 담을 때도 불편하다.)

3. 캐슈-코코넛 크림의 1/3을 올려 고르게 펴 바른다.

4. 다크 코코아 파우더 5~6큰술을 체에 내려 크림이 보이지 않도록 듬뿍 뿌린다.

5. 2~4단계(레이디핑거→크림→코코아)를 세 번 정도 반복한다.

6. 비건 다크 초콜릿 3온스(또는 더!)를 갈아 맨 위를 넉넉하게 덮는다.

7. 냉장고 냄새가 배지 않도록 호일로 단단히 덮어 최소 24시간, 가능하면 48시간 냉장 숙성한다. 시간이 지날수록 맛이 깊어지고 풍미가 살아난다.

배고프고 아름다운 동물들

글을 시작하며

1. Yuval Noah Harari, Sapiens: A Brief History of Humankind(New York: Harper Perennial, 2014), 12. 《사피엔스》, 김영사

2. 내 소중한 친구 소피 카나데가 오레오가 비건이라는 사실을 알려준 이후, 오레오의 풍미가 전 세계를 휩쓴 현실에 기뻐해야 할지 경악해야 할지 혼란스러웠다. 2019년, 막시밀리안 슈람Maximilian Schramm은 '체리 콜라, 피스타치오 크림, 마시멜로 문 쿠키, 핫 스파이시 시나몬' 등 호기심을 자극하는 약 85가지 풍미를 정리한 Complete List of All Oreo Flavors를 집필했다. 단, 그의 연구 결과를 따라가는 데 따르는 위험은 각자가 감수해야 한다. 나는 그의 목록을 보며 식료품점을 여러 차례 답사했는데, 그 과정에서 소모한 에너지보다 저장한 에너지가 훨씬 컸다. https://medium.com/@mail_81120/85-oreo-flavors-the-complete-list-of-all-oreo-flavors-38ecee49d165

3. J. Poore & T. Nemecek, "Reducing Food's Environmental Impacts through Producers and Consumers", Science 360, no. 6392(June 1, 2018): 987-992, www.science.org/doi/10.1126/science.aaq0216.

4. Xiaoming Xu 외, "Global Greenhouse Gas Emissions from Animal-Based Foods Are Twice Those of Plant-Based Foods," Nature Food 2 (August 14, 2021), www.fao.org/3/cb7033en/cb7033en.pdf; and Elysia Lucas, Miao Guo, and Gonzalo

Guillén-Gosálbez, "Low-Carbon Diets Can Reduce Global Ecological and Health Costs," Nature Food 4 (May 15, 2023), 394-406, https://doi.org/10.1038/s43016-023-00749-2.

5. Michael Greger, M.D., How Not to Die: Discover the Foods Scientifically Proven to Prevent and Reverse Disease (New York: Flatiron, 2015); and David Robinson Simon, Meatonomics: How the Rigged Economics of Meat and Dairy Make You Consume Too Much, and How to Eat Better, Live Longer, and Spend Smarter (San Francisco: Conari, 2013). 이 책의 부록 A에서 자연식품, 식물성 식단의 다양한 건강상 이점은 이 책의 부록1에서 확인할 수 있다.

6. Leah Garcés, "COVID-19 Exposes Animal Agriculture's Vulnerability," Agric Human Values 37, no. 3 (May 14, 2020): 621 −622, https://doi.org/10.1007/s10460-020-10099-5. 하버드 로스쿨 Brooks McCormick Jr.의 동물법 및 정책 프로그램과 뉴욕대학교 환경 및 동물 보호 센터가 공동으로 발표한 최근 보고서는 축산업이 야기하는 인수공통감염병의 발생과 전파 위험을 상세히 조명한다. "Animal Markets and Zoonotic Disease in the United States", July 2023, https://animal.law.harvard.edu/wp-content/uploads/Animal-Markets-and-Zoonotic-Disease-in-the-United-States.pdf. "The Risk Is Staggering," New York Times (Emily Anthes, "'The Risk Is Staggering,' Report Says of Disease from U.S. Animal Industries," July 7, 2023, 2023, www.nytimes.com/2023/07/06/health/animals-agriculture-disease-spillover.html).

7. The Editors, "To Fight Antimicrobial Resistance, Start with Farm Animals", Scientific American, March 1, 2023, www.scientificamerican.com/article/to-fight-antimicrobial-resistance-start-with-arm-animals.

8. 미국 가정의 약 70%가 반려동물을 한 마리 이상 키우며, 미국인들은 매년 1,000억 달러 이상을 반려동물을 위해 지출한다. 전 세계적으로 8억 4천만 마리 이상의 개와 고양이가 사람과 함께 살고 있으며, 밀레니엄 세대 중 반려동물과 함께 사는 사람만 3,700만 명에 이른다. 내가 가장 좋아하는 통계는 "150만 가구 이상이 220마리가 넘는 토끼와 함께 살고 있다"라는 것이다. 이러한 자료를 포함해 우리가 가족이라고 부르는 동물들을 향한 헌신을 보여주는 더 많은 통계는 TheZebra,

com에서 확인할 수 있다. www.thezebra.com/resources/research/pet-ownership-statistics. 원래는 보험 비교 사이트라 의아했지만, 아래 통계를 보고 궁금증이 풀렸다. "미국인의 2%만이 반려동물 보험에 가입했다." 보험회사가 왜 관심을 가질지 설명이 된다.

9. Oxfam, "No Relief: Denial of Bathroom Breaks in the Poultry Industry," Oxfam America, 2013~2106, https://s3.amazonaws.com/oxfam-us/www/static/media/files/No_Relief_Embargo.pdf.

10. John Rossi 및 Samual A. Garner, "Industrial Farm Animal Production: A Comprehensive Moral Critique," Journal of Agricultural and Environmental Ethics 27, no. 2 (March 16, 2014).

11. 이전에 "Eating toward Shalom: Why Food Ethics Matters for the 21st-Century Church," Banner, February 19, 2018, www.thebanner.org/features/2018/02/eating-toward-shalom-why-food-ethics-matters-for-the-21st-century-church에서 비슷한 표현을 사용해 이와 같은 약력 일부를 공유한 적이 있다. 해당 글을 이 책에 다시 사용할 수 있도록 허락해 준 것에 감사를 전한다.

12. 나는 책에서 배운 지식이 아닌, 수치심과 그것이 만들어낸 극단적 완벽주의를 겪는 개인적 경험을 통해 이 진실을 깨달았다. 하지만 수치심이 긍정적인 변화의 원동력으로 작용하지 않는다는 사회학 연구 자료 역시 많다. Brené Brown의 Atlas of the Heart: Mapping Meaningful Connection and the Language of Human Experience는 수치심보다 자기연민이 지닌 장점을 돌아볼 수 있는 시작점이 되며, 특히 8장 "Places We Go When We Fall Short: Shame, Self-Compassion, Perfectionism, Guilt, Humiliation, Embarrassment"(New York; Random House, 2021, 132-50)에서 이러한 논의를 다룬다.

13. 브라이언트 테리의 작품을 아직 접해보지 않았다면, 생일이나 기념일에 쓸 돈이 조금 남아 있다면, 그의 웹사이트(www.bryant-terry.com/about)를 방문해 가능한 한 많은 책을 구매하기를 권한다. Vegan Soul Kitchen: Fresh, Healthy, and Creative African-American Cuisine (New York: Da Capo, 2009)과 James Beard Award 수상작 Afro-Vegan: Farm-Fresh African, Caribbean & Southern Flavors (New York: Ten Speed, 2014)은 우리 집에서 가장 사랑받는 요리책이다. The

Inspired Vegan (New York: Da Capo, 2012), Vegetable Kingdom: The Abundant World of Vegan Recipes (New York: Ten Speed, 2020)도 훌륭한 선택이다. 비건 요리를 넘어, 브라이언트는 식물 기반 감성을 더욱 넓은 요리 세계로 자연스럽고 우아하게 확장하는 탁월한 감각을 지녔다. 이는 호화로운 레시피로 가득한 James Beard Award 후보작 Black Food: Stories, Art, and Recipes from across the African Diaspora (New York: 4 Color, 2021)에서 분명히 드러난다. "흑인 문화 거장 100명 이상이 참여한 시각적·정신적 향연"이라는 설명이 딱 들어맞는 책으로, 커피 테이블용 한 권과 주방 실사용 한 권을 사고 싶은 유혹을 불러일으킨다. 좋은 요리책은 대개 10년이 채 지나기도 전에 기름, 밀가루, 시럽으로 뒤덮이니까!

14. Farhad Manjoo, "Stop Mocking Vegans," New York Times, August 28, 2019, www.nytimes.com/2019/08/28/opinion/vegan-food.html.

15. 동물원·수족관 윤리와 연구·상업 분야의 동물 이용 문제는 이 책에서 다루는 범위를 넘어서지만, 이러한 목적의 동물 사육에 반대하는 주장은 여러 관점에서 논증될 수 있으며 강력한 도덕적 근거를 가진다. Lori Gruen, The Ethics of Captivity (New York: Oxford, 2014)는 해당 영역을 깊이 있게 검토하는 훌륭한 출발점이다. Peter Singer의 고전 Animal Liberation Now (New York: Harper Perennial, 2023) 2장 "Tools for Research"는 동물 실험에 반대하는 결과론적 논지를 전개한다. Jeremy R. Garrett, The Ethics of Animal Research: Exploring the Controversy (Cambridge, MA: MIT Press, 2012)도 참고할 만하다.

16. 팬으로서 함께 느끼는 특유의 고양감을 경험해 본 적 없다면, 아스널 축구 클럽의 팬이 되어보는 것은 어떨까? 프리미어리그에서 가장 매력적인 축구를 보여주는 팀 가운데 하나다. 기초 교양을 쌓고 싶다면, Nick Hornby, Fever Pitch (New York: Riverhead, 1992)를 읽어보라. 지금이 아스널에 합류할 최적의 때인 이유를 알고 싶다면 Charles Watts, Revolution: The Rise of Arteta's Arsenal (London: HarperCollins, 2023)을 확인하길 바란다. 새로운 응원가(www.youtube.com/watch?v=X3ZDwnGqLY4)를 듣고, 영원한 라이벌 토트넘 홋스퍼를 저주하고, 최신 굿즈(www.arsenal.com)도 살펴보라. 덤으로, 아스널의 공격형 미드필더 한 명은 동물 보호 운동가이자 당나귀 보호소(https://kaihavertz-stiftung.de/projekte/#1) 후원자이기도 하다. COME ON YOU GUNNERS!

298

17. Keeanga-Yamahtta Taylor, "Are We at the Start of a New Protest Movement?," New York Times, April 13, 2020.

18. 나는 동물 윤리에 관한 초기 연구부터 비건 실천을 완벽주의보다 '열망'의 관점에서 접근해야 한다고 여겨왔다(Matthew C. Halteman, Compassionate Eating as Care of Creation [Washington, DC: Humane Society of the United States Faith Outreach, 2008] 참조). 그러나 Lori Gruen과 Robert C. Jones의 "Veganism as an Aspiration" (Ben Bramble and Bob Fischer, The Moral Complexities of Eating Meat [Oxford, UK: Oxford University Press, 2015], pp. 153－171)을 읽고 나서야, 비건 생활을 이러한 언어로 더 명확히 규정해야 한다고 확신하게 되었다.

1장 | 비건이 아니면 안 돼!

1. 'Gus Snoring Lullaby'는 Detholz!의 리더이자 시카고의 실험적 록의 거장이며, 전설적인 밴드 Van Dyke Parks의 베이시스트로 활동한 Jim Cooper가 작곡과 편곡을 맡았다. 음원은 https://soundcloud.com/Hallameat/Gus-snoring-lullaby에서 들을 수 있다. Detholz!가 Kool & the Gang의 'Celebration'을 커버한 영상은 www.youtube.com/watch?v=FPql21wtehI 참조하라.

2. Judson Brewer, 《Unwinding Anxiety: New Science Shows How to Break the Cycles of Worry and Fear to Heal Your Mind》(New York: Avery, 2021), 159.

3. Kathleen D. Dannemiller와 Robert W. Jacobs, "Changing the Way Organizations Change: A Revolution of Common Sense," Journal of Applied Behavioral Science 28, no. 4 (December 1992): 480－498, https://doi:10.1177/0021886392284003.

4. Pope Francis, Encyclical Letter Laudato Si' of the Holy Father Francis on Care for Our Common Home, Chapter 1, para. 19, www.vatican.va/content/francesco/en/encyclicals/documents/papa-francesco_20150524_enciclica-audato-si.html.

5. 동물 착취에 대한 폐지론적 관점을 정리한 책으로, 지각 있는 존재를 인간의 소유물로 취급하는 것은 도덕적으로 허용할 수 없다는 주장을 전개한다. Gary L. Francione, Animals as Persons: Essays on the Abolition of Animal Exploitation, (New York: Columbia University Press, 2009).

6. 동물성 식량 시스템이 초래하는 '농업 확산'이 미치는 악영향과 식물 및 세포 기반 식량 시스템으로 전환할 수 있는 혁신적 가능성이 궁금하다면 이 책을 참고하라. George Monbiot, Regenesis: Feeding the World Without Devouring the Planet (New York: Penguin, 2022)

7. '푸드 아파르트헤이트food apartheid'라는 용어는 뉴욕에서 활동하는 지역 활동가이자 농부, 식량 정의 옹호자인 Karen Washington이 만든 개념이다. 캐런의 인터뷰와 푸드 아파르트헤이트라는 개념을 살펴보고 싶다면, Anna Brones의 "Karen Washington: It's Not a Food Desert, It's Food Apartheid," Guernica, May 7, 2018, www.guernicamag.com/karen-washington-its-not-a-food-desert-its-food-apartheid/ 기사를 참조. 캐런이 James Beard Leadership Award 등 많은 찬사를 받은 이유는 40여년(지금도 계속되는) 활동의 성과 때문이다. 자세한 내용은 www.karenthefarmer.com/about에서 확인할 수 있다.

8. Elysia Lucas, Miao Guo, and Gonzalo Guillén-Gosálbez, "Low-Carbon Diets Can Reduce Global Ecological and Health Costs," Nature Food 4 (2023), 394–406, https://doi.org/10.1038/s43016-023-00749-2. 초록에서 인용 : "우리는 2018년 기준 전 세계 식품 지출 1달러마다, 생산 과정에서 발생한 외부 비용이 약 2달러 포함되어 있다는 사실을 확인했으며, 이는 총 14조 달러 규모의 외부 비용에 해당한다. 동물성 식품 중심 식단에서 벗어나면 이러한 '숨겨진' 비용을 크게 줄일 수 있으며, 생산 과정에서 발생하는 건강 부담과 생태계 파괴 비용을 최대 7.3조 달러까지 절감하고, 동시에 탄소 배출도 낮출 수 있다. 또한 우리는 식단 변화가 건강에 미치는 영향을 '식품 소비 단계'와 '식품 생산 단계'에서 각각 비교했으며, 생산 단계를 고려하지 않으면 식물성 식단의 이점을 과소평가하게 된다는 사실을 보여주고자 한다. 우리의 분석에 따르면, 특히 고소득 및 중상위 소득 국가에서 식단을 바꾸는 것이 기후 변화를 완화하는 동시에 상당한 사회경제적 이익을 가져올 잠재력을 지닌 것으로 나타났다.

9. 마지막 몇 단락의 일부는 내 저서 Compassionate Eating as Care of Creation, (Washington, DC: Humane Society of the United States Faith Outreach, 2008)에서 발췌한 것이다. 저작권은 나에게 있다.

10. 거스를 향한 내 사랑은 거스의 선천적 신체 조건이 불러오는 재정적 부담보다

훨씬 크다. 그러나 나는 늘 세심한 보호자가 되어야 했다. 불도그를 반려동물로 맞이하기 전, 선택적 번식을 통해 '품종적 결함'을 갖게 된 동물의 삶이 어떤 의미인지, 그리고 이러한 동물이 편안하게 살아가도록 돕는 비용과 책임을 감당할 수 있는지 반드시 신중히 고려하기를 바란다. 도전하기로 마음먹었다면, 구조 · 입양을 통해 도움이 필요한 불도그를 맞이하는 것을 강력히 권한다. 불도그가 겪는 대표적인 건강 문제는 Meera Pal, "English Bulldog Common Health Issues," Forbes, March 29, 2023, www.forbes.com/advisor/pet-insurance/pet-care/english-bulldog-common-health-issues에서 확인할 수 있다. 구조 입양은 Bulldog Rescue Network에서 확인할 수 있다. www.rescuebulldogs.org/.

11. 나는 산업형 축산 시스템에서 동물들이 겪는 끔찍한 고통을 사람들에게 직접 보여주는 것이 필요한지를 두고 늘 고민한다. 어떤 이들은 현실을 눈으로 확인해야 공감과 변화의 의지가 생긴다고 말한다. 그러나 이러한 이미지와 영상이 너무 압도적이어서 정신적으로 쇠약하게 만들어 오히려 무력감만 남길 수도 있다. 또한, 이러한 환경에서는 개별 동물의 주관성이 보이지 않을 정도로 고통이 집단적으로 뒤엉켜 있어, 아이러니하게도 개인의 번영 가능성을 상상하기 더 어려워지기도 한다. 따라서 이런 장면을 보기 전에 자신의 감정적 수용 한계를 충분히 고려하는 것이 중요하다. 또한 Isa Leshko, Allowed to Grow Old: Portraits of Elderly Animals from Farm Sanctuaries (Chicago: University of Chicago Press, 2019)에 소개된 생추어리 동물들의 얼굴을 보며 "기회가 주어질 때 동물이 어떻게 달라질 수 있는지"를 생각해 보는 것도 도움이 된다. 직접 확인해야 믿을 수 있다고 느낀다면, 다큐멘터리 Dominion (2018)을 권한다. www.dominionmovement.com/watch. 산업계가 공개한 영상과 비교해보고 싶다면 Temple Grandin의 Glass Walls 프로젝트 영상이 도움이 된다. www.youtube.com/playlist?list=PLkBbso1kwZ3bZTqN5MBLqHWGpRqPCH7gK.

고통의 세부 묘사는 피하고 싶지만, 상황을 이해하고 싶은 경우 Peter Singer의 Animal Liberation Now (New York: Harper Perennial, 2023), Chapter 3, 107 – 174에서 관련 내용을 확인할 수 있다. 또는 이러한 묘사가 지나친 선정성으로 흐를 수 있다는 우려가 있다면, 시스템 비판이 극단적 사례에만 의존한다는 우려에 대한 다른 관점은 다음에서 확인할 수 있다. Matthew C. Halteman, "Varieties of

Harm to Animals in Industrial Farming," Journal of Animal Ethics 1, no. 2 (Fall 2011): 122–131. (https://philpapers.org/archive/HALVOH.pdf)

12. Elizabeth Gamillo, "More Than 50 Billion Tons of Topsoil Have Eroded in the Midwest," Smithsonian, April 19, 2022. www.smithsonianmag.com/smart-news/57-billion-tons-of-top-soil-have-eroded-in-the-midwest-in-the-last-160-years-180979936/.

13. Andrew Chignell, Terence Cuneo, and Matthew C. Halteman, eds, Philosophy Comes to Dinner: Arguments about the Ethics of Eating (New York: Routledge, 2016)은 거스에게 헌정된 책이다. 감사의 말 아래에는 위풍당당한 거스의 옆모습 사진이 실려 있다.

14. 내가 대학 시절 처음 철학에 매혹되었을 때 인생이 뒤바뀌는 경험을 주었던 독일 철학자이자 고인이 된 Hans-Georg Gadamer의 두 작품을 추천한다. 학술 철학이 취향에 맞지 않는다면 건너뛰어도 된다. 하지만 지루한 글들을 헤쳐 나가는 대가를 치르더라도 상상력을 넓혀주는 모험을 하고 싶다면, 꼭 이 책들을 읽어보길 바란다! 먼저 Philosophical Hermeneutics (Berkeley, CA: University of California Press, 1976)의 "Man and Language"를 읽고, 흥미가 생기면 그의 대작 Truth and Method (New York: Crossroad, 1975)을 읽으면 된다. 만약 맞지 않는다면, 600페이지에 달하는 이 거대한 책을 문 받침 또는 지적인 분위기를 내는 소품으로 쓰면 된다.

15. James Baldwin, The Devil Finds Work, 1976. Ezra Klein의 Why We're Polarized (New York: Avid Reader, 2020), 106에서 재인용.

2장 | 비건만 아니면 돼!

1. 이 요리책은 보물이나 다름없다. 우리 집에 있는 이 책은 성공적인 비건 대체 식품에 대한 수전과 나의 메모가 빼곡히 적혀 있고, 여러 저기 접히고 낡아 있다. Doris Janzen Longacre, More-with-Less: Recipes and Suggestions by Mennonites on How to Eat Better and Consume Less of the World's Limited Food Resources (Goshen, IN: Herald Press, 2011, updated).

2. Ezra Klein(Kahan의 연구를 인용-), Why We're Polarized (New York: Avid Reader, 2020), 96.

3. Megan Halteman Zwart과 나는 '거침없는 잡식성에서 회복 중인 이들을 위한 철학적 치유'라는 글에서 이 두 가지 난제를 '상상력과 의지의 문제'라고 설명한 바 있다. Andrew Chignell, Terence Cuneo, and Matthew C. Halteman, eds., Philosophy Comes to Dinner: Arguments about the Ethics of Eating (New York: Routledge, 2016), 129 – 148.

4. Adam Grant, Think Again: The Power of Knowing What You Don't Know (New York: Viking, 2021), 31.

3장 | 비건에 관한 상상

1. Mylan Engel Jr.의 고전 논문 The Immorality of Eating Meat은 내가 처음으로 접한 상식적인 비건 옹호 방식이었다. 동물에 관한 논쟁적 견해나 복잡한 철학 이론이 아니라 사람들이 이미 가지고 있는 신념, 가치, 감정에서 출발해 비건의 정당성을 제시한다. Louis P. Pojman, The Moral Life: An Introductory Reader in Ethics and Literature (New York: Oxford University Press, 2000), 856 –890, https://philpapers.org/archive/ENGTIO-16.pdf 참조.

   Mylan Engel Jr.와 Kathie Jenni는 The Philosophy of Animal Rights: A Brief Introduction for Students and Teachers (New York: Lantern, 2010)에서 이러한 접근을 더욱 발전시킨다. 내가 쓴 Compassionate Eating as Care of Creation (Washington, DC: Humane Society of the United States Faith Outreach, 2008)도 기독교적 관점에서 비슷한 접근을 전개한다. 이 모든 작업이 이 책에서 내가 제시한 '유치원 윤리학'의 배경을 이루었으며 여러 통찰과 자료를 제공했다.

2. 많은 사람의 내면에 '비건의 씨앗'이 존재한다는 내 생각은 Carol J. Adams, Living Among Meat Eaters: The Vegetarian's Survival Handbook (New York: Lantern, 2001)에서 다루는 'blocked vegetarians' 개념에서 깊은 영향을 받았다.

3. 이 문제를 생각할 때 가장 먼저 떠오른 글이다. James McWilliams's "Loving Animals to Death" (American Scholar, March 11, 2014, https://theamericanscholar.

org/loving-animals-to-death). 3장 주석 6에 이에 대해 조금 더 자세히 다룬다.

4. Jonathan Safran Foer의 훌륭한 글, "Why We Must Cut Out Meat and Dairy Before Dinner to Save the Planet"(Guardian, September 28, 2019)은 꼭 읽어볼 만한 다. 공항에서 먹은 햄버거에 관한 고백이 담긴 인간적이고 생생한 글이다. www. theguardian.com/books/2019/sep/28/meet-of-the-matter-the-inconvenient-truth-about-what-we-eat.

5. 내가 노력을 기울이지 않았던 것도 아니고, 처음부터 무시하려 했던 것도 아니 다. 오히려 나는 높은 복지 기준을 갖춘 동물성 식품이 제대로 자리 잡기를 간절 히 바랐고, 수전에게 이러한 제품을 사용하자고 여러 번 권하기도 했다. 이런 시 도가 번번이 무산되자, 가능성의 불씨를 살려보려고 '신농업'에 관한 거의 모든 글을 탐독했다. Wendell Berry's The Unsettling of America: Culture & Agriculture (New York: Random House, 1982). Michael Pollan's The Omnivore's Dilemma: A Natural History of Four Meals (New York: Penguin, 2006). Barbara Kingsolver's Animal, Vegetable, Miracle: A Year of Food Life (New York: Harper Perennial, 2007). Norman Wirzba's Food & Faith: A Theology of Eating (New York: Cambridge University Press, 2011).

그러나 이 책들도, 그 밖의 어떤 자료도 내가 결정적이라 생각했던 질문에 답하 지 못했다. 즉, 어떻게 공개적으로 동물의 존엄성을 인정(심지어 찬양하기도 하 는!)하면서도 이를 깎아내리지 않고 존중하며(그리고 정당하게) 도살할 수 있다 는 말인가? 특히 영양가 있는 다른 선택지가 많은데도 말이다. Joel Salatin은 어 떻게 The Marvelous Pigness of Pigs: Respecting and Caring for All God's Creation (New York: FaithWords, 2016)와 같은 책을 쓰면서도, 돼지가 가장 '돼지다운 본 성'을 충분히 펼쳐 보이기도 전에 도살하는 것을 옹호할 수 있는 것일까? 돼지다 운 본성이 7개월 즈음 갑자기 붕괴하기라도 하는 걸까? 그래서 5~6개월쯤에 미 리 죽여주는 것이 동정인가? 게다가 공교롭게도 시장에서 원하는 최적의 체중에 도달한 바로 그때 말이다. 전혀 아닐 것이다. 우리는 이미 알고 있다.

6. 내가 본 '농업 비전의 핵심 모순'을 가장 설득력 있게 다룬 글이다. James McWilliams의 "Loving Animals to Death: How Can We Raise Them Humanely and Then Butcher Them?"(American Scholar, March 11, 2014, https://

theamericanscholar.org/loving-animals-to-death/). 이 글은 소규모 돼지 농장을 운영하던 Bob Comis가 '사랑하면서 죽이는' 역설을 스스로 '비윤리적'이라고 성찰하며, 결국 돼지 사육을 그만두고 채소 농사로 전향하는 과정을 감동적으로 기록한다.

McWilliams는 '인도적 축산'이 가진 모순을 다음 한 문장에 절묘하게 담아낸다. "동물의 복지를 진심으로 생각하며 농업 구조를 개선하려고 노력한다면서, 어떻게 그 동물을 11달러짜리 튀긴 돼지머리 요리로 만들 수 있는가?"

이러한 모순을 다루는 해결책이 나올지 궁금하다. 이 문제를 가장 논리적으로 해명하려는 시도는 철학자 Benjamin J. Bruxvoort Lipscomb이 쓴 "'Eat Responsibly': Agrarianism and Meat"이다. Philosophy Comes to Dinner: Arguments about the Ethics of Eating, Andrew Chignell, Terence Cuneo, and Matthew C. Halteman, eds. (New York: Routledge, 2016), 56–72. 훌륭한 글이지만, 나는 여전히 설득되지 않는다.

7. Carol J. Adams's Living Among Meat Eaters: The Vegetarian's Survival Handbook (New York: Lantern, 2001)는 내가 '비건의 씨앗' 개념을 발전시키는 데 큰 영향을 준 책이다. 이 책을 집필하던 중 Adams와 Bloomsbury가 이 고전을 개정·업데이트하여 The Vegetarian and Vegan Survival Guide (New York: Bloomsbury, 2022)를 출간했다. 비건 여정에서 막다른 길에 부딪힌다면 꼭 읽어보길 바란다!

8. Alejandro Jodorowsky and Marianne Costa, The Way of Tarot: The Spiritual Teacher in the Cards (Rochester, VT: Destiny), 248.

4장 | 인간

1. 이 레시피는 chiffonade 기술을 연습하기에 연습에 정말 좋으며, 설명도 자세히 나와 있으니 참고하기를 바란다. 맛있게 드시길! Bryant Terry, "Citrus Collards with Raisins Redux," Epicurious, April 16, 2009. www.epicurious.com/recipes/food/views/citrus-collards-with-raisinsvreduxv352451.

2. David Whyte, Consolations: The Solace, Nourishment and Underlying Meaning of Everyday Words (Langley, WA: Many Rivers, 2015), 25.

3. 나는 '내면의 가족(inner family)'이라는 개념이 자아의 다양한 측면과 우리가 속한 여러 집단 안에서 형성되는 복잡한 관계와 집단 역학을 탐구하는 데 유익한 비유라고 생각한다. 그러나 나처럼 정신 건강과 일상적 번영을 위해 내면 가족 시스템 치료(Internal Family Systems therapy, IFS)를 실제로 실천하는 사람들에게 내면의 가족은 단지 유용한 비유 그 이상이다. 이 치료가 내 삶에 가져다준 변화와 많은 좋은 결과를 떠올려 보면, 이 책을 쓰는 동안 내 내면의 가족이 큰 역할을 했음을 알 수 있고, 이와 관련된 자료를 더 알고 싶어 하는 이들과 나눌 수 있어 기쁘게 생각한다.

IFS를 쉽고 흥미롭게 소개하는 그림 안내서를 찾는다면, Tom Holmes, Ph.D., Lauri Holmes, MSW, and Sharon Eckstein, MFA, Parts Work: An Illustrated Guide to Your Inner Life (Kalamazoo, MI: Winged Heart, 2007)를 권한다.

조금 더 심화된 수준을 원한다면, Richard C. Schwartz, No Bad Parts: Healing Trauma and Restoring Wholeness with the Internal Family Systems Model (Louisville, CO: Sounds True, 2021), Richard C. Schwartz, Introduction to Internal Family Systems (Louisville, CO: Sounds True, 2023)를 추천한다. 이 강력한 웰빙 도구를 내게 소개해 준 Christina Bierdeman, LMSW에게 깊이 감사한다.

4. Thich Nhat Hanh, How to Relax (Berkeley, CA: Parallax, 2015). 《쉬기 명상》 한 빛비즈.

5. '번영하다(flourishing)'라는 표현은 고대 그리스 철학자 아리스토텔레스가 인간 존재의 궁극적 목표로 제시한 '에우다이모니아(eudaimonia)'를 다소 불완전하게 번역한 것이다. 에우다이모니아는 아리스토텔레스에 따르면, 다른 목적을 위한 수단이 아니라 그 자체로 목적이 되는, 자신에게 주어진 능력을 탁월하게 발휘하며 사는 행복을 뜻한다.

Will Buckingham의 "Aristotle on Flourishing"은 8분 정도면 읽을 수 있는 글로, 아리스토텔레스의 대표작 Nicomachean Ethics (Chicago: University of Chicago Press, 2012)까지 도전해 볼지 고민하는 데 도움이 될 것이다. www.lookingforwisdom.com/aristotle-on-flourishing. 8분조차 부담스럽다면, BBC Radio 4에서 제작한 2분짜리 영상 "Aristotle on 'Flourishing"도 있다. www.youtube.com/watch?v=j_7deR0idvs.

배고프고 아름다운 동물들

6. 철학자 Megan Halteman Zwart는 방어적 태도를 넘어설 수 있는 전략으로서 '호기심'의 가치를 처음으로 일깨워준 사람이다. 새로운 생각과 마주할 때 자연스럽게 일어나는 감정들을 포착하고 응답할 수 있도록, 호기심이 어떻게 방어적 태도의 자연스러운 해독제가 되는지 알고 싶다면 다음 글을 참고하라. Megan Halteman Zwart, "Can Developing Virtues Improve Dialogue Across Political Difference?," Journal of the Scholarship of Teaching and Learning 21, no. 4 (December 2021): 239–254, https://scholarworks.iu.edu/journals/index. php/josotl/article/view/32699/37286. 호기심을 기르고, 생산적인 대화를 끌어내는 법을 배우고 싶다면 다음 글을 권한다. Megan Halteman Zwart, "Intellectual Hospitality as a Guiding Virtue in Campus Conversations on Abortion," Journal of Moral Theology 12, no. 1 (January 2, 2023): 139–144, https://jmt.scholasticahq. com/article/66251-intellectual-hospitalityvasvavguidingvvirtuevinvcampusvconversa tionsvon-abortion.

7. 여기에서 '조심하지 않으면'이라는 표현이 중요한 이유는, 비건 윤리(더 넓게는 식생활 윤리)에 대한 철학적 논증이 어떤 쓰임을 가지는지에 대해 내가 매우 진지하게 생각하기 때문이다. 이러한 논증은 우리의 지적 자신감을 키우고, 비판 앞에서 자신의 입장을 옹호하고, 신중한 사고를 통해 복잡한 문제를 더 명료하게 바라보는 법을 배우고, 사람들로 하여금 식생활 윤리를 보다 진지하게 받아들이도록 설득하는 데 쓰일 수 있다(비록 이런 논증이 새로운 식습관을 실제로 시도하고 지속하는 데 있어서는 비교적 효과가 덜하더라도). 나는 바로 이런 목적을 염두에 두고, 논증에 필요한 도구들을 다듬기 위해 이 책을 공동 편집했다. 같은 방식으로 논증 실력을 기르고 싶다면 다음 책을 추천한다. Andrew Chignell, Terence Cuneo, and Matthew C. Halteman, eds., Philosophy Comes to Dinner: Arguments about the Ethics of Eating (New York: Routledge, 2016).

8. 이 문제를 이해하는 데 특히 유용한 두 가지 자료는 다음과 같다.

- Christopher Carter, The Spirit of Soul Food: Race, Faith, & Food Justice (Urbana, IL: University of Illinois University Press, 2021), Chapter 2: "Food Pyramid Scheme," 57–86.
- Aph Ko, "Vegans of Color and Respectability Politics: When Eurocentric

Veganism Is Used to Rehabilitate Minorities," in Aph Ko and Syl Ko, Aphro-
ism: Essays on Pop Culture, Feminism, and Black Veganism from Two Sisters
(New York: Lantern, 2017), 76-81.

9. 이 추세에 대해서는 내가 쓴 다음 글에서 좀 더 자세히 논의한다. Matthew C.
Halteman, "We Are All Noah: Tom Regan's Olive Branch to Religious Animal
Ethics," Between the Species 21, no. 1 (Spring 2018): 151-177, https://
digitalcommons.calpoly.edu/cgi/viewcontent.cgi?article=2152&context=bts.

10. Peter Singer, Animal Liberation Now: The Definitive Classic Renewed (New
York: Harper Perennial, 2023), 208-243.

11. 이 흥미로운 반대 담론을 전개하면서, 나는 지난 20년 동안의 강의와 저술을 통
해 식단 변화와 식량 시스템 개혁이 유대-기독교 전통의 비전과 얼마나 잘 공명
하는지 보여주고자 했다. 그 과정에서 "옳은 일을 하고 싶지만, 식단 변화(특히 비
건으로 사는 일)가 자신의 신앙과 충돌하지는 않을까" 걱정하는 사람들의 우려를
진지하게 경청하려 했다. 동시에, 식생활 변화를 종교적 실천의 한 형태로 이해
할 때, 각자의 양심에 따른 구체적 차이를 충분히 존중하고자 했다. 당신이나 주
변의 친구·가족이 이런 고민을 하고 있다면, 다음 자료들이 어느 정도 해방감을
줄 수 있을 것이다. 처음 접하는 독자를 위해, 대체로 도움 될 만한 순서로 정리
했다.

교회가 왜 식량 시스템 개혁을 진지하게 받아들여야 하는지 간략히 알고 싶다면:
"Eating toward Shalom: Why Food Ethics Matters for the 21st-Century Church,"
Banner, February 19, 2018, www.thebanner.org/features/2018/02/eating-toward-
shalom-why-food-ethics-matters-for-the-21st-century-church.

한 기독교 대학생(가상 인물)의 동물 의식 성장 여정을 따라가 보고 싶다면:
Matthew C. Halteman와 Megan Halteman Zwart, "Reimagining Our Kinship
with Animals," in David Paul Warners and Matthew Kuperus Heun, eds., Beyond
Stewardship: New Approaches to Creation Care (Grand Rapids, MI: Calvin
University Press, 2019), 121-134, https://philpapers.org/archive/HALQSR.pdf.

기독교 영적 수련으로서 식생활 변화의 가능성을 탐구하고 싶다면: Compa-
ssionate Eating as Care of Creation (Washington, DC: Humane Society of the

United States Faith Outreach, 2008), https://philpapers.org/archive/HALLTT.pdf.
목회자나 신학에 밝은 지인에게, 식량 시스템 개혁에 대한 관심이 교회의 소명과 깊이 연결된다는 점을 설득하고 싶다면: Matthew C. Halteman, "Knowing the Standard American Diet by Its Fruits: Is Unrestrained Omnivorism Spiritually Beneficial?" in Interpretation 67, no. 4 (2013): 383‒395, https://philpapers.org/archive/HALKTS.pdf. 목회자가 이 주제에 관심을 갖도록 돕는 다양한 자료는 기독교 사회정의 단체 CreatureKind (for Animals, Peoples, and the Earth) 웹사이트에서 찾을 수 있다. www.becreaturekind.org/.

기독교 비건의 삶이 구체적으로 어떤 모습인지 궁금하다면: Matthew C. Halteman, "Imagining Creation as a Christian Vegan," Sarx, https://sarx.org.uk/articles/christianity-and-animals/imagining-creation-as-a-christian-vegan-matthew-c-halteman.

나는 기독교 공동체와 이런 논의를 이어가는 과정에서 Roberta Kalechofsky, Judaism & Animal Rights: Classical and Contemporary Responses (Marblehead, MA: Micah Publications, 2002)에서 큰 영감을 받았다. Aaron S. Gross, The Question of the Animal and Religion: Theoretical Stakes, Practical Implications (New York: Columbia University Press, 2015)와 Rabbi Dr. Shmuly Yanklowitz, The Jewish Vegan (Shamayim V'Aretz Institute, 2015) 역시 동물과 식품 정의를 향한 종교적 지지의 전반적 그림을 제시하며, 전체론적 비전을 얼마나 견고히 유지해야 하는지 잘 보여준다. Jonathan Safran Foer, Eating Animals (New York: Little, Brown, 2009)에서 현대 식품 윤리를 탐구하며 자신의 유대교적 유산과 개인적 경험을 엮어냈고, 이 작업은 내가 《배고프고 아름다운 동물들》에서 나의 종교적 유산과 경험을 풀어내는 데 큰 영감을 주었다.

기독교 동물·식품 윤리 전반에서 내가 다룬 글들 외에도, 다양한 전통에서 나온 뛰어난 입문서를 통해 이 주제를 폭넓게 접할 수 있다. 개론서를 찾는다면 Tripp York and Andy Alexis-Baker, eds., A Faith Embracing All Creatures: Addressing Commonly Asked Questions about Christian Care for Animals (Eugene, OR: Cascade, 2012). 가톨릭 관점은 Charles C. Camosy, For Love of Animals: Christian Ethics, Consistent Action (Cincinnati, OH: Franciscan Media, 2013). 복음주의 기

독교의 관점은 Sarah Withrow King, Vegangelical: How Caring for Animals Can Shape Your Faith (Grand Rapids, MI: Zondervan, 2016). 퀘이커 교도의 관점은 Gracia Fay Ellwood, Taking the Adventure: Faith and Our Kinship with Animals (Eugene, OR: Wipf and Stock, 2014). 비건을 '정의의 실천이자 기독교를 탈식민화하는 영적 훈련'으로 보고자 한다면 Christopher Carter의 The Spirit of Soul Food: Race, Faith, & Food Justice (Urbana, IL: University of Illinois Press, 2021). 이 책에 대해서는 8장에서 더 자세히 다룰 것이다.

기독교 신학과 동물 문제에 대해 더 자세히 알고 싶다면 Andrew Linzey, Christianity and the Rights of Animals (New York: Crossroad, 1987), David L. Clough, On Animals, Vol. 1: Systematic Theology (2012) and Vol. 2: Theological Ethics (2019) (London: T&T Clark), Karla Mendoza Arana and Aline Silva, eds., A CreatureKind Lectionary for All Creation: For Animals, Peoples and the Earth, www.becreaturekind.org/the-creaturekind-lectionary를 권한다.

마지막으로 종교와 음식 윤리를 철학적으로 다룬 간단한 개관을 원한다면 Tyler Doggett, Matthew C. Halteman, "Introduction to Part 6: Food and Religion," in Anne Barnhill, Mark Budolfson, Tyler Doggett, eds., Food, Ethics, and Society: An Introductory Text with Readings (Oxford, UK: Oxford University Press, 2016), 275-292. 좀 더 긴 책 한 권으로 보고 싶다면, Lisa Kemmerer, Animals and World Religions (New York: Oxford University Press, 2011)를 추천한다.

12. Adam Wolpa의 작업은 '비건 세상의 아름다움'을 호기심과 의식의 확장을 통해 어떻게 드러내는지 잘 보여준다. 자세한 내용은 다음 글을 보라. Adam Wolpa, "Seeing Meat Without Animals: Attitudes for the Future," in Brianne Donaldson, Christopher Carter ed., The Future of Meat without Animals (New York: Rowman & Littlefield, 2016).

13. A. Breeze Harper, ed., Sistah Vegan: Black Female Vegans Speak on Food, Identity, Health, and Society (New York: Lantern, 2010).

14. Harper, Sistah Vegan, xix.

15. Michelle R. Loyd-Paige, "Thinking and Eating at the Same Time: Reflections of a Sistah Vegan," in Harper, Sistah Vegan, 1-7, 특히 1-2.

16. 여성의 재생산권에 대해서는 Carol J. Adams, "Abortion and Animals: Keeping Women in the Equation," in The Carol J. Adams Reader: Writings and Conversations 1995 – 2015 (New York: Bloomsbury, 2016), 287 – 292를, 효과적인 이타주의에 대해서는 Carol J. Adams, Alice Crary, and Lori Gruen, eds., The Good It Promises, The Harm It Does: Critical Essays on Effective Altruism (Oxford, UK: Oxford University Press, 2023)을 참고하라. Adams는 페미니스트 비건의 고전 The Sexual Politics of Meat: A Feminist-Vegetarian Critical Theory (New York: Continuum, 1990)로 가장 널리 알려져 있다.

17. 안락사 문제에 관해서는 Peter Singer, Practical Ethics (Cambridge, UK: Cambridge University Press, 1980), 효과적 이타주의에 관해서는 Singer, The Most Good You Can Do: How Effective Altruism Is Changing Ideas about Living Ethically (New Haven, CT: Yale University Press, 2015)에서 확인할 수 있다. Singer는 고전으로 알려진 Animal Liberation (New York: HarperCollins, 1975)로 잘 알려져 있다.

18. Matthew Scully, "Pro-Life, Pro-Animal: The Conscience of a Pro-Life, Vegan Conservative," National Review, October 7, 2013. Scully는 공장식 축산을 강력하게 비판한 저서 Dominion: The Power of Man, The Suffering of Animals, and the Call to Mercy (New York: St. Martin's, 2002)로 가장 잘 알려져 있다. 최신 저서 Fear Factories: Arguments about Innocent Creatures and Merciless People (Troutdale, OR: Arezzo, 2023)에는 지난 30년간 20여 개 신문과 잡지에 기고한 에세이 45편이 실려 있으니 놓치지 말기를 바란다.

19. Loyd-Paige, "Thinking and Eating," in Harper, Sistah Vegan, 1 – 7. Loyd- Paige and Michelle D. Williams, Diversity Playbook: Recommendations and Guidance for Christian Organizations (Abilene, TX: ACU Press, 2021).

20. Adrienne Maree Brown, Emergent Strategy: Shaping Change, Changing Worlds (Chico, CA: AK Press, 2017), 119.

21. Pattrice Jones는 표면적으로는 상충하는 것처럼 보이는 여러 운동이 보이지 않는 차원에서 어떻게 강력한 시너지를 만들어내는지, 그 복잡한 아름다움을 잘 포착한다. "나는 활동주의를 오랫동안 연구하고 (실천까지 하며) 믿게 된 한 가지

가 있다. 다양한 사람들이 다양한 전략으로, 다양한 각도에서 같은 문제에 접근할 때, 그리고 반드시 그럴 필요는 없지만 이상적으로는 서로 협력할 때 의미 있는 사회적 변화가 일어날 가능성이 가장 크다는 것이다. 이는 충분히 일리 있는 주장이다. 우리 사회의 큰 문제는 대개 사회·문화·경제·물질적 요인들이 서로 얽혀 있는 복잡한 상황으로 나타난다. 그렇기에 단 한 번의 개입으로 큰 변화를 이루기는 거의 불가능하다. 심지어 지역 차원의 단순한 변화를 추구할 때도 거리에서 행진하는 선동가들과 조용히 실질적 해결책을 제시하는 내부자가 함께 움직일 때 해결이 훨씬 쉬워진다." Pattrice Jones, "Queer Eye on the EA Guys," in Adams, Crary, and Gruen, The Good It Promises, 123.

22. Brown, Emergent Strategy, 119.

23. Whyte, Consolations, 103.

5장 | 동물

1. 돌고래와 고래의 내면세계·사회적 세계에 관해 여러 차례 깊이 이야기해 주며, 전혀 다른 관점에서 글을 써보는 작은 실험을 감행할 용기를 북돋워 준 Lori Marino에게 깊은 감사를 전한다. 학자들이 펼치는 열정적인 보호 활동이 세상에 얼마나 큰 변화를 만들어낼 수 있는지 보고 싶다면, Lori Marino가 이끄는 Whale Sanctuary Project(https://whalesanctuaryproject.org/)를 방문해 보기 바란다.

2. Isa Leshko, Allowed to Grow Old: Portraits of Elderly Animals from Farm Sanctuaries (Chicago: University of Chicago Press, 2019).

3. '동물 의식(animal consciousness)'이라는 개념이 점진적으로 확장되어 어느 수준을 넘어서면 우리의 도덕적 세계를 완전히 바꾸는 '지각의 전환'을 일으킨다는 생각은 Tom Regan의 고전인 Empty Cages: Facing the Challenge of Animal Rights (New York: Rowman & Littlefield, 2004)에서 처음 접했다. 동물 의식의 시작이 인간을 어떻게 변화시키는지 설명한 이 장은 지금도 학생들에게 가장 강렬한 울림을 주는 읽기 자료 중 하나다. 2장 "How Did You Get That Way?", 21-34쪽 참조. 이 주제를 다룬 뛰어난 다큐멘터리를 보고자 한다면, Tribe of Heart의 The Witness를 추천한다. 고양이를 돌보는 예기치 못한 경험을 계기로 열정적인 동물

보호론자가 된 Eddie Lama의 이야기다.

4. 이 논쟁적인 비교에 대한 분석은 Charles Patterson, Eternal Treblinka: Our Treatment of Animals and the Holocaust (New York: Lantern, 2002)에서 확인할 수 있다.

5. Ozick의 말은 유대인 학자이자 활동가인 Roberta Kalechofsky의 뛰어난 저작 Animal Suffering and The Holocaust: The Problem with Comparisons (Marblehead, MA: Micah, 2003)의 서문에 인용되었다.

6. Aph Ko와 Syl Ko, Aphro-ism: Essays on Pop Culture, Feminism, and Black Veganism from Two Sisters (New York: Lantern, 2017).

7. 이 개념은 Aphro-ism에 실린 두 사람의 글 전반에 나타나지만, 특히 Aph Ko, Racism as Zo ological Witchcraft: A Guide to Getting Out (New York: Lantern, 2019)의 3장 "Moving from Intersectionality to Multidimensional Liberation Theory," 73-95에서 더 자세히 다뤄진다.

8. Aphro-ism 전체의 윤곽을 잡는 데 유용한 글은 Syl Ko, "Addressing Racism Requires Addressing the Situation of Animals," in Aphro-ism, pp. 44-49. 또한 Julie Gueraseva가 구성한 Aphrovism의 전반적인 틀에서 많은 도움을 받았다. Gueraseva, "Interview with Aph Ko and Syl Ko: The W riters and Activists on the Entanglements of Race, Species and Gender," Laika, http://laikamagazine.com/interview-aphvko-and-syl-ko/. 보다 심화된 논의는 다음에서 확인할 수 있다. Syl Ko, "By 'Human,' Everybody Just Means 'White,'" in Ko and Ko, Aphro-ism, 21-27. Syl Ko, "Addressing Racism". Aph Ko, Racism as Zoological Witchcraft, especially pp. 39-72.

9. Syl Ko, "Addressing Racism," 45.

10. 인간/동물의 이분법을 재고하는 데 도움이 되는 자료로는 Melanie Challenger, How to Be Animal: A New History of What It Means to Be Human (New York: Penguin, 2021)이 있다. Challenger는 인간이 자신의 동물성을 부정해 온 역사가 무엇을 남겼는지, 그리고 이 사실을 받아들이는 일이 우리의 미래를 어떻게 바꿀 수 있는지에 대해 흥미로운 시각을 제시한다.

11. Syl Ko, "Addressing Racism," 47.

12. Syl Ko and Aph Ko, "Why Black Veganism Is More Than Just Being Black and Vegan," in Ko and Ko, Aphro-ism, 50‒55, 55.

13. "백인 우월주의라는 문법 체계는 곧 소비다"라는 Aph Ko의 주장을 인용했다. Aph Ko, Racism as Zoological Witchcraft, 17.

14. 존재들의 경험을 "연약하지만 치열한 삶"으로 표현한 틀은 Lorena Slager Wenzel의 멋진 에세이에서 처음 보고 완전히 매료되었다. Lorena Slager Wenzel, "Scorpion Hearts Club," January 4, 2023, https://medium.com/@lorislagerwenzel/scorpion-hearts-club-7a2641b139cf.

15. 나는 철학자 Martha C. Nussbaum이 경이로움을 "존엄을 향해 열려 있는 인식 능력"으로 설명한 표현을 좋아한다. "경이감은 우리에게 이렇게 말한다. '이 존재는 내가 마음대로 해도 되는 하찮은 무엇이 아니다. 그 자체로 목적으로 대우받아야 하는 존재다.'" Nussbaum, Justice for Animals: Our Collective Responsibility (New York: Simon & Schuster, 2022), 96. 존엄이라는 개념을 인간을 넘어 다른 존재의 삶에 어떻게 적용할 수 있는지에 대해서는 다음 책을 참고하라. Animal Dignity: Philosophical Reflections on Non-Human Existence, Melanie Challenger, ed, (London: Bloomsbury Academic, 2023).

16. Jennifer Ackerman, The Genius of Birds (New York: Penguin, 2016).

17. Jonathan Balcombe, What a Fish Knows: The Lives of Our Underwater Cousins (New York: Scientific American/Farrar, Straus and Giroux, 2016).

18. Michael Tye, Tense Bees and Shell-Shocked Crabs: Are Animals Conscious? (New York: Oxford, 2017).

19. Carl Safina, Becoming Wild: How Animal Cultures Raise Families, Create Beauty, and Achieve Peace (New York: Henry Holt, 2020).

20. Ed Yong, An Immense World: How Animal Senses Reveal the Hidden Realms Around Us (New York: Random House, 2022).

6장 | 지구의 생명들

1. '문화/자연의 이분법'과 이것이 '인간/동물의 이분법'과 인종적 관계로 얽혀

있는 문제를 현대적으로 해석한 자료는 다음을 참고하라. Aph Ko, Racism as Zoological Witchcraft : A Guide to Getting Out (New York : Lantern, 2019) 99 – 106 ("How Nature Became the Playground for White Supremacy"). Christopher Carter, "Race, Animals, and a New Vision of the Beloved Community," in Dave Aftandilian, Barbara R. Ambros, and Aaron S. Gross, eds., Animals and Religion, (New York : Routledge, 2024).

2. 이 주제와 관련해 특히 영향을 준 책으로는 Marti Kheel, Nature Ethics : An Ecofeminist Perspective (New York : Roman & Littlefield, 2008). Frances Moore Lappé, Diet for a Small Planet (New York : Ballentine, 2021). "Slices of Paradise/ Pieces of Shit" chapter in Jonathan Safran Foer, Eating Animals (New York : Little, Brown, 2009), 149 – 199이 있다. 생태페미니즘 관점을 폭넓게 살펴보고자 한 다면, Carol J. Adams and Lori Gruen, Ecofeminism : Feminist Intersections with Other Animals & the Earth, Second Edition (London : Bloomsbury Academic, 2022)을 참고하라.

3. 이 지점에서 Aph Ko의 통찰이 맴돌았다. "비건으로 사는 것(식단 차원에서)은 더 큰 개념적 전환에서 자연스럽게 흘러나오는 부차적인 결과일 뿐, 그것이 핵심 은 아니다." Aph Ko, Racism as Zoological Witchcraft, 117.

4. Martha Nussbaum, Justice for Animals : Our Collective Responsibility (New York : Simon & Schuster, 2022), 56.

5. Nussbaum, Justice for Animals, 107. 나는 인간을 위한 정의 이론인 '역량 접근 법'을 동물에게까지 확장하려는 Nussbaum의 시도에서 중요한 통찰을 얻었다. Nussbaum은 이렇게 말한다. "인간은 연약하고 지각 있는 동물이며, 갖가지 위험 과 장애 속에서도 참된 삶을 살아가려 애쓴다. 정의란 각자가 자신의 선택에 따라 번영할 기회를 증진하는 것이며, 이를 가능하게 하거나 때로는 제한하기 위해 법 을 사용한다. 그렇다면 비슷한 이유로 다른 동물의 삶에 이 접근법을 적용하지 못 할 이유는 없다. 그들 역시 연약하고 지각 있는 동물이며, 점점 더 많아지는 위험 과 장애 속에서 살아가고 있는데, 그 상당수는 인간이 만들어낸 것이다. 또한 그 들 역시 존경과 경이로움을 불러일으키는 고유한 존엄성을 지닌다. 돌고래의 존 엄성이 인간의 존엄성과 같지 않고, 코끼리의 존엄성이 돌고래의 존엄성과 다르

다고 해서 존엄성이 없는 것은 아니다. 그것은 이 존엄성, 이 어렴풋하지만 실재하는 성질이 기본적으로 수단이 아닌 목적으로 대우받을 자격이 있음을 의미한다."(95~96쪽)

6. Paige Embry, Our Native Bees: North America's Endangered Pollinators and the Fight to Save Them (New York: Timber, 2018).

7. 벌의 삶과 그들이 수행하는 역할의 중요성을 다룬 책은 많지만, 그중에서도 Embry의 Our Native Bees가 특히 흥미롭다.

8. 다른 생물과 물리적으로 가까이 지내고 정서적으로 깊은 유대를 맺는 데 철학자들의 허락이 필요한 것은 아니다. 그러나 다른 종과의 우정이 지니는 가능성과 한계에 관해 철학자들이 제시하는 통찰에는 공감한다. Nussbaum, Justice for Animals, Chapter 11, "The Capabilities of Friendship," 255-278.

9. Syl Ko and Lindgren Johnson, "Re-Centering the Humand"은 Mooni Perry가 한국의 Um Museum과 협업해 기획한 전시 #Coroseum AndChaosOnTheTable를 위해 작성된 텍스트. , www.mooniperry.com/text/re-centering-the-human-syl-ko-and-lindgren-johnson/view/4921017/1/4921097.

10. Starre Vartan, "How Wildlife Bridges over Highways Make Animals—and People—Safer," National Geographic, April 16, 2019, www.nationalgeographic.com/animals/article/wildlife-overpasses-underpasses-make-animals-people-safer.

11. George Monbiot, Regenesis: Feeding the World Without Devouring the Planet (New York: Penguin, 2022)과 Paul Shapiro, Clean Meat: How Growing Meat Without Animals Will Revolutionize Dinner and the World (New York: Gallery, 2018)도 참고하라.

12. Monbiot, Regenesis, 189. 유엔환경계획(UNEP) 역시 대체 단백질이 해결책의 일부가 될 수 있다고 본다. "What's Cooking? An Assessment of Potential Impacts of Selected Novel Alternatives to Conventional Animal Products," December 2023, www.unep.org/resources/whats-cooking-assessment-potential-impacts-selected-novel-alternatives-conventional.

7장 | 열망

1. 이 주제에서 장르를 규정한 대표작은 Carol J. Adams, The Sexual Politics of Meat: A Feminist-Vegetarian Critical Theory (New York: Continuum, 1990).《육식의 성정치》, 이매진. 성별에 따라 형성된 식습관의 특성으로 발생하는 문제를 간략하게 살펴보고자 한다면, Andrew Chignell, Terence Cuneo, and Matthew C. Halteman, eds., Philosophy Comes to Dinner: Arguments about the Ethics of Eating (New York: Routledge, 2016), 39–55에 실린 Christina Van Dyke, "Manly Meat and Gendered Eating: Correcting Imbalance and Seeking Virtue"를 참조하면 된다.

2. 갤럽의 최근 소비 습관 조사에 따르면, 저소득층 성인은 채식주의자나 비건으로 응답할 가능성이 큰 하위 집단에 속한다. Jeffrey M. Jones, "In U.S., 4% Identify as Vegetarian, 1% as Vegan," Gallup News, August 24, 2023, https://news.gallup.com/poll/510038/identify-vegetarian-vegan.aspx을 참조하라. Tabitha Brown 이 짧은 영상 (www.youtube.com/watch?v=ooPRPqlEOwU)에서 설명하듯, 가공식품 대신 기본 식재료를 중심으로 식단을 구성한다면 비건으로 살기 위해 부유해야 할 필요는 없다. 또한 Toni Okamoto, Plant-Based on a Budget Quick & Easy (Dallas: BenBella, 2023)을 활용하면 저렴하게 비건 식단을 꾸릴 수 있다. Toni의 웹사이트 https://plantbasedonabudget.com/도 참고할 만하다.

3. 내 경험상, 비건 실천 가운데 가장 해방적이면서도 가장 절실한 것 중 하나는 비건에 대한 우리의 집단적 상상력을 확장하여, 다른 공동체와 사회운동과의 공통분모를 넓혀가는 일이다. 나는 이 책을 통해 미국 보수주의자(4장 주18), 흑인 비건(4장 주 13, 5장 전제, 6장 주 1), 에코페미니스트(6장 주 2), 페미니스트 비건(7장 주 1), 종교인(특히 유대-기독교 전통), 식품윤리 연구자(4장 주 10) 등의 상호 배타적이지 않은 다양한 관점을 고찰하는 데 도움이 되는 자료들을 언급했다. 비건으로서 나의 시야를 넓혀준 문집으로는 Veganism in an Oppressive World: A Vegans of Color Community Project, Julia Feliz Brueck, ed. (Monee, IL: Sanctuary, 2017)와 Earth, Animal, and Disability Liberation: The Rise of the Eco-Ability Movement, Anthony J. Nocella II, Judy K. C. Bentley, Janet M. Duncan, eds. (New York: Peter Lang, 2012)이 있다. 후자의 주제에 관심이 있다면 Sunaura

Taylor, Beasts of Burden: Animal and Disability Liberation (New York: New Press, 2017)는 반드시 읽어야 할 책이다. 또한 Sunaura, Disabled Ecologies: Lessons from a Wounded Desert (Berkeley: University of California, 2024)의 출간을 간절히 기다리고 있다.

4. 인간의 성격이 복합적이라는 사실은 우리가 일상의 경험을 정직하게 성찰할 때 직감적으로 알게 된다. 비록 질문을 받으면 자신의 장점을 과대평가하는 경향이 있더라도, 경험적 연구 역시 인간 성격의 복합성을 강하게 뒷받침한다. 이에 대해서는 Christian B. Miller, The Character Gap: How Good Are We? (New York: Oxford University Press, 2017) 참고하라. 이 책의 핵심을 간략히 정리한 글로는 Massimo Pigliucci, "The Character Gap by Christian B. Miller," Philosophy Now, June/July 2020, https://philosophynow.org/issues/138/The_Character_Gap_by_Christian_B_Miller이 있다.

5. 우리의 식생활 이상에 미치지 못하는 경험이 때로는 우리에게 어떻게 도움이 될 수 있는지 궁금하다면 Tyler Doggett and Andy Egan, "Non-Ideal Food Choices," in Chignell, Cuneo, Halteman, Philosophy Comes to Dinner, 109–128를 참고하라.

6. David Whyte, Consolations: The Solace, Nourishment and Underlying Meaning of Everyday Words (Langley, WA: Many Rivers, 2015), 40–41.

7. 부록 2에는 당신과 친구, 가족을 깜짝 놀라게 할 비건 티라미수 레시피가 실려 있다. 어쩌면 당신도 나처럼 모두가 잠든 새벽 2시에 아래층으로 내려가 몰래 티라미수를 훔쳐 먹게 될지도 모른다!

8. Pattrice Jones, "Queer Eye for the EA Guys," in Carol J. Adams, Alice Crary, and Lori Gruen, eds., The Good It Promises, The Harm It Does: Critical Essays on Effective Altruism (Oxford, UK: Oxford University Press, 2023).

8장 | 자기 수련

1. 그래도 내가 사랑해 마지않던 마터호른 칼은 Wenger 16999 Giant의 위엄에 비하면 모조품 수준이었다. 이 거대한 칼을 차고 있었다면, 아마 영원히 불안을 떨쳐낼 수 있었을 것이다. 그 위용은 다음에서 확인할 수 있다. www.amazon.com/

Wenger-16999-Swiss-Knife-Giant/dp/B001DZTJRQ.

2. 철학을 삶의 방식으로 삼는 길에 들어설 수 있는 진입로는 너무 많아 모두 나열하기는 어렵다. 여기에서는 나에게 특히 도움이 되었던 몇 가지를 소개하고자 한다. 이러한 전통(특히 서양 철학 맥락에서)을 소개하는 책으로는 Pierre Hadot, Philosophy as a Way of Life가 있다. 이 책은 훌륭한 에세이 모음집이며, 순서에 구애받지 않고 읽어도 무방하다. 특히 "Philosophy as a Way of Life"와 "Spiritual Exercises"(Oxford, UK: Blackwell, 1995)는 놓치지 말기를 권한다. 보다 고전적이고 대중적인 접근으로는 Karl Jaspers, Socrates, Buddha, Confucius, Jesus: The Paradigmatic Individuals(New York: Harcourt Brace, 1962)가 있다. 오늘날의 기준으로는 다소 시대감이 느껴질 수 있으나, 동서양과 중동의 철학·종교 전통을 아우르는 지혜의 매력을 잘 담아낸 훌륭하게 담아낸 책이다. Martha C. Nussbaum, The Therapy of Desire: Theory and Practice in Hellenistic Ethics(Princeton, NJ: Princeton University Press, 1994)는 읽기 쉽다고 할 수는 없지만, 이러한 접근을 진지하게 배우고자 하는 독자에게는 대단히 보람 있는 책이다. 철학이 실제 삶 속에서 어떻게 작동하는지를 보여주는 책으로 내가 가장 사랑하는 다섯 권은 다음과 같다. Lao Tzu, The Way of Life (New York: Perigee, 1994). Gandhi, An Autobiography: The Story of My Experiments with Truth (Boston: Beacon, 1993). Henry David Thoreau, Walden (New York: Norton, 1966). Simone Weil, Late Philosophical Writings (Notre Dame, IN: University of Notre Dame Press, 2015). Cornel West, Democracy Matters: Winning the Fight Against Imperialism (New York: Penguin, 2004).

3. 메건과 나는 두 편의 논문에서 식습관 변화와 관련된 영적 훈련의 가치를 다뤘다. Halteman and Halteman Zwart, "Philosophy as Therapy for Recovering (Unrestrained) Omnivores," in Andrew Chignell, Terence Cuneo, and Matthew C. Halteman, eds., Philosophy Comes to Dinner: Arguments about the Ethics of Eating (New York: Routledge, 2016), 129–148 그리고 Halteman and Halteman Zwart, "Reimagining Our Kinship with Animals," in David Paul Warners and Matthew Kuperus Heun, eds., Beyond Stewardship: New Approaches to Creation Care (Grand Rapids, MI: Calvin University Press, 2019), 121–134를 참고하라.

4. 나는 행복한 추수감사절을 보내고 싶다는 작은 소망을 이루기 위한 영적 훈련에서 Pierre Hadot, "Spiritual Exercises," Philosophy as a Way of Life (Oxford, UK: Blackwell, 1995), 81 –125, 84 –85에서 큰 영감을 받았다.

5. 수전과 내가 운명으로 맺어진 사이라는 확실한 신호 가운데 하나는, 두 집안 모두가 추수감사절마다 John Hughes의 1987년 코미디 영화 Planes, Trains, and Automobiles를 즐겨봤다는 사실이다. 이런 전통이 없다면, 지금이야말로 Del Griffith(John Candy)와 Neal Page(Steve Martin)가 뉴욕에서 시카고까지 가는 길에 항로가 바뀐 비행기, 폭발하는 기차, 침을 주고받는 과시욕 넘치는 사람들로 가득 찬 버스, 불타버린 자동차까지 온갖 난관을 거치며 미친 듯이 질주하는 모습을 보며 명절의 부담을 한결 가볍게 덜어낼 기회다. 이미 이 전통을 즐기고 있다면, 2022년에 이 영화의 4K 버전이 공개되었다는 사실을 덧붙여두고자 한다. 새로운 버전에는 전설과도 같은 4시간짜리 감독판에서 공개하지 않았던 한 시간 이상 분량의 미공개 영상이 수록되어 있다. 자세한 내용은 Anthony Breznican의 "Planes, Trains and Automobiles: Watch the Long-Lost Sing-Along Scene," Vanity Fair, November 22, 2022를 참고하면 된다. www.vanityfair.com/hollywood/2022/11/planes-trains-automobiles-deleted-scene.

6. 부록 2를 잊지 말기를! 내가 도울 수 있다!

7. Rich Roll, Finding Ultra: Rejecting Middle Age, Becoming One of the World's Fittest Men, and Discovering Myself (New York: Crown Archetype, 2012).

8. The Rich Roll Podcast는 웰빙에 관심 있는 사람이라면 누구에게나 유익한 정보를 제공한다. 특히 비건을 지향한다면, 더욱 추천한다. www.richroll.com/all-episodes/.

9. Christopher Carter, The Spirit of Soul Food: Race, Faith, & Food Justice (Urbana, IL: University of Illinois Press, 2021).

10. 이 책은 대단히 훌륭한 자료지만, 정가는 165달러, 무게는 2.2킬로그램에 달한다. 따라서 지역 도서관에 대여를 신청하기 전에 악력을 단련해야 할지도 모른다. Miguel Farias, David Brazier, and Mansur Lalljee, The Oxford Handbook of Meditation (Oxford, UK: Oxford University Press, 2022).

11. "The Roadhouse and Mindful Alienation: On Fearlessly Losing Hope in Twin

배고프고 아름다운 동물들

Peaks' House Away from Home"이라는 다소 기이한 시도를 담은 에세이는 2024년 봄 또는 여름에 출간될 Supernatural Studies: Twin Peaks Special Edition, guest edited by Frank Boulègue and Marisa C. Hayes, forthcoming in Spring/Summer 2024에 수록될 예정이다. 온라인 컨퍼런스 참가자들을 대상으로 한 강연 영상에서는 나의 현란한 포토샵과 파워포인트 기술도 확인할 수 있다. Twin Peaks: The Return 온라인 컨퍼런스 영상은 www.youtube.com/watch?v=CTJYHjrChco&t=10909s에서 볼 수 있다. 아직 Twin Peaks를 본 적이 없다면, 먼저 그 세계를 경험해보기를 권한다. 2시간 분량의 파일럿 에피소드 한 편, 네트워크 TV 시리즈 29시간 분량, 2시간짜리 장편 영화 한 편, 관련 소설 세 권, 그리고 Showtime에서 18부작으로 제작된 한정 시리즈(시즌 2 종영 26년 만에 나온 시즌 3!)까지, 흔히 '인생 최고의 50시간'이라 불리는 세계다.

9장 | 변화

1. 최근 가장 기억에 남는 장면은 Never Have I Ever 시즌 1, 8화에서 Devi와 Paxton(일명 Daxton)이 Cannons의 웅장한 곡 "Fire for You"가 흐르기 시작하는 순간 나누는 첫 키스 장면이다. www.youtube.com/watch?v=ShJdUWVkn4w. 조금 더 거슬러 올라가면, Dawson's Creek 파일럿 에피소드에서 Heather Nova의 "London Rain"에 맞춰 Dawson과 DJo가 포옹을 나누며 손을 잡는 장면이 있다. www.youtube.com/watchv=umg4Qm9kgLY.

2. Adrienne Maree Brown, Emergent Strategy: Shaping Change, Changing Worlds (Chico, CA: AK Press, 2017), 105.

3. 처음에는 자각하지 못했지만, 이 책에서 말하는 '사랑' 이야기에는 Martha C. Nussbaum's Love's Knowledge: Essays on Philosophy and Literature (Oxford, UK: Oxford University Press, 1992)와 Reiner Schürmann의 Wandering Joy: Meister Eckhart's Mystical Philosophy (Great Barrington, MA: Lindisfarne, 2001), Hans-Georg Gadamer의 Truth and Method (New York: Crossroad, 1992), Pierre Hadot의 The Present Alone Is Our Happiness (Stanford, CA: Stanford University Press, 2009)가 마치 하나로 꼬인 네 가닥의 끈처럼 배경이 되어주었다. 어떤 책들

은 우리의 상상력을 완전히 사로잡아, 우리가 하는 모든 말속에 스며들기도 한다. 그러다 보면 이 책들을 인용했다는 사실조차 잊게 된다.

4. 영향력이 너무 커서 인용했다는 사실을 잊은 책들에 대해 말해보자면, 만약 기독교 결혼식에 참석한 적이 있다면 다음 문장이 익숙할 수도 있다. 나는 고린도전서 13장에 나오는 사랑에 관한 고전적인 구절을 인용했다. 이런 상황에서는 문자 그대로의 정확성보다는 의미 전달을 더 중시하는 편이고, 증거 구절(proof-texting)에 집착하는 사람도 아니기 때문에, 수사적 목적에 따라 맞춰 New Revised Standard Version과 New International Version 번역을 오가며 사용했다. 이름은 기억나지 않지만, 친구와 함께 가본 어떤 교회에서 번역 문제로 여섯 살의 나를 부끄럽게 만들었던 그 청소년부 목회자님께 진심 어린 사과를 전한다.

5. Fred Rogers, The World According to Mister Rogers: Important Things to Remember (New York: Hachette, 2019), 53.

6. Rogers, World According to Mister Rogers, 93, 95.

7. 세상에서 내가 가장 좋아하는 100가지 중 하나는 Ana Platypus의 이름이 오리너구리 종의 이명인 오리토링크스 아나티우스(Ornithorhynchus anatinus)의 약자라는 것이다. 그 노래를 기억할지 모르겠다. Ana의 노래는 여기서 들을 수 있다. www.facebook.com/watch/?v=1682948175095265. 핸디맨 Negri의 비브라토가 정말 멋지다. 내 아이들이 어렸을 때 Daniel Tiger의 Neighborhood(2세대 Mister Rogers같은 느낌인데, 혹시 못 봤다면 시도해 보기를!)를 열심히 봤을 때, "Stop & Go Potty"에서 '물 내리고 손 씻고 가!'라는 Daniel의 끈질긴 잔소리를 지워버리려고 이 영상을 봤다. 2012년부터 2018년까지 내가 라틴어로 '오리너구리'를 중얼거리는 모습을 봤던 독자들은 이제 그 이유를 이해했을 것이다.

8. Czeslaw Milosz, The World 시리즈의 "Love"에서 발췌, The Collected Poems: 1931 – 1987(Hopewell, NJ: Ecco Press, 1988), 50. 덧붙이자면, 수전과 나는 결혼식에서 하객들에게 고린도전서 13장을 다시 읽히는 대신, 이 시와 함께 실린 "Faith"와 "Hope"를 낭독해 달라고 부탁했다. 세 편 가운데 가장 위대한 시는 단연 "Love"다.

부록 1

1. Vesanto Melina, Winston Craig, Susan Levin, "Position of the Academy of Nutrition and Dietetics: Vegetarian Diets," Journal of the Academy of Nutrition and Dietetics 116, no. 12 (December 2016), https://pubmed.ncbi.nlm.nih.gov/27886704/.

배고프고 아름다운 동물들

초판 1쇄 인쇄 2026년 1월 13일
초판 1쇄 발행 2026년 1월 22일

지은이 · 매튜 C. 할트먼
옮긴이 · 이유림
펴낸이 · 심남숙
펴낸곳 · (주)한문화멀티미디어
등록 · 1990. 11. 28. 제 21-209호
주소 · 서울시 강남구 봉은사로 317 아모제논현빌딩 6층
전화 · 영업부 2016-3500 편집부 2016-3507
http://www.hanmunhwa.com

만든 사람들
책임 편집 · 최연실 | 표지 디자인 · 하현정 | 본문 디자인 · 이정희
인쇄 · 천일문화사

ISBN 978-89-5699-500-7 03190